江苏省高等学校重点教材

广播电视新闻实务

于松明　主编

国防工业出版社

·北京·

内 容 简 介

当前,我们处于一个数字化的全媒体时代,新闻传媒面临着激烈的变革,但是数字化时代的到来并没有改变新闻的实质,新闻依旧需要职业记者的发现和挖掘,需要职业编辑的加工和编排,需要通过媒体传播到达受众。新的传播形态要求新闻从业者必须实现三个转型,即理念转型、角色转型、技能转型;达到四种能力,即信息整合能力、采访写作能力、多媒体表达能力、自媒体发布能力。

本书总结了广播电视媒体新闻实践新经验,结合大量来自新闻工作第一线的最新案例,将广播电视新闻采写编评以及与新媒体核心业务等内容深入浅出地传达给读者,不仅从学理角度认知新闻本体属性、阐释广播电视传媒的特点,而且从实践层面总结现代新闻传播的实务操作方法,包括如何在不同角度和立场选材,如何增强报道的深度和可信度,实现编排立体感、美感的剪辑与润色,如何平衡摄影镜头的力度等。

本书可作为高等院校广播电视学、新闻学、传播学等专业的教材,也可作为新闻与传播工作者的参考书。

图书在版编目(CIP)数据

广播电视新闻实务/于松明主编. —北京:国防工业出版社,2016.6
ISBN 978-7-118-10928-3

Ⅰ.①广⋯ Ⅱ.①于⋯ Ⅲ.①广播电视–新闻学
Ⅳ.①G220

中国版本图书馆 CIP 数据核字(2016)第 153306 号

※

国防工业出版社出版发行

(北京市海淀区紫竹院南路 23 号 邮政编码 100048)
三河市腾飞印务有限公司印刷
新华书店经售

*

开本 787×1092 1/16 印张 17¼ 字数 313 千字
2016 年 6 月第 1 版第 1 次印刷 印数 1—4000 册 定价 48.00 元

(本书如有印装错误,我社负责调换)

国防书店:(010)88540777　　　　发行邮购:(010)88540776
发行传真:(010)88540755　　　　发行业务:(010)88540717

目　　录

绪　论

　　新闻是一门以实践为旨归的学科,本书的研究对象就是广播电视新闻的实务运行方法、运作流程及其基本规律。相对传统新闻而言,广播电视传播新闻具有其自身特点,在传播手段、工作要求、工作顺序、业务原则、技术基础与运作策略上呈现出新维度;随着现代化传播技术的发展,有线电视、卫星电视与网络传播风生水起,广播电视新闻又出现了一系列需要重新探讨的学理与实践问题,其研究成果也亟待更新。不过,无论如何变革,广播电视新闻仍然离不开对基础实务的经验积累,其变革成败首先在于延续传统新闻业对职业素养的内在尊重,即扎实掌握新闻从业的基本方法、原则与规范,养成去除浮躁肤浅和十年磨一剑的职业态度,只有从这一点出发谈广播电视新闻的现代化才有意义,才能真正构建世界前沿与本土发展的交流对话。

第　一　节

　　从广播电视新闻本体来看,它是新闻与广播电视的交叉,兼备两者的职能与价值。新闻活动是人类最为基本的信息传播活动,一切新闻报道都是一种文化信息,作为人类社会长期生存实践的重要产物,新闻辅助人们的物质生产和精神生产,提供人际交流的纽带和桥梁,也是感知、辨识、理解和描述世界的客观方式,它的触角延伸到社会生活的方方面面,成为贯穿社会肌体的感应神经,也给芸芸众生带来了巨大的信息财富;受众对新闻信息的渴求决定了新闻的重要地位,人们通过新闻及时了解社会真相,跟踪重要事件,同时它还作为意识形态为政府和国家发布政令,起到宣传与激励的舆论引导职能。就发展规模来说,广播电视新闻经历了口传文化到印刷文化再到电子文化的多个发展阶段,发生了翻天覆地的变化,其中,以广播电视为媒介的新闻传播凸显了 20 世纪科学技术的飞跃发展。作为 20 世纪最伟大的发明之一,以光电信号为信息载体的广播电视因为具备视听语言和影像文本的优势,自诞生以来很快超越印刷媒体成为现代人最主要的新闻来源,它的重要性和影响力不言而喻,在国家政策调控、社会生产经营,以及满足民众日益增长的信息量需求,拓宽知识与精神视野等方面,广播电视新闻都发挥了不可替代的作用,极大地影响着大众的生活习惯、思维模式、文化观念和对世界的认知。如今,我们已经进入一个新媒体时代,然而广播电视新闻仍然具有蓬勃的生命力。2015年全国68家卫星电视频道累计覆盖达到537.8亿人次,较2014年增加10亿人次,再创历史新高①;另一方面广播电视新闻事业正处于发展的上升势头,2014年,全国电视节目生产量稳步上升,总产量达到343.63万小时,同比增长16.47%,前三位分别为专题服务类、新闻资讯类、综艺益智类节目,总产量占比分别为28.44%、27.46%和18.55%;收看电视的受众中,最经常收看的电视频道排序依次是:中央电视台各频道、本省或本市县电视台各频道和其他省市电视台。境外电视台(含港澳台)收看的频次最低。看电视的受众中,"最经常"收看的电视频道排序(第一选择)中,中央电视台综合频道遥遥领先,占25.3%,其他"最经常"收看的电视频道依次为:湖南卫视(6.8%)、中央电视台新闻频道(3.4%)、中央电视台6套(3.2%)、中央电视台3套(3.0%)、中央电视台5套(2.7%)、安徽卫视(2.1%)等。②

广播电视与新闻的优化整合的确产生了巨大的能量,但对新闻从业者来说,问题也随之而来,由于广播电视新闻比传统新闻活动追求更高程度的时效性与真实性,这就迫切要求新闻人首先要能掌握规范、扎实的基础实务,也就是说,新闻人是否能够经受全面、专业的综合素质考验是发挥广电媒介最大技术优势的前提;同时从广播电视的节目体系来看,新闻节目是整个节目体系的基础和骨干,新闻节目的质量关系到甚至决定着节目体系的健康运行,在传媒业竞争日趋激烈的当今,新闻节目的质量更是电视台核心竞争力的体现。本书的编撰立足这一问题,不仅从学理角度认知新闻本体属性,阐释广电传媒的特点,使新闻工作者能够科学理性地利用它为新闻事业服务,更主要的是从实践层面总结现代新闻传播的实务操作方法,包括如何在不同角度和立场选材,如何增强报道的深度和可信度,实现编排立体感、美感的剪辑与润色,如何平衡摄影镜头的力度等。这些方法既是有效适应现代新闻实践的产物,也是为真正传承传统新闻业富有生命力的精髓,只有掌握这些方法才能培育新闻从业者坚实的职业素养。本书第一章提纲挈领地阐述了新闻学的基本理论,概述了新闻本体规律和发展历史,指出了其在社会文化结构体系中的坐标和存在价值,这么做有助于读者从宏观上认识新闻和新闻事业的基本特性,揭示推动新闻实践发展的内在脉络和基本问题,对新闻观念有一个全局把握和系统化思维;第二至四章就新闻选题、采访、写作等重要环节进行了经验总结,梳理了新闻记者的业务特点、思维方式和基本技巧;第五、七、九章全面总结了广电新闻对主持人、编导摄录、编辑制作的特殊要求与技术储备。

---

① 2015中国电视覆盖及收视状况调查报告. http://data. lmtw. com/yjbg/201511/123500. html。
② 张志安. 中国受众媒介使用的地区差异比较. 新闻大学,2012(06):3-7。

第 二 节

现代新闻人的职业素养不仅可以实现新闻与广播电视媒介的优化整合,还有助于应对当前瞬息万变的新媒体挑战,把广播电视新闻打造成为新媒体时代的资讯高地和领跑者。

21 世纪的新闻传播已进入计算机信息网络传播的时代,IT、通信和网络等信息技术已经实现突破性发展,深刻影响广播电视产业的发展格局。电子计算机的运算速度和处理能力达到前所未有的高度,生产成本却越来越低;通信技术也显示出数字化、智能化、宽带化、个人化倾向。这些新技术使得媒介传播不再局限于一个地区或一个国家,而是超越了时间与地域的限制,距离正在消失,联系成为常态化,麦克·卢汉在电视诞生时代所预言的"地球村"时代真正来临。在这种媒介全球化的背景下,新闻愈加成为一个易碎品:对受众来说,不仅意味着信息的重要性与日俱增,而且对广播电视新闻的需求特征发生了改变,即已倾向于最迅捷地获取最前沿的信息,这种倾向在数字化技术迅猛发展的潮流中显得更为迫切;对广电媒介来说,互联网技术的冲击最具颠覆性,不仅它的普及程度正在大幅提高,据统计,中国大陆 13 亿人口中已经有超过 4 亿的网民,更重要的是,互联网无远弗届的开放性促使媒介融合渐入佳境,三网融合、四网协同在中国已开始启动,IPTV、4G 移动通信网已经普及、下一代广播电视网 NGB 即将粉墨登场①。实际上,网络技术最具革命性意义的就是其传播模式,其信息传送的交互性改写了既有的传统模式,用户具有信息接收者和信息发布者双重身份;新闻可以实现第一时间即时更新与随时参与的互动性传播,同时信息量更大,涉及领域更宽,平台共建、资讯共用、利益共享,受众的自主性得到了前所未有的体现。对此,有研究者已经精辟地指出:"在传播模式上,网络已经改变了广播时代一对多的模式,那种模式使得少数人可以影响、改变整个国家的认识和信仰。在网络多对多的传播时代,所有的计算机都是一个印刷媒体、一个广播电台,甚至是一个集会地。大众传媒与新闻业务仍将存在,但这些机构再也无法垄断信息并独享受众的注意力。"②

面对互联网等新媒体的挑战,广播电视媒介实际上早已做出了变种求胜的

---

① 2009 年 7 月,科技部、国家广电总局和上海市人民政府签署中国 NGB 网建设示范合作协议,NGB 以有线电视网数字化和移动多媒体为基础,采用自主创新的"3Tnet"核心技术。NGB 可以实现信息双向传送,集网络、视频通话、看电影、公共事业缴费业务为一体。其建设目标是用 2~3 年的时间在全国主要城市示范网,用 10 年时间建成全国 NGB 网。

② [英]戴维·冈特里特. 网络研究——数字化时代媒介研究的重新定向. 彭兰,译. 北京:新华出版社,2004:286。

改革姿态,例如2003年中央电视台新闻频道开播,24小时全天候滚动播出新闻,每小时整点新闻,并采用新闻调查节目和法制在线节目扩展新闻内容,这种做法弥补了广电媒介在信息容量和时效性上的欠缺,地方频道竞相模仿,直播新闻、深度报道、新闻评论逐渐成为当时广播电视新闻的主要形式;2009年以来,直播联盟、制播分离、三网融合等成为新媒体战略改革的关键词,例如2008年12月,由中央电视台牵头的全国50家电视机构成立了直播联盟,成为国内最大电视新闻资源采集播发平台,能第一时间调动全国各级电视机构的直播力量。这些新形式的出现促使新闻报道从平面化走向立体化,以鲜明的褒贬、犀利的笔触揭露黑暗,鞭挞不良行为和违法乱纪行为,反映民意心声,呼唤价值正义;能合理配置资源,提高报道效率,强化快速反应能力和采编能力,提升节目的生产力和竞争力。

值得注意的是,上述应对策略固然卓有成效,但其充分实现的一个重要前提是进一步深化新闻实务方法的积累与学习,推动新闻从业者主动加强专业技能训练,把危机变为机遇,提高自我更新能力、应变能力和新知识消化能力。一方面,在明确的分工合作基础上,新闻人需兼备新闻发现者、采集者和传播者等多种角色,满足受众的最广泛需求,满足不同人群、不同层次、不同方面需求的最大化,将受众最关心的事实即时、新鲜、有讲究地报道出来;另一方面,对新闻报道的真实性和权威性也要求更高,新闻人必须真正做到接地气、近生活、贴实际,充分尊重新闻规律与内在原则,保持判断事实轻重的理智和定位新闻价值的严谨。出于上述考虑,本书编撰同仁力求新闻常新,在具体编撰中做到对症下药、有的放矢,突出一个贯穿始终的基本思路,即广电新闻必须结合自身优势缩短与网络新闻业务的差距。因而在第三、四章的新闻采访与写作部分的编写中,在第一部分所述内容的基础上,本书进一步侧重记者如何第一时间深入现场采访、调研和考察,如何做专题报道与深入报道,通过为受众提供权威、全面、准确、真实的消息来满足受众需求的多元;同时在第六、八两章深入分析和探讨新闻节目策划与新闻评论这两个关键环节;另外,在第十、十一章,进一步针对新媒体时代的受众特性与媒介融合问题尝试探索解决之道,指出操作的基本理念、调查方法和具体流程,并提供大量经典案例增加可读的具象性。

第 三 节

除了应对全球化趋势的新媒体挑战之外,现代新闻人的职业素养对把脉当下中国广播电视新闻现状尤为关键,对传媒本性的瞭望可以帮助我们辨识改革进程中的种种复杂问题,帮助我们廓本清源,厘清问题背后的非新闻、反新闻意识,有效回避误区与盲点。

广播电视新闻节目虽然正在不断推陈出新,改变着千篇一律的形态和刻板面貌,但在这种快速转身中也难免泥沙俱下,凸显出自身先天不足后天失调的弊端。不容置疑,当前的广电新闻领域已经出现一些偏离新闻规律和工作原则的不良现象,显示出摒弃新闻传播舆论导向职责的危机。例如,为迎合大众的消费需求,电视新闻节目刮起了娱乐旋风,通过大量新增娱乐新闻、娱乐节目来赢取消费市场,同时在硬性新闻的传播上也逐步向软新闻扩展,政治、经济等社会时政新闻的新闻播报时间被压缩,甚至娱乐新闻占领了电视新闻节目的主体地位,更令人担忧的是,在时政新闻的采制、编报上不能做到实事求是深入调查,而是止步于事件琐碎无稽的堆积;同时,电视新闻的低俗化苗头也有所蔓延,市侩新闻、八卦新闻、低级趣味新闻充斥荧屏,新闻题材和画面倾向于追求感官刺激性,热衷于暴力血腥、隐私奇闻等非正常素材;即使对娱乐新闻自身来说,它固然需要重视情节丰富的故事和出乎意料的热点效果,因为这种初衷和娱乐的本体特性紧密相关,但如果毫无节制,违背新闻基本规律,缺乏道德自律,便容易以娱乐的趣味化取消新闻真实的存在,演变为片面追求收视率。实际上,这些现象尤其在省级台和市级台有大行其道的趋势,它们竞相"戏说"新闻,滥用元素,内容低俗肤浅,节目包装一味吸引人眼球,不惜斧凿雕琢、虚假矫饰。

当收听收视率成为广播电视新闻节目唯一的指挥棒时,广播电视新闻必将日益偏离新闻采制的正常轨道,在形式化和庸俗化的道路上越走越远。收听收视率的中心化源于乌合之众盲目好奇的普遍心理,它降低了新闻的客观高度和智慧深度,使新闻满足事实的表面化,排斥对事件真实意义的严肃思考,导致新闻制作者缺乏社会责任感和挖掘新闻事实的理性精神。我们知道,新闻传播把满足人们的知情权作为第一天职,其社会影响力深远,小到一个新闻记者,大到一个传媒平台,其言行往往会左右社会风气和整体价值观,容不得半点马虎。如果新闻传播者的传播态度过于急功近利,那么作为大众媒介的媒体自身品格也不会例外,这样就会在无形中瓦解媒体公信力,威胁社会诚信,误导青少年成长,迫使精英观众逐渐远离电视,甚至颠覆广播电视文化自身的根基,不利于整个社会、整个民族文化的繁荣。

进一步说,上述种种现象表明中国广播电视新闻在发展方向上出现了误区和盲点,存在着误判和误读。之所以产生"误判""误读",是因为传播者对新闻价值观的认识发生了偏差,也就是对"新闻是什么"的基本认识发生了偏离。新闻既然是历史,事实就是其立足的基石,对新闻来说,真实准确、权威可信是其基本要求,发现事实、描摹事实永远排在第一位,这一点无可替代,毋庸置疑。从这一意义上说,新闻工作者的使命就是忠实地记录历史,如果随意记录新闻,就会给受众留下错误的历史。新闻工作者应时刻意识到,自己记录的是"正在发生的历史",应以冷静与克制的态度呈现事实真相。也就是说,在新闻改革的过程中,变的是形式,不变的是使命,广播电视新闻为了增强自身的行业竞争力,追求一定的经济利益,采取一些创新手法以贴近民生生活,这本无可厚非,但若本末倒置,使"民生"成为幌子,不仅会营造出不利于社会健康的病态和戾气氛围,还会殃及池鱼,使新闻贬值甚至被消解。

因此,我们需要处理好目的与手段关系,需要建立一种能够自我调节和自我约束的传媒发展机制,其核心是让新闻媒体的社会责任统领办台宗旨,以优质的新闻节目和频率频道拉动全台节目,处理好产业与喉舌的合理关系,而问题解决的关键是回归新闻本位,"新闻的交流价值和使用价值均以其基础的实现程度为基准。"①只有坚持客观、公正和平衡的新闻法则,坚持新闻正义的职业理想,对电视新闻类节目的形式和内容严格把关,才能防止低俗化倾向的蔓延;只有反思新闻真实原则是否落实到位,警惕市场化商业利益绑架新闻民主功能,电视新闻工作者才能不负社会环境守望者的使命。从长远来看,建立约束性的发展机制还有利于提升电视传媒的影响力,有助于实现一个自由开放民主的现代公民社会。这也是 2009 年以来新闻界重提"新闻立台"的根本出发点。因此,本书除了强调夯实基础业务之外,还进一步在第十二章全面总结广播电视从业者的职业道德素养,尤其要求新闻人应加强自身的法律意识和法律知识,注重伦理、道德和规范的学习,以正确的立场实施舆论监督。

第 四 节

从国家政策和文化机制的发展来看,中国改革开放 30 年以来,不仅广播电视新闻越来越受到国家和政府的重视,而且政府、公众和新闻媒体之间的关系走向理性化,趋于三位一体的平等互动,日益改变过去由政府单极主导舆论的简单模式。

党的十八大以来,党和国家十分重视新闻舆论工作。习近平总书记发表了一系列讲话。这些讲话,不仅厘清了"职责和使命",强调了"党性原则",还就如何适应媒体格局和舆论生态的深刻变化,如何应对新媒体带来的深刻改变,如何在"西强我弱"的国际舆论格局中更好地传播中国声音等一系列问题,给出了针对性极强的解决办法。他指出:"党的新闻舆论工作是党的一项重要工作,是治国理政、定国安邦的大事,要适应国内外形势发展,从党的工作全局出发把握定位,坚持党的领导,坚持正确的政治方向,坚持以人民为中心的工作导向,尊重新闻传播规律,创新方法手段,切实提高党的新闻舆论传播力、引导力、影响力、公信力。做好党的新闻舆论工作,事关旗帜和道路,事关贯彻落实党的理论和路线

① 纪忠慧. 去功利化:"新闻立台"的深层解析. 现代传播. 2011(07):27-30。

方针政策,事关顺利推进党和国家各项事业,事关全党全国各族人民的凝聚力和向心力,事关党和国家的前途命运。必须从党的工作全局出发把握党的新闻舆论工作,做到思想上高度重视、工作上精准有力。[1] 习近平总书记在 2016 年 2 月 19 日召开的党的新闻舆论工作座谈会上说:在新的时代条件下,党的新闻舆论工作的职责和使命是:高举旗帜、引领导向,围绕中心、服务大局,团结人民、鼓舞士气,成风化人、凝心聚力,澄清谬误、明辨是非,连接中外、沟通世界。要承担起这个职责和使命,必须把政治方向摆在第一位,牢牢坚持党性原则,牢牢坚持马克思主义新闻观,牢牢坚持正确舆论导向,牢牢坚持正面宣传为主。同时强调,媒体竞争关键是人才竞争,媒体优势核心是人才优势。要加快培养造就一支政治坚定、业务精湛、作风优良、党和人民放心的新闻舆论工作队伍。新闻舆论工作者要增强政治家办报意识,在围绕中心、服务大局中找准坐标定位,牢记社会责任,不断解决好"为了谁、依靠谁、我是谁"这个根本问题。要提高业务能力,勤学习、多锻炼,努力成为全媒型、专家型人才。要转作风改文风,俯下身、沉下心,察实情、说实话、动真情,努力推出有思想、有温度、有品质的作品。要严格要求自己,加强道德修养,保持一身正气。在 2014 年 8 月 18 日中央召开的全面深化改革领导小组第四次会议上,习近平总书记说:"推动传统媒体和新兴媒体融合发展,要遵循新闻传播规律和新兴媒体发展规律,强化互联网思维,坚持传统媒体和新兴媒体优势互补、一体发展,坚持先进技术为支撑、内容建设为根本,推动传统媒体和新兴媒体在内容、渠道、平台、经营、管理等方面的深度融合,着力打造一批形态多样、手段先进、具有竞争力的新型主流媒体,建成几家拥有强大实力和传播力、公信力、影响力的新型媒体集团,形成立体多样、融合发展的现代传播体系。要一手抓融合,一手抓管理,确保融合发展沿着正确方向推进。"

上述事实表明中国新闻事业正面临整体推进、重点突破的机遇期,它推动新闻工作持续解放思想,一切从实际出发,按新闻规律办事;转变观念,以人为本。一方面,在这个机遇期中,广播电视媒介的本体性质更加醒目,新闻传播的身份定位发生位移,逐渐摆脱把新闻与宣传截然一分为二的陈旧观念,也反对将新闻等同于宣传、将新闻作为宣传附属品的思想误区,两者在出发点、归宿点、传播方式、传播要求上各有不同,而如何把坚持党性原则与新闻自身发展协同起来,关键仍然在于加强新闻从业者的基本素质,只有基本素质提高了,才能进一步提高科学素质,增强核心竞争力。另一方面,机遇期也给新闻工作带来解放生产力的新景观,新闻队伍建设要求坚持德才兼备原则,但长期以来把学历、职称、资历、身份作为固化的人才标准,而以人为本则要求从根本上尊重人的生产力和创造力,把人才作为第一资源,使人人皆可成才。"要促使人人成才,就要树立大教

---

① 习近平. 在党的新闻舆论工作座谈会上发表重要讲话. 人民日报,2016 年 2 月 20 日第一版。

育、大培训观念,重点培养人的学习能力、实践能力,着力提高人的创新能力。"①因此,本书在全面整合现代新闻实务基本知识点的同时,始终贯彻一个主要思路,即在编辑策划、体系结构以及案例的选择标准上都遵循培养能力为先的原则,使学生和读者获得知识的融汇贯通方法和洞察分析能力,从而真正在实际工作中发生效用。

第 五 节

从高校新闻学教育来看,我们知道所谓新闻无学仍困扰这门学科,基础教材的重新改写迫在眉睫。

目前,国内介绍阐述广播电视新闻的书籍很多,涵盖了广播电视新闻的方方面面,经过出版界和众多作者们的长期努力,门类和品种基本齐全,在适应形势和满足需求方面起了不可忽视的作用。但其中多半属于"学者型"的,存在不少理论与实践脱节和业务观念滞后的问题,专著教材化,而教材又同质化。广播电视新闻是一个技术操作性、经验积累性很强的专业,理论教学能否真正培养出学生实务操作能力,能否使学生在四年学习过程中谙熟各种报道体裁、采访方式和编辑技巧,能否使学生实现不同新闻情境的电视感觉,在产业化运作环境下建立起专业市场观念和积累市场经验,这些问题至关重要,不仅涉及就业与工作竞争力问题,更重要的是涉及广播电视新闻学专业的体系科学问题。对此,有研究者在考察美国新闻教育时曾指出,基本技能训练是新闻教育的核心要素之一,"基本的技能训练就是娴熟掌握传统的采、写、编、评、摄、录、制、播加上现代新技术,是从事新闻工作最基本的要求。"②方延明教授在其《新闻实务方法论》一书中也强调基本实务方法的重要,他说:"方法论问题,是治学、实践的根本问题。方法掌握了,可以举一反三,一通百通。我在带记者、带编辑、带研究生这方面体会很深,知识素养加职业精神加新闻方法,绝对是一个称职的新闻工作者。"③随着广播电视事业的跨越式发展,当下新的研究热点正如雨后春笋层出不穷,如融合新闻、网络新闻、新闻发现力、采访付费、隐性采访与新闻侵权等。此外,在具体研究方法上也呈现出丰富性和前瞻性趋势。形势的发展迫切要求新闻学教育紧扣时代发展脉搏,把握敏锐的新闻触觉,采用先进的技术设备,创造独特的观察视角。例如,美国哥伦比亚大学新闻传播系就改进了本专业的教育模式,以跟进媒体工业的需要,他们在选修课程中特别开"设案例研究"课,学生分析和评论自

① 陆小华.新媒体观:信息化生存时代的思维方式.北京:清华大学出版社,2008:119。
② 黄鹏.美国新闻教育研究.武汉:华中科技大学出版社,2008:2。
③ 方延明.新闻实务方法论.广州:南方日报出版社,2005:1。

已所写的新闻,并对比知名记者所写的新闻,从中总结可操作方法,以便在进入新闻行业之后能运用这些知识[1]。由此可见,改造已有的教材和专著势在必行,传统的体例、观点和内容亟待重评和刷新,必须完全服从实践教学的需要,基础教材的重新编写要从过去注重理论转而注重实践,从注重单一课堂教学转变注重实验课堂教学,打通理论教学与实验环节、理论教学与实践环节之间的隔阂,为广电新闻专业探索一条理论学习、实验动手、产业运作乃至经济产出彼此协调的全新之路。

本书利用一些作者在媒体从业经验积累又在高校长期任教和专业科研的优势,在大量丰富的实证材料的基础上,根据作者在广播电视方面的工作经验和学术心得撰写。一方面突出新闻实务,在总结广播电视新闻方法规范的基础上,有效衔接现代传媒与市场需求,帮助广播电视新闻工作者在采编播各个环节中,通过实践操作确立时效意识、现场意识、受众意识、策划意识、品牌意识、互动意识等现代广电新闻传播理念。另一方面又不是片面强调技能训练,而是紧密结合当代中国广播电视传播的实际,提炼与新闻实务直接相关的理论知识点,大胆借鉴国内外有关电视传播和新闻传播的最新成果,将理论研究的科学性、前瞻性与实践性、可操作性有机结合,强调历史和逻辑的统一、辩证法和认识论的统一,体验新闻传播在社会政治、经济、文化发展中的具体地位。可以说,本书具有新编性、开拓性、前沿性和实践性等多重优势。

---

① 孟超,刘育夏. 新闻实务课程改革刍议. 教育教学论坛. 2010(14):163。

第一章　广播电视新闻的相关理念

"媒介的魔力在人们接触媒介的瞬间就会产生，正如旋律的魔力在旋律的头几节就会释放出来一样。"①20世纪60年代，加拿大著名学者麦克卢汉不仅精准地预言了媒介方式对人们生活方式的颠覆，而且把这种逆袭的速度视为一种"魔力"，让身处其中的人们毫无招架之力地蜂拥而去，任由WEB技术革命随时随地、无时无刻地撬动我们过去的生活。

人们曾经毫不留情地预言：新兴媒体将会全面接棒传统媒体，扮演未来世界人类获得信息的垄断者角色。但是，内容生产的短板是掣肘"垄断者"问鼎王位的最大障碍，传统媒体凭借其源源不断的内容再生能力，在人才、机制、技术等方面都有着足够的自我修复和调试能力，足以应对"垄断者"的挑战。

在回顾和梳理传统媒体一路艰辛征程中积累下的丰硕宝藏的过程中，来自于广播电视内在机体里生发出来的魔力音律，声若洪钟。

第一节　广播电视新闻实务的流金岁月

1920年11月2日，美国公众通过匹兹堡西屋电气公司开办的商业电波——KDKA电台收听了各党派候选人角逐总统席位的盛况，共和党候选人沃伦·哈丁富于感染力的声音借助电波的威力，用"回归和平与宁静"的承诺说服美国公众，成为美国新一届领袖。而籍此，作为美国第一个正式申请营业执照的KDKA电台，也从此揭开了世界广播事业发展的滥觞。

1936年11月2日，英国广播公司的主要电视频道——BBC开始了电视节目的正式播出，人们在收听的同时也看到英王乔治六世的加冕典礼——这是一个奇迹。两年后，一个更大的奇迹是，首相张伯伦从慕尼黑谈判归来，三架摄像机同时拍摄，实况播出——这被认为是世界上第一次正式直播的新闻事件，让观众真正见识到电视的独特魅力，该节目的名字"我们时代的和平"似乎也预示着世界电视事业的坦途。

---

① [加]麦克卢汉．理解媒介：论人的延伸．何道宽，译．北京：商务印书馆，2003。

毋庸置疑,广播电视是 20 世纪人类社会最伟大的发明,是人类社会发展到一定阶段的产物,更是迄今为止对现代社会政治、经济、文化等方面以及现代人行为影响最重大、最深刻、最广泛的传播活动。

一部美国电影《西雅图不眠夜》曾经让全世界观众为之感动。影片中的男女主人公就是通过广播这位"红娘"结识的。在现实生活中,广播影响着美国百姓生活的方方面面。在信息网络化的今天,25～54 岁的社会中坚力量恰恰是美国广播市场的主体听众。根据美国阿比创(Arbitron)广播收听率监测公司在2010 年的收听率数据显示,12 岁以上的美国听众每周平均累计收听率高达93.1%,12 岁以上的美国听众每周平均收听时长为 15 小时 4 分钟,12～54 岁的听众在每周累积收听率和每周平均收听时长都是所有年龄段听众群之最。汽车里、办公室里、卧室里、卫生间里、飞机上、沙滩上……这种中国人俗称的"话匣子"在美国无孔不入。

1949 年以前,我国总共有广播电台 49 座,其中中央台 1 座,地方台 48 座,发射总功率仅有 138 千瓦,全国只有 100 万台收音机。到 1998 年,我国已基本建成了一个由中波广播、短波广播、调频广播、无线电视、有线广播电视和卫星广播电视网所组成的,无线和有线相结合、星网结合、天地交融、比较完整的广播电视覆盖网。

2015 年 7 月,国家新闻出版广电总局发展研究中心在北京举行"2015 广电改革发展高层论坛"。论坛期间发布了 2015 广电蓝皮书,蓝皮书分析了 2014 年度广播电视和新媒体的数据汇总与发展趋势。数据显示,目前广播、电视综合人口覆盖率分别达 97.99% 和 98.60%,全国有线数字电视用户 1.91 亿,占有线电视用户的 81.61%,双向网络覆盖用户超过 1.08 亿,成为世界上覆盖人口最多,公众信息传送量最大,有线、无线、卫星等多种现代技术手段并用的广播电视网络[1]。

除了数据上的日新月异,中国广播电视事业的个案也不断填补着世界新闻史上关于中国的空白,在国际国内重大事件中,世界听到了来自中国的声音,看到了来自中国的图像。在媒体激烈竞争、新闻业态不断更新变化的数字化、信息化时代,在诸如汶川地震、玉树地震、舟曲泥石流灾害等诸多突发事件的演练下,中国广播电视新闻的表现也日趋成熟。

---

[1] 数据来自 NGB 总体专家委员会正式发布《中国下一代广播电视网(NGB)自主创新战略研究报告》。

第二节 新闻——广播电视的媒介属性

1. 广播电视新闻的涵义

广播新闻是运用声音符号体系以及广播媒介的综合优势手段传播的新闻,是广播中各类新闻体裁和各种新闻性节目的总称。电视新闻是运用画面与声音符号体系以及电视媒介的综合优势手段传播的新闻,是电视屏幕上各类新闻体裁和各种新闻性节目的总称。"有新闻,就有市场",这既是任何一家媒体都懂得的生存法则,也是广播电视作为媒介存在的根本属性。

新闻的社会价值衡量是和社会发展的特点紧密地联系在一起的。当社会处于稳态发展阶段时,由于社会所面对的不确定性比较少,因此新闻的价值就会有所降低;但当社会处在一个多事之秋,诸多不确定性因素严重影响着社会发展和人们生活的时候,新闻的价值以及人们对于新闻的关注度就会陡然提升。

正因如此,在世界新闻发展史上,才会出现一段段因成功应对突发事件或重大选题而成就一个媒体电视台的佳话。正如海湾战争成就了 CNN,"9·11"成就了凤凰卫视,美伊战争成就了中央电视台中文国际频道,"非典"疫情成就了新成立的中央电视台新闻频道。

在新闻现场,广播电视的传播特质各有作为。它们以现代电子技术为传播手段,借助声音或声画组合的传播符号,将新近变动或正在变动的事实信息向外传播,保证了信息发布的权威性、内容生产的深刻性和传播范围的广泛性。

因此,即便是面对互联网的强势来袭,诸如类似微博这样一些实时性、互动性和平民性的社会化媒体平台,广播电视作为传统媒体,依然代表着一种权威信息源。在新闻产品的产业链条上,有专业人员采访、制作和审核,并对观众和听众负责,传统媒体在系列报道、连续报道、新闻专题、高端访谈等深度报道方式挖掘新闻背后的新闻、分析事态变化,是微博这样的平民化媒体平台无法相比的。

成立于 1996 年的凤凰卫视集新闻资讯、体育、音乐、电视剧于一身,尤其是对"9·11"袭击事件与 2003 年伊拉克战争的大量直播,使其一举成名。从此,凤凰卫视开始向专业新闻台靠近,对外标榜其新闻的客观与公正。也因为其坚持新闻言论的严肃客观,所以获得了广泛的影响力。遍观凤凰卫视的节目,大多以新闻时政经济为主,且有大量的新闻评论节目。这些评论节目往往有观点的交锋,分析入理透彻,观点新颖,吸引了大量的受众,尤其是精英阶层和知识分子。凤凰卫视的名牌节目也多是新闻言论类的节目,如著名的新闻报道类节目《凤凰早班车》《时事直通车》《凤凰快报》等,著名的时事评论类节目《有报天天读》《文涛拍案》《时事开讲》等,著名的访谈节目《鲁豫有约》《铿锵三人行》《社会能见度》等。凤凰卫视依靠这些新闻言论类节目形成了自己独树一帜的品牌,并积累了广泛的影响力。

毋庸置疑,在重大事件面前,观众对于新闻信息的需求是第一位的。当前,我国正处在社会转型的"深水区",内外环境的不确定性因素明显增加,新闻在整个社会传播中唱主角的中心地位越来越得到强化。因此,以新闻立台在未来相当一段时期内仍将是整个广播电视产业构建影响力的"第一高地"。

2009 年,中央电视台台长焦利上任伊始,烧的"第一把火"就是新闻立台——整合新闻、广经(广告经济)、海外、社教、文艺五大节目中心的新闻采编系统,成立了中央电视台新闻中心。与此同时,《新闻联播》和《朝闻天下》的"变脸"也让舆论追捧一时。

在刚刚落下帷幕的中央电视台 2016 年黄金资源广告招标大会上,有关知情人透露,中央电视台新闻多档王牌节目将改版升级:《新闻联播》正在推进头条工程,打造有更大影响力的头条品牌;《焦点访谈》将推出新栏目《百姓心声》,打造新板块"权威解读";《朝闻天下》增加信息量,重点打造全新板块的全媒体搜索;《晚间新闻》重点打造三大核心竞争力,以速度、深度解读重大国策,以数据思维制作精准新闻,以观点新闻统领战略方向。由此可见,回归新闻本质,是中央电视台数次转型的终极目标。

《中国之声》是中国广播电台的经典品牌,在继 2004 年对《新闻和报纸摘要》《全国新闻联播》等节目的重新调整后,《中国之声》在 2009 年和 2011 年相继进行了两次大规模的改版。

2009 年 1 月 1 日,中央人民广播电台第一套节目《中国之声》以全新的面貌出现,新闻比例由 40% 提高到 75% 以上,新闻栏目《央广新闻》实现了每半小时一个单元滚动播出,时时刷新。改版前的《中国之声》是 5 + 2 播出模式,即周一到周五以新闻为主打,周末两天以文艺节目为主;改版后成为 7 + 0,天天以新闻为主打。早、中、晚分别以名牌节目《新闻和报纸摘要》《全国新闻联播》《新闻解读》组成三大新闻板块,之外每半个小时一个新闻滚动轮盘,轮盘里有全天重点关注、综合资讯、连线报道等栏目,每有重大事件或重大策划时,轮盘迅捷打通,保证了新闻随时发生随时进入,全方位呈现。此外,中央人民广播电台向 18 位专家颁发了特约观察员聘书,从中可以看出《中国之声》在强化新闻时效性的同时,加强了新闻的深度解读。

《中国之声》改版后一个月,在一份来自中央电视台索福瑞提供的收听数据报表上,该节目格外显眼。2008 年 12 月与 2009 年 1 月,《中国之声》的收听市场份额在武汉、成都等 25 个城市,不是占据第一名就是第二名,北京市场份额也由第五位上升到第三位。收听效应拉动了经济效益,《中国之声》广告合同签约率也比往年有大幅增长。

2011 年金秋,《中国之声》再次改版,倾力打造"勇于担当责任的中国第一新闻广播",助力推升中央媒体及党和政府在新时期的公信力,白天以半小时为单元,与事件发生发展同步进行报道,重点强调回归新闻本原,用第一时间、第一现场、第一人物、第一真相/背景、第一评论/解读五个子栏目分类新闻内容,用新闻的"5W"组合重点关注角度,让新闻协同作战。作为中国广播媒体第一经典品牌,《中国之声》坚持"新闻立台",发挥广播优势,倾力打造媒体介绍有声版这一广播独有的品牌。

2. 广播电视新闻的传播共性与特性

1) 广播电视新闻的传播共性

(1) 传播对象的广泛性。较之印刷媒介,广播电视没有文字阅读的"门槛",它本性上是通俗的、大众的。广播使用有声语言传播信息,电视利用画面和声音传递信息,受众可以不受文化水平限制任意选择收听、收看。仅以我国为例,据统计,文盲和半文盲有 2 亿多人,他们不能读书看报,但可以毫无障碍地听广播、看电视。广播电视的受众是无条件的,从学龄前儿童到年逾古稀的老人,从文盲到专家学者,只要具备听觉和视觉能力,都可以成为广播的传播对象。

(2) 传播顺序的制约性。这种传播顺序是指顺时的传播即广播、电视所传播的内容是以时间的推移顺序进行传播构成的"时间式版面",在传播过程中制约着受众的选择自由,他们只能以观看伴随等待的态度去接受随后而来的信息。

(3) 传播信息的多元性。广播电视新闻的信息传播诉诸于人们的听觉、视觉器官,语言、音响、活动图像、照片、图画、文字等信息素材的综合运用,呈现给受众更立体、强烈而丰富的现场信号。

(4) 传播过程的参与性。广播是传播声音符号的,而声音符号的生产较之于图像符号和文字符号都要容易操作。广播可以借助电话、手机短信、网络平台等新技术完成声音符号的生产,并形成多样化的传播形式,如开通热线电话、推出适时播报,为听众直接参与广播创造机会,使得广播在一定程度上似乎可以达到一对一人际传播。双方在互动中实现同步交流、共同分享的心理满足。电视同样如此。

2) 广播新闻的传播特性

从广播的定义可以看出,广播传媒作为电子媒介,其物质技术基础是电子技术设备,其信息载体是无线电波或导线,这就使得广播在传播方式乃至传播效果上与其他大众传媒相比既有共同之处,又有着明显的自我特征。

广播与电视最明显的差异就在于广播只有"听"一个通道。因此,作为新闻传播媒介,它能够使用的符号较为单一,只有话音和各种音响。由于没有视觉的限制和干扰,广播的受众能够把注意力集中在"听"的全过程,对语言符号的感知会比电视更细微和深入,现场音响和其他音响符号的使用,还能够起到深化和丰富语言感觉的作用,甚至能够产生某种程度的"身临其境"的感觉。

(1)传播快捷,时效性强。广播传播以电波为载体,电波的速度为30万千米每秒,相当于每秒绕地球7.5圈,传播到收听者间的时间差几乎等于零。广播的这种特性,使它成为最理想的新闻传播工具。第二次世界大战前夕,人们急于获知战争情况,广播的快捷特点满足了人们的需求,于是广播新闻得到了人们空前的重视。据《第二次世界大战史》记载:1940年4月初,英国、法国和德国都在对中立的挪威、丹麦等国施加影响。英、法海军进入挪威水域设置雷区,以阻止德国通商的船只出入。4月9日,正当英国报纸登载这条消息,并且"对此先发制人的行动发表贺词加以评论"的时候,当天早晨的无线电广播却使该新闻变成了糟糕的旧闻——德军正在挪威沿海一系列地点登陆,而且还开进了丹麦。

至于对正在发生的新闻事件的现场直接广播是新闻报道中最快的形式,被称为同步广播。同步广播的特征是新闻事件的发展变化与报道同时进行。一件引人注目的新闻事件,一个重要的大会,一次盛大的活动,一场精彩的球赛……通过电台的同步传播,即可以实时收听千里万里之外的新闻事件,满足了人们"先听为快"的心理。

(2)覆盖广泛,渗透力强。这是广播的电声特点派生出来的优势。广播用电波作为载体传播,现在更与人造地球卫星结合,其电波几乎可以笼罩全球,可以说,人类的大部分活动都能成为它的传播对象。具体来说,广播传播的广泛性可以由以下方面体现出来:

第一,广播传播容易接受。2008年1月南方冰雪灾害,大面积停水停电,交通、通信瘫痪,中国的大众传媒经受了前所未有的考验。在人们以电视、网络、报纸为中心的媒介依赖结构被彻底打乱的情况下,《中国之声》率先反应,充分发挥广播快捷的传播特点,成为风雪中群众获取信息、寻求救助的首选媒体,也是有关部门发布信息的首选平台。

第二,收听限制少。广播覆盖广阔,不管天南地北、高山海洋、平原沙漠、城市乡村、居室内外、田间地头,广播都能到达,并能同时传到四面八方,受众可以同时收听。

新闻发生时,记者是否在现场以及到达现场的速度,是检验媒体实力的重要标志。各个城市都有自己的标志性建筑,这几乎是每个城市的地标。在新闻事实的发生地,也有一个标志性现场,它是指每一个新闻事件最具有代表性的典型现场。它是一个点,而不是一个面,在这个点上,新闻信息最密集,受众的关注度最高,它的发展变动牵动着整个新闻时间的全局和走向——抓住现场就是抓住受众的注意力——其重要性不言自明。例如,"神舟"飞船返回搜救报道的标志性现场就是返回舱的着陆点,"嫦娥一号"发射报道的标志性现场就是发射中心,"5·12"汶川特大地震报道的标志性现场就是救援现场……

"5·12"汶川特大地震发生后,由于道路中断、通信中断,震中汶川成为与世隔绝的"孤岛"。5月14日早晨,中央电台记者和救灾官兵,从都江堰紫坪铺水库登上冲锋舟赶往汶川,期间突遇山体塌方,经过1小时30分钟的水路行进,记者弃舟徒步前行,一路危机四伏,险象环生,最终在下午1点到达受灾最严重的震中汶川县映秀镇,也是最早到达震中的记者,并在13时47分18秒,通过海事卫星电话从震中发出报道。

第三,收听随意,不受环境限制。无论是居家还是外出,无论是乘车还是走路,无论是休息还是工作,都可以收听广播。这种灵活、自由、不受限制的随意性和非专注性,使广播渗透到社会生活的各个领域,适应现代生活的快节奏和现代人对密集资讯的需求。

(3)声情并茂,感染力强。报纸传播信息主要依靠文字符号(兼有静止照片或图画)。文字符号尽管也作用于人的视觉器官,但它不是直接的形象,它主要通过阅读转换成有声语言,经过联想才能获得事物的形象,从而深刻理解事物。

语言广播传播信息则依靠声音符号(包括各种音响及有声语言)。声音符号作用于人的听觉器官,人们可以通过音响和有声语言较直接地理解传播的内容。它可以省掉文字符号转换成语言符号这道"工序",传播起来比较直接。俗话说:"闻其声如见其人"。这说明声音具有很大的传真性,它比文字的表现力更直接、传神,声音本身具有丰富的形象性,可以表达人们各种情感和气氛,如喜、怒、哀、乐、惊恐、无畏、紧张、轻松、诚恳、虚伪、粗暴、亲切、踏实、轻浮、爽朗、忧郁、热烈、沉闷等,声音的传真性使人产生视觉形象,听其声如见其人,听其声如临其境。

语言的渲染力往往直抵人心:在北川幼儿园附近的救援现场,来自台湾地区的地震专家用生命探测仪测出这里有三个微弱的生命信号。《中国之声》的记者王亮开始直播报道这次救援的全过程。战士们把保险绳系在腰间,冒着房体二次坍塌的危险,通过房顶一处小小的空隙钻进废墟寻找幸存者。救援进展异常艰难,所有接近被困者的通道全部被堵死。战士从废墟里找到被困者的身份证、日记本和一张全家福,日记本里有一首题为《浪花》的小诗,记者在直播中放大了这个细节,通过电波朗读了这首小诗:"听众朋友,现在搜救仍在进行,搜救队员刚才从废墟中找到了男主人的一个日记本,里面有他写的一首小诗《浪花》:'闲暇时,我常到溪边看浪花。在阳光的照射下,像晶莹的珍珠,像活泼的孩子,像闪光的眼睛,像跳动的音符。搏击,奋斗不止;奔腾,永不停息.'此时此刻,让我们为埋在废墟下的这三个顽强的生命祈祷,愿他们的生命就像这浪花一样——奔腾,永不停止!"广播记者充分调动视觉、听觉、触觉等各种感官元素,通过有声语言传递所见、所闻、所感,客观上填补了广播的某些先天的不足。

(4) 转瞬即逝,保留性差。声音不是实体,由电波携带的声音,可以飞越高山大海,把信息送到受众的耳际,但受众却只能听,而不能看到或触摸到。正因为非实体传播,广播才能不受空间和其他传递条件的限制,高速度、远距离地传播信息,为传、受双方提供了很大的方便;但它同时也带来了这样或那样的遗憾,如只能即时收听、不易保存、不能倒检索,因而也不利于再传播。

以上是广播传媒的几个主要个性特质,大多具有优势与劣势并存的两重性。因此,针对广播传媒的个性特征,充分发挥其优势,克服其弱点,尽可能"扬长避短",成为广播工作者的专业追求。

3) 电视新闻的传播特性

(1) 现场的证实价值。所谓现场证实价值是指电视新闻运用现场采集到的语言或非语言符号来证明新闻内容确实无误并使观众对此深信不疑。电视画面的直观性来源于三个方面:一是语言符号和非语言符号的直观性;二是指声音元素的直接表现;三是保持被摄物的现在时态。

(2) 画面情节的片段性。电视新闻画面情节的片段性是指画面在一篇新闻作品中呈不连贯状态。要弥补画面情节的不完整性,需要做到:首先关注画面细节,力求通过有表现力的细节的摄入使观众产生联想和共鸣,起到画龙点睛的作用;其次在编辑画面的时候不必公式化,要力求以"最大的表现力"为原则,最大限度地体现画面所反应的新闻内容;最后要发挥声音、文字、图表等视觉符号的组合优势,使画面信息量最大化地得到表现。

(3) 现场的制约性。电视新闻的现场制约性是指通过对和新闻内容有关的时间、地点、原因、思想、行动、人物等真实拍摄,在达到对诸多要素"保真"的同时也受到诸多要素的制约,如受到新闻现场的时间、人事和环境的制约等。

(4) 传播的及时性。时效是电视新闻的第二生命,在现代媒体之间的新闻竞争中,时效是取胜的最有效的砝码。媒体应积极地调动一切有利因素,缩短"信源"与"信宿"之间的时间差,力求以最快捷的速度将第一手资料传播出去,以满足受众"先睹为快"的时效心理。

(5) 节目播出的同步性。电视直播使得电视节目的制作和播出同步进行,丰富了节目的内涵。广播直播仅仅是声音的直播;而电视直播不仅是声音的直播,更是图像的直播,同时现代计算机水平的发展使文字直播、计算机图表和特技穿插直播成为可能。

(6) 内容的易受性。传播内容的选择和传播符号的运用,决定了新闻传播的效果。电视新闻的内容易受性正是由于电视新闻传播时运用的多种传播符号,可以将观众接受信息时的费力程度减到最小。这种费力程度就是指公众接受信息时所付出的代价,如时间支出、精力消耗等。

第三节 广播电视新闻的社会功能

广播电视作为当今社会的第一媒体,对当下政治、经济、社会、文化等各领域的影响日益增强,对人们的思想、工作、生活等各方面的影响日益深入,树立和秉持高度的社会责任感比以往任何时候都重要。

普利策曾有一个很经典的比喻:媒体就像海上航行的轮船上的瞭望塔,当它发现前方的冰山、暗礁时,能够及时地向人们发出警报。这说明了广播电视新闻在传播新闻、播报政令、引导舆论、服务社会方面肩负着不可推卸的社会责任。

不可否认,在中国媒体竞争的硝烟日渐弥漫的时代,新闻媒体正在"社会效益"和"经济效益",以及"意识形态"与"市场"之间艰难地前行,但是作为社会主流媒体,广播电视媒体的生存和发展,不能以牺牲媒体的社会责任为代价,而应该成为社会的瞭望者、主流价值观的支撑者、社会舆论的引导者,履行神圣的社会责任,在社会的进步和发展中充当重要的角色。

据统计,目前我国拥有2000多家报纸,4亿多台使用中的电视,有13亿电视观众,其中通过广播电视主流媒体了解新闻的约占90%,所以广播电视主流新闻媒体在监督和引导舆论方面承担着重要的责任,已经成为百姓了解国际、国家大事的重要媒介之一。所以,广播电视主流新闻媒体应树立政治意识、责任意识、大局意识,通过准确、客观、真实的报道,反映国家的发展、经济的建设、人民生活水平的提高和精神风貌的变化,这是新闻媒体不可推卸的责任。另外,由于新闻媒体的特殊地位和强势影响力,它给公众提供的不止是"资讯产品",更多的是这些"产品"背后的价值观念,它报道什么、不报道什么,提倡什么、反对什么,都存在舆论导向的问题。试想,当媒体对明星产子的报道热情超过频繁发生的矿难时,人们就会对新闻媒体感到失望和悲哀。如果媒体忘记了自己的职业操守,就会成为虚假、低俗、无聊信息的载体,舆论导向就会发生严重错位,就会失去受众的信任。

同层出不穷的新媒体相比,传统广播电视新闻媒体的独特优势或者说核心竞争力主要体现在职业化、系统化采集和发布新闻的能力,更为重要的是长期积累的权威性和公信力。以互联网为代表的新媒体由于"把关人"制度的相对宽松,信息传播的过度开放,导致充斥其间的新闻信息鱼龙混杂、真假难辨,作为公信力第一指标的真实性都无法得到保证。此外,目前各类门户网站、手机报、博客等新媒体在新闻传播的内容上更多来源于传统媒体,自身没有专业的新闻采访队伍,也没有新闻采访权,导致新闻信息的传播暴露出"无序化""碎片化""浅薄化"等先天缺陷,而广播电视新闻媒体恰恰在报道的真实性、敏锐性、深刻性、全面性等方面具有自身十分明显的优势,这也将成为未来传统广播电视媒体与新媒体在新闻报道方面相抗衡的重要砝码。

另外,满足受众的精神需要是广播电视生存的动因,因此广播电视新闻要把实现人民利益作为自己的追求,以满足人民群众日益增长的精神文化需求和促进人的全面发展。满足受众日益增长的精神文化生活需要,不仅需要给受众"帮忙",为其提供真实、全面、客观、负责任的报道,以及力所能及的咨询和服务,而且还要给受众"帮闲",发挥其娱乐功能。广播电视应当怎样去满足大多数人的精神文化生活需求,是主动引领还是被动迎合,这是一个关系到民族整体素质提升还是沉沦的严肃问题。有人说,"通俗文化受众多而繁杂这一显著特点,就决定了通俗文化暂且只能制作、播放那些与日常生活密切相关、智力和文化素质要求不高,艺术、审美属于中下水准的节目",然而,通俗文化只停留于表现日常生活中的琐碎事件,平坦而没有高度。精神得不到提升就会下降,沉溺于此就会导致社会的平庸。

第四节　广播电视新闻的基本原则

陆定一对新闻的定义——新闻是对新近发生事实的报道——在国内新闻学教学中沿用至今。言简意赅的定义里包含了关于新闻之为新闻的三个关键词——新近、事实、报道。三个关键词共同构筑了新闻的三个基本原理——时效性、真实性和公开性。

广播电视新闻同样要遵守新闻的三个基本原则。

1. 真实性与时效性

时效性是新闻的生命力之所在,有时效的新闻价值连城,过了时的新闻就成了旧闻。

从理论上来说,时效性指事实发生与作为新闻事实发生之间的时间差(时距)。新闻必须是刚刚发生的事,而且报道得越快越好。例如在火灾发生的现场,有时候记者往往比消防队员到的还早,就是为了抢时间,要在第一时间采访到第一手的材料,尽快报道给受众。"9·11"事件发生的瞬间,一个记者在街上走,突然看到飞机撞到大楼上去了,他用500美元买了旁边一人的录像机,拍下了第二座楼又遭袭击的场面,这条新闻可以说价值连城。

新闻常被称为"易碎品",因为新闻作品的新闻价值的实现是一瞬间的、一次性的。美国《纽约时报》前副主编罗伯特·赖斯特说:"如果第二次世界大战之前,新闻界普遍认为,最没有生命力的东西莫过于昨天的报纸的话,那么今天的看法是:最没有生命力的东西莫过于几个小时以前发生的新闻"。这已是20世纪的事了。到了今天,最有价值的新闻再难与"几个小时之前"这样的字眼有关,有时候错过了那几秒,新闻就会成为"旧闻",就没有价值可言了。自新闻传播之日起,时效性就是衡量新闻的一个决定性标尺,这就使得时效性对于新闻采访的意义非常重大,它不是金牌与银牌的差别,而是金牌与粪土的差别。也就是说,有时效的新闻是新闻,失去时效的新闻就是废品。

有时候,单纯地抢时间也会忙中出错。在强调新闻的时效性的时候,绝不能违背新闻的真实性原则,因为真实才有价值,因为事实才是新闻的本源。时效性要以真实为前提,如果发出的消息有错,那么报道再快也没有任何意义,相反还会带来不可弥补的损失。这样的新闻不是真正的新闻,更谈不上时效。只有把新闻的时效性和真实性辩证地结合起来,才能体现新闻采访的真正意义。新闻采访最主要的目的,就是客观地探寻事实的真相。客观真实性是新闻受众的基本需求,也是新闻记者追求的一种意境。如果记者道听途说,信以为真,把假新闻当作真新闻报道出去,就会造成恶劣的影响甚至无可挽回的损失。

2011年10月19日,新闻出版总署办公厅印发了《关于严防虚假新闻报道的若干规定》,其中明确提出了虚假失实报道的防范及处理规则以及相关责任追究,也包含了新闻出版总署对虚假新闻的态度和追求新闻真实性的坚定信念。

2. 客观性与倾向性

客观性与倾向性是新闻的两个重要特性。在新闻报道中,客观性和倾向性的关系看似对立,其实是统一存在的。

客观性是指对新闻按照事物的本来面目进行如实报道。它是新闻报道中所遵循的一条基本规律,包括内容和形式两方面的客观。内容上的客观,指新闻事实是一种客观存在;形式上的客观,强调以新闻的报道方式、写作手法客观地凸显事实,而不随意加以主观解释。

倾向性是指新闻工作者在报道或评述新闻事实时所表现出的特定的立场和思想倾向,即在政治上拥护什么,反对什么;思想上赞成什么,排斥什么。这种倾向有时表现得直接而明显,有时则表现得含蓄而隐晦。

倾向性是新闻传播中的必然现象。首先,新闻事业总是隶属于一定的阶级、政党或者社会集团,不可避免地受到一定利益集团的制约,从而使其传播活动带有倾向性。在西方,新闻传播对整个社会也有着强大的干预力量。因而新闻报道的倾向性是不可避免的。其次,报道客观事实的记者具有立场和观点,以及不同的知识水平和认知能力,在选择事实、报道事实时,这些综合因素都会自觉或不自觉地对新闻报道产生影响。最后,受众往往要求记者对事实进行解释,以便获取知识,为其行动等提供指导,这也在客观上要求记者根据自己的倾向来解释事实。

由此可见,倾向性与客观性作为新闻两个相对的基本特性,同生共长,相互依存。在新闻客观性的基础上体现新闻的倾向性,要注重度的把握。新闻倾向性的度就是新闻的客观性,取决于新闻事实。记者进行新闻报道只能在尊重事实的基础上表现自己的倾向,努力做到新闻报道中客观性与倾向性的平衡。

3. 公开性与适宜性

公开是新闻的目的,新闻存在的价值是要满足公众的知情权,向公众提供他们应知、欲知而未知的事实。这也是新闻与情报的区别。新闻与情报都讲求时效和真实。但是两者本质的区别在于它们服务的对象不同。新闻的价值在于受众知晓的范围越大,新闻的价值和意义就越大。而情报恰恰相反,知晓的人越少,价值越高。

新闻报道的时机即新闻报道的适宜性。时宜性是以新闻报道的社会效果为衡量标准的,是指新闻报道能够实现最大效应的最佳时机。当报道时机把握不好时,就可能产生负面影响。

有位老记者在讲报道时机时说,20世纪后期国家的一次工资改革,本计划在次年进行,就因为一家很有影响的媒体将这一消息报道了出去,引起了很大的社会反响,结果国家骑虎难下,只好在当年进行工资改革。不论此事是否真实,但有的报道因时机把握不好产生负面影响是毫无疑问的。

广播在美国无所不在,影响之一就是为人们提供各种及时、有效的信息。每天上下班高峰时期,只要打开收音机,许多本地的频率都在介绍交通状况,建议人们选择最畅通的路线。还有气象消息,任何一个地方的广播台,气象预报都是一会儿播一遍。如果赶上恶劣天气,如暴雨、暴雪即将来临,电台会中断正常的节目,及时向听众播报最新气象情况,并为听众提供出行建议。

美国广播也潜移默化地影响着人们的政治观点。在美国的电视和报纸上,民主党的自由主义观点通常占上风,广播里却是共和党的保守主义思想唱主角。美国安舍尔媒体公司的首席执行官约翰·西恩顿说:"每天在美国排名前45位的广播电台清谈节目总共播放的保守主义谈话长达310个小时。这45家电台的清谈节目中只有5个小时的节目是用来播放反面意见的。"美国的广播还成为人们发表言论、参与社会问题讨论的一个大舞台。绝大多数的广播访谈节目都开设听众热线,人们可以对各种问题自由发表见解。最近,同性恋婚姻问题是美国媒体的热门话题,于是,许多广播节目中,听众对此各抒己见,无论反对者还是支持者,都能让更多的人听到自己的声音。

第五节　广播电视新闻的传播符号

1. 语言符号系统与非语言符号系统的构成与应用

从信息传播的大符号观视角出发,可以把广播电视新闻的传播符号分为两个方面:一是语言符号,即运用概念,作出判断、推理的抽象符号;二是非语言符号,即直接为人的感觉器官接受的表象符号。具体到广播而言就是语言、音乐、音响;就电视而言则是影像、语言、音响、图示、文字、音乐,通常被概称为电视画面关系。

2. 电视新闻语言的声画双主体关系

由于电视新闻的声音语言不仅仅具有解释、说明、补充等功能,还兼具深度挖掘提升新闻价值画面内涵的作用,所以应叫"报道词"。那么电视新闻的报道词与报刊文字的报道词又有什么区别呢? 首先,它不受报刊文字报道逻辑严密、文字紧凑、语法严谨的限制,它更注重平缓的语气、简练的语言、全面的概括,直接叙述报道内容。同文字报道相比,电视新闻文字稿最终需要转化成播音语言,播音员的出镜具有面对面的人际交流的特性。平和的语言可以强化亲近感(重大会议除外)。其次,电视是声画的双通道传播媒体,抽象和具象必须互相兼顾,相互补充。电视新闻写作最重要的一个特点就是注重与画面表述之间的协调。文字稿要拉近和画面的距离,不能声画游离。文字稿还要保持与画面的距离,防止成为照顾画面需要而变成了画面的附庸。此外,文字稿要同画面"合二为一"。文字稿作为抽象语言符号,最擅长的是对事物的理性分析和逻辑论述,而具象语言表现的是对抽象信息的扩展。抽象语言的表现是对具象信息的延伸,二者结合可完成理念的升华。因此,要运用好电视语言,必须合理处理声画关系。常见的电视声画结构有声画合一、声画对位两种形式。声画合一是指电视画面和声音同时指向一个具体形象的结合形式,它的特点是声画同步发生、发展,视听高度统一,画面和声音具有最高的保真性,如声音传播时也能看到人在讲话。声画对位是指声音和画面各自按照自己的逻辑发展进行,它们并不互相引证和诠释,但它们之间有一种内在的联系,最后达到单一的画面或声音不能完成的整体效果。相对于声画合一,声画对位无疑是较高层次的声画组合方式。

在电视新闻中,主要有以下两种情况需要采取声画对位的组合方式:一是画面信息十分清晰,一目了然,而观众仍有一些疑问和题外的误解或深层次的要求,此时报道词就应进行解释、说明、分析;二是由于电视只能拍摄正在发生的事实,一旦事过境迁,事实的进程没有拍到,就会影响到电视传播的生动性,此时,用语言进行相应的弥补,再配上相关的画面也能达到较好的效果。例如天津滨海新区建设被国家列为"十一五"发展规划,中国石化天津100万吨乙烯及配套项目则是推动滨海新区建设的重点项目。2012年6月26日,该项目在天津举行开工奠基仪式。此时画面上只有彩旗飘动、锣鼓喧天、领导奠基培土、职工欢庆等是远远不够的,必须配上相关的背景介绍,如项目的规模、项目前景等,只有这样,才能满足观众的求知欲和好奇心,吸引观众持续关注新闻事件的来龙去脉,进而入脑入心。

思考题

1. 如何理解广播电视的媒介属性在于其新闻性?
2. 怎样看待广播电视的传播共性和个性?
3. 如何平衡广播电视的经济效益和社会效益?
4. 广播电视新闻恪守的三个基本原则是什么?

推荐阅读书目

[1] 哈艳秋. 中国新闻事业史教程. 北京:中国广播电视出版社,2004.

[2] 李磊. 外国新闻史教程. 北京:中国广播电视出版社,2015.

[3] 雷跃捷. 新闻理论. 北京:中国传媒大学出版社,1997.

[4] 郭镇之. 中外广播电视史. 上海:复旦大学出版社,2008.

第二章　广播电视新闻选题

　　广播电视新闻作为当代信息传播的重要渠道,其最重要的职能是向广大受众提供他们所需要的信息。一般而言,在广播电视新闻工作流程中,第一步就是确定新闻选题,即选择何种题材、报道何种内容、达到什么样的宣传效果、试图向受众传达什么样的理念。

　　在广播电视新闻工作中,从选题到报道存在一个放大式的"蝴蝶效应",一个新闻选题的微小差别(如立足点、侧重点的不同),通过后续工作流程产生放大效应,就可能会使宣传效果"失之毫厘,差之千里"。换言之,新闻能否选准、选好题,直接关系到新闻的具体作用和影响力。在这里必须强调的是,"新闻选题的核心是记者对进入自己认识范围内的事物有没有新闻价值的判定,弄清楚什么是一般事物,什么是有新闻价值的事物,把有新闻价值的事物纳入报道计划就形成了新闻选题"。[①] 也就是记者必须掌握一定的新闻选题来源,熟知什么是有新闻价值的事物,了解新闻价值的判断标准,才能完成新闻选题工作。本章的学习重点是引导新闻从业者了解并掌握广播电视新闻选题的来源、原则、主要范围以及选题的过程与方法。

第一节　广播电视新闻选题的来源

　　广播电视新闻选题植根于现实,涉及整个社会生活的方方面面。这就要求记者在生活中要做一个"有心人",做到处处留心、事事在意,从而发现选题,获取选题。一般说来,记者获取选题的来源主要有以下几种方式。

1. 从政府的政策文件中获取新闻选题

　　记者应学会从政府的政策文件中获取有价值的广播电视新闻选题。因为一个新闻选题的成败,首先取决于创作者本人视野的高低。作为一个广播电视新闻记者,想要过好选题这一关,仅仅掌握一定的专业知识是不够的,必须将视野投入到更广阔的空间中去。与时俱进地学习政府的政策、法规,浏览政府网站、注重政府工作会议中所传达出的信息等,有助于提高记者的视野。所

---

　　① 陈作平. 新闻报道新思路——新闻报道认识论原理及应用. 北京:中国广播电视出版社,2000:25。

以,不论是为了寻找选题,还是为了提高个人视野,记者都应该学习和研究政府的重大政策与其相关文件。一般说来,党和政府的各类文件、会议、讲话、通知、简报中所传达出的信息都与国计民生问题息息相关。一个优秀的记者应当在熟悉、理解政府一部分重大决策的基础上,着眼于现实,发掘政府决策可能会在生活中引起的某些变化,在这些变化中寻找新闻选题。如中央出台整顿小煤窑、小矿山的政策,记者即可对当地矿山、当地煤窑的历史和现实情况进行调研,寻找具有典型性的案例进行报道,从而探究出地方矿山、地方煤窑在哪些地方存在问题,它们整顿的过程如何、整顿经验是否具有推广的意义等。

2. 从社会生活中获取广播电视新闻选题

关注老百姓生活,从社会生活中获取广播电视新闻选题是新闻记者获取新闻选题一个重要的途径。这种选题来源具有广泛、分散、灵活等特点,这就要求记者采写新闻必须要"多跑""多看""多感",要做到"跑新闻"。民众是所有大众媒体共同的服务对象,关注普通人的生活、帮助民众反映和解决问题、展现真实的社会民生是所有的新闻工作者近几年来所努力的方向。社会民生新闻选题作为广播电视新闻选题的主要组成部分,是最贴近老百姓生活的、也是最关乎人民群众切身利益的,所以应当给予足够的重视。一般记者可以在社会生活中发掘的选题有:老百姓的衣、食、住、行问题,如肉价上涨、房价波动等;特定时期的特定事件对社会造成的影响,如中考、高考对于考生、家庭的重要性;某些承载了一定社会化、符号化的意义的特定人群(根据职业或地域划分)身上所发生的新闻故事,如农民工返乡过年、蚁族聚集地的安全隐患问题等。总之,只有将关注视点放置在受众的需求与发声愿望上,广播电视新闻才有可能真正赢得更多受众的关注。因此,如何让民生新闻选题更加切合民生,是广播电视新闻工作者需要长期思考的问题。

3. 关注互联网上的信息,从中获取广播电视新闻选题

2012 年 7 月 19 日,中国互联网络信息中心发布了"第 30 次中国互联网络发展状况统计报告"。① 由该报告可知,截至 2012 年 6 月底,中国网民的数量已达到 5. 38 亿,互联网普及率为 39. 9%。值得注意的是,该报告指出我国搜索引擎用户人数已有 4. 29 亿,博客和个人空间用户数量高达 3. 53 亿,微博用户数为 2. 74 亿,这样庞大的数字,是任何新闻媒体都不能忽略的。因此,广播电视新闻工作者在选题来源与选题内容上必须考虑借助互联网的力量。如个人的博客已成为新闻工作者获得选题的重要渠道。2009 年,原谷歌大中华区总裁李开复离

---

① 第 30 次中国互联网络发展状况统计报告. http://www. cnnic. net. cn/hlwfzyj/hlwxzbg/hlwtjbg/201207/t20120723_32497. htm。

职时,在自己的新浪博客上更新了《再见,谷歌》一文,正式声明了他自谷歌离职一事。各媒体得到此信息后,迅速展开深入报道,诸多受众对此极为关注。从中即可看出网络信息已成为当今新闻选题来源的一部分,甚至某些来源于网络的信息还带有极强的时代性。再如,一些网友在论坛上发布的买房经历、网购遭遇、旅游日记、创业故事、两地分居的烦恼等,都是老百姓们日常关注的重要问题,记者都可以从中提炼出不错的新闻选题。

4. 从"其他媒介"的报道中获取选题

从"其他媒介"的报道中寻找新闻选题,并不等于失去选题的创新性。广播电视新闻工作者应比普通受众更加关注"其他媒介"的新闻报道,以求从中发现国际与社会的最新动态、最新资讯、最新事件,以为自身的报道工作提供最新的选题来源。从确定了单一主体的前提意义上来讲,相对于广播电视新闻媒体的"其他媒介"可分为两类:其一是异于自身的其他广播电视媒体;二是其他类型的媒体。

从第一个类型来看,"其他媒介"的范围是全世界各地,这就把新闻来源范围的广度扩展到全球范围之内。最简单的例子就是有重大事件发生时,离发生地距离较远的媒体,获取第一手新闻资料的时效性与直接性就显得有些不足,必须利用当地可信度较高的广播电视新闻媒体所发布的即时资讯。如伊拉克战争时,中央电视台播出的战地电视新闻大多依托于阿拉伯半岛电视台的新闻资料。同理,国内有重大事件发生时,地方电视台也经常援引上级电视台所播出的新闻资料,进行扩展性的报道。

从第二个类型来看,其他类型的媒体信息多见于平面媒体、网络媒体等。平面媒体作为传统媒体,群众基础依然相当深厚。广播电视新闻工作者应注意从平面媒体的最新已发新闻中寻找选题来源。一些电视记者就是从平面媒体上刊登出的一些小消息中找到了有价值的新闻选题,之后去追踪、去采访,发现新人物、新事件,从而以新的视点形成一篇优秀的电视报道。例如,某地发生流行病,报纸首先进行了报道,有的广播电视新闻工作者就根据这一情况,注意到药品可能会出现紧缺与配置面临挑战的问题,就将之作为选题,进行采访与跟进。电视报道完成后取得了广泛的社会关注与反响,使得流行病期间药品的供应问题及早得到了解决。

5. 通过个人关系网获取选题

在生活中,记者要广交朋友,要与各行各业人员建立关系,形成自己新闻线人,从而织成一张"新闻线索来源网络",这样便能够及时获取选题。一般说来,各个领导机关、基层单位往往能第一时间获得最新的新闻资讯,因此和相关单位搞好关系,是新闻工作者获得选题的重要手段。有的新闻媒体单位甚至会直接和本地派出所建立关系,有相关的出警信息直接通知新闻媒体,这样如果是有价值的新闻信息,警察赶到现场的时候媒体也就赶到了现场,可以及时带回第一手的现场资料。

第二节　广播电视新闻选题的原则

好的新闻选题必定符合一定的原则,其背后也隐藏着可被认识和掌握的规律。广播电视新闻工作者在进行新闻选题的时候,不但要具有一定的创新精神,还要使选题符合一定的创作规律,只有这样才能创作出优秀的广播电视新闻作品。广播电视新闻选题的原则有如下几条。

1. 时代性

一切事物都必须与时俱进,不断创新与发展,才能永葆青春。广播电视新闻的选题,也必须与时代的主题相契合,凸显时代的特点,及时更新、不断刷新,以发展的眼光和与时俱进的眼光来确立选题的原则。在这里,首先要注意时代性与时效性的结合。广播电视新闻之所以能被称为"新闻"的前提,是因为向受众呈现最新的热点是它进行新闻选题的前提性原则之一。从这层意义出发,时代性融合了时效性。其次,新闻选题的选择,也要以进步性和反应时代要求、时代特色为己任。我国当今广播电视新闻的发展趋势是越来越强调民众在新闻中的核心地位,由过去片面强调党政宣传,已转向关注政策导向与平民价值的交互呈现,社会新闻、百姓热点成了新闻选题的首选,这不得不说是契合时代要求的呈现。让群众多参与新闻观点的构成,以多角度反映新闻事件,表达对新闻事件的看法;让社会群体参与新闻节目的制作、提供新闻素材等,是广播电视新闻发展必须重视的路线。

2. 真实性

真实性原本就是新闻业得以发展的前提,是新闻具有传播价值的先验性条件。失去了真实性,新闻就失去了存在的意义,甚至会产生负面影响或不良后果。然而,随着我国社会主义市场经济的确立和发展,以市场为目标逐渐成为新闻媒体的导向趋势。追逐更多社会影响力和由之带来的商业利益,成为越来越多的新闻媒体的一大目标。许多缺乏自律的媒体为追求一定的收听收视收益,不惜制造"爆点"以刺激受众的收听收视欲望,或干脆利用伪造的证据炮制和臆造假新闻。这样做就背离了新闻报道事件的真实性,其后果会导致广播电视新闻的可信度大为降低。所以,好的新闻选题必定建立在尊重事实的基础上。广播电视新闻工作者切不可沽名钓誉,务必强化广播电视新闻选题的真实性。

3. 知识性

在广播电视新闻发展的进程中,新闻信息量的承载不再仅以新闻性为主要考量对象,新闻信息中所含有的专业或生活知识逐渐成为衡量其"含金量"多寡的标志之一,即新闻在传递新鲜信息的同时,是否能给受众以更丰富的知识输出,将成为新闻工作者所要完成任务的一部分。广播电视新闻传授知识的功能与传播新闻的功能,都是新时代广播电视新闻媒体的主要功能的重要组成部分。在知识经济的时代,广播电视新闻所涵括的知识含量作为新闻功能的一种延伸和拓展,具有着更丰富的意义和更大的传播价值。例如,电视新闻在报道某地新农村建设成果时,提及该村通过发展农业科技实现增产。报道者并没有生硬地罗列各项经济增长百分比数字,而是简要呈现了该村的农业科技成果通过何种方式助其经济增长,以及该成果区别于前人的原理。这就使得整篇报道既具有信服力,又充满了知识趣味性。所以,广播电视新闻选题应该着眼于宣传科学技术是第一生产力,宣传科学知识在经济发展和社会进步中的巨大作用,使广播电视新闻成为受众所乐意接受的"大百科全书"。

4. 文化性

广播电视新闻媒体的传播受众范围广泛,可以说是社会性的,其输出的信息也承载了一定的社会意义,在影响大众文化构成方面意义重大。社会主义现代化建设时期,新媒体对于社会主义新文化的塑造有一定导向性的作用。荣格的原型理论认为,集体无意识的形成是一个历史性的过程,深深根植于民族心理、精神品格当中,是一个民族的文化基因。① 广播电视新闻作为渗透于人民大众日常生活中的、输入信息的媒体,对社会集体无意识的影响是巨大的,因此,广播电视新闻在传播过程中是否输出先进的文化、是否有优良的道德指向显得尤为重要,这就从新闻选题上对新闻工作者提出了极为严格的要求。

优秀的广播电视新闻选题,必须强化文化含量与文化品位。例如,在展现古琴传承问题的新闻报道中,简要介绍古琴的知识,利用视听元素向观众呈现一段精美的古琴表演,就会激发观众对古琴传承这个新闻信息的极大兴趣。而且该报道还会格调高雅,充满了文化的向导力。

5. 地域性

当今广播电视新闻媒体发展迅速,各地都有了自己的广播电视新闻机构。因此,地域性也越来越成为广播电视新闻传播特色的一部分。甚至,从电视文化的发展趋势来看,新闻的地域特色已成为一大亮点与看点。"电视新闻制播注重地域文化的展示,也是城市新闻发展的策略。由于各城市特殊的地理环境、经济状况、民俗风情、审美情趣等差异,形成了各自独特的人文景观和文化品格。电视新闻在报道新闻事实的同时必然会表现其地域文化特色。"② 所以,广播电

① (瑞士)荣格.原型与集体无意识.徐德林译.北京:国际文化出版公司,2011:5-36。
② 吴煜.城市电视新闻的发展特色.中国广播电视学刊.2000(06):20-22。

视新闻选题应突出地域性特点,尤其是各地方电视台,更应注意创办以地方特色为支撑的电视新闻栏目。例如山东电视台创办的《拉呱》栏目,就充分强化了山东省尤其是济南市的地域性特点。

除了上述选题原则,新闻工作者必须深刻认识到整个社会对新闻选题是有要求的,这些要求在现实中有"硬指标"也有"软约束"。"硬指标"主要是指通过政策法规来影响选题,"软约束"则主要是通过民众舆论来规范媒体的发展,进而影响选题。因此在新闻选题时不但要考虑到"硬指标",也要考虑到"软约束",灵活运用,才能选好题。

第三节　广播电视新闻选题的主要范围

对于从事广播电视新闻工作的记者与编辑而言,广播电视新闻的选题范围极为广泛。它可以涉及我们社会生活的各个方面、各个领域。从国际、国内发生的令人瞩目的重大事件,到普通百姓的柴米油盐酱醋茶;从中国航空事业的发展到奥运健儿的赛场夺金;从我们的物质生活到我们的精神领域,一切的人、事、物似乎都被囊括在广播电视新闻所涉及的选题范围内。但要注意的是,并不是所有的选题对象都值得广播电视媒体进行报道。它必须遵循上述我们所提及的选题原则,才有可能具备一定的新闻价值,值得报道。根据以往新闻工作者经验的总结,广播电视新闻选题的主要范围集中在以下几类选题,会较为容易地引起受众的关注。

1. 常规性的重大事件与重大活动选题

在现实生活中,某些选题是以固定的时间周期出现的,如重大的节日、宣传日、政事、庆典、大型比赛、国际会议等。此外,一些重大政策的出台也会围绕某些固定的政事活动而产生。由于此类活动、事件的举办或出现具有一定的常规性,并以其长久以来形成的重要性与显著性吸引着受众的目光,所以各类媒体普遍会给予高度重视。但不容否认的是,此类选题虽然具备较高的新闻价值,但因重大会议、重大活动等经常周期性地在受众面前出现,一些新闻素材因报道频率较高,而成为老生常谈的问题,难以引起受众的兴趣。这就要求新闻工作者能够结合当下的情况,一方面寻找"创新点",另一方面加强新闻报道的广度与深度,以赢得受众欢迎。2008 年"两会"召开期间,中国教育电视台的新闻资讯节目《少儿新闻》曾推出"两会特别报道",以孩子的视角,贴近、生动、活泼的话语表述,为少年观众提供了一个了解"两会"的窗口。其中"代表委员的童年印象"板块成为栏目的一个亮点。在每天的报道中,孩子们喜欢的科学家、教育家、艺术家们纷纷亮相荧屏,讲述他们的儿时趣事以及成长中最难忘的经历。这些代表委员的故事在小观众中产生了强烈反响,起到了很强的激励作用。这就从一个新的视角关注了"两会"、报道了"两会",并让儿童受众与报道对象之间形成了一种良好的互动。到了 2012 年"两会"期间,国内的各大广播电视媒体更是遵照中宣部、国家广电总局统一部署,坚持正确舆论导向,体现"走转改精神",对"两会"的报道内容进行了创新。如中央电视台在《新闻联播》中推出《泉灵三问》《在基层·两会推动力》等专栏,将镜头更多地对准了基层代表委员和广大群众。尤其是《在基层·两会推动力》专栏,聚焦基层,聚焦民生,深入报道了代表委员走基层、访民生、问民愿的详细过程,采取会内会外相结合、代表与百姓相结合、政策与故事相结合的形式,以鲜活生动的方式将"两会"在国家生活中的作用和带给普通百姓生活的变化充分展示出来。这种报道虽取材于常规性重大事件,但既有创新,又有深度与广度,自然会受到广大受众的认可与欢迎。

2. 突发性事件选题

"突发性事件也称为突发公共事件,是指突然发生、造成或者可能造成重大人员伤亡、财产损失、生态环境破坏和严重社会危害,危机公共安全的紧急事件。"①按照性质,突发性事件可分为自然性重大突发事件与社会性重大突发事件两类。前者指的是自然界中那些不以人类意志为转移而发生的重大事件,如地震、洪水、雪灾、泥石流、火山爆发等;而后者则特指在社会生活中,因人类有意或无意的行为而引发的某些重大事件,如火灾、车祸、矿难、建筑物倒塌、犯罪事件等。这些突发性事件具有突发性、重大性、破坏性,因而具备较高的新闻价值,受到了政府、民众和媒体的特别关注。2008 年"5·12"汶川大地震发生后,以中央电视台、四川电视台、重庆电视台为首的多家电视媒体对抗震救灾工作进行了大规模、持续性的直播报道,根据中央电视台索福瑞媒介研究有限公司的统计,2008 年 5 月 12 日至 18 日,全国各级电视台共计播出抗震救灾直播节目 1397 小时,共有 10.15 亿中国观众通过直播节目在第一时间了解到来自灾区的最新消息,创造了中国电视新闻节目直播和收视之最。值得注意的是,广播媒体的迅捷性、可移动性、便利性等优势在汶川地震的报道中得到了充分的体现。"广播媒体的迅速反应和协调组织,是抗震救灾报道得以顺利进行的基础;第一时间报道灾情信息,发布与人民群众切身利益息息相关的真实信息,并机直播,满足受众的知情权,成为了震后稳定民心的关键。"②广播电视媒体在汶川地震新闻报道中所起到的重要作用,即可反映出媒体与受众对突发性事件的共同重视。

---

① 肖瑶,熊忠辉.2008 年重大突发事件传播研究综述.现代视听.2009(02):13-17。
② 潘力,张艳玲.汶川地震凸显广播价值——重大灾害报道之后的思考.现代传播.2008(04):61-63。

3. 社会生活的热点、难点、疑点选题

此类选题一般是指与人民利益和现实生活相贴近的问题,如与老百姓日常生活息息相关的物价、房价、春运、养老、医疗、教育、食品安全等问题。由于围绕这些问题所产生的事件,很容易被广大受众感知与察觉,能够有效地引起社会的普遍关注,所以,这些选题也是广播电视新闻选题的重要关注对象。举例而言,专题类新闻节目《今日观察》"在选题标准上,始终坚持'政府重视、群众关心、普遍存在'的标准"。① 如房价关系到人们的生活,《今日观察》在2010年设置了至少7期节目讨论房价问题:1月11日的《新政密集出台,房价拐点将至?》和1月19日的《中国楼市:在调控中"退烧"》,皆对2010年房价的前景进行了分析,解读了中国楼市的现状与走势;3月31日的《楼市,你"泡沫沫"了吗?》,通过一个新词"租价比"分析楼市是否存在严重泡沫;4月9日的《房价"闹"春》,通过一年一度的北京春季房展会开幕,发现同地房价比去年高了不止一倍,就此分析楼市的现状。这类新闻选题的内容,皆属于社会生活的热点问题,老百姓密切关注不说,节目也由此获得较高的收视率。

以上是广播电视新闻常见的、主要的选题范围。在此必须指出的是,广播电视新闻的选题范围还要受到一些因素的制约。首先是受到媒介级别的制约。我国的新闻媒介按照级别划分,可分为中央级媒介、省级媒介、省会市级媒介、地区级媒介、县级媒介。处在不同级别的新闻媒介的新闻选题范围自然要受到地域限制。传统的新闻理论认为:中央级媒介的新闻选题多以国际国内重大新闻事件、或者具有全国意义的地方新闻为主;而地方媒介的新闻选题则主要以发生在当地的新闻事件为主,亦可兼顾国际国内重大新闻,但立足当地才是地方媒介的生存之本。其次,选题范围要受到媒介属性的制约。不同的媒介有不同的属性定位。如广播电台分为新闻台、经济台、教育台、交通台、文艺台等;电视台也有不同种类的系列台与系列频道的划分。更不用说广播、电视媒体内部还有许多规划得更为细致的节目、栏目。如中央电视台《焦点访谈》的片头"时事追踪报道、新闻背景分析、社会热点透视、大众话题评说",即精确地概括出新闻深度报道类节目的选题范围为最新国内国际时事、国计民生的焦点话题、追踪调查报道、思想观念生活方式引导等。因此,不同的栏目特点与栏目定位,影响着新闻选题的选择方向、选题范围。再次,新闻的选题范围要受到不同的媒介传播手段的制约。如广播新闻适合选择内容单一、信息相对集中的事件进行报道,而电视新闻的优势在于呈现那些现场感比较强的新闻事件。在实际操作中,广播电视新闻的选题范围不可避免地受到这些因素的制约。

---

① 于松明. 用事实诠释新闻,让多元达成和谐——央视二套《今日观察》栏目浅析. 南方电视学刊. 2011(02):72-74。

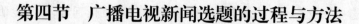

第四节　广播电视新闻选题的过程与方法

　　新闻选题直接决定着新闻的定位,在新闻界有"新闻发现比新闻写作更重要"之说。因此,一个好的新闻选题能够反映出一位新闻工作者的实际工作能力。在实际操作中,确定新闻选题一般要经历发现新闻线索、论证选题、新闻选题活动策划等几个过程,它们直接考验着新闻工作者的专业能力。

1. 发现新闻线索

　　发现新闻线索是产生新闻选题的前提。《广播电视辞典》关于新闻线索的定义是"新闻线索是已经发生或将要发生的新闻事实的初步讯息或信号"。①《新闻学简明词典》则认为"新闻线索是新闻事实发生的讯息或信号,是新闻敏感的捕捉对象,也是新闻记者进行采访活动的出发点"。② 从这两个定义可以看出,多数的新闻线索可能比较简略,没有具体情节和详细过程,有时可能就是一个数字、一句偶然的话、一些零星的概况或现象,可能是确有其事,也可能只是一个谣传,或者是真假混杂。但就是这些新闻线索可以为从业者的新闻选题提供大体上的方向、范围和内容。

　　在实践操作中,新闻线索与新闻选题的来源密不可分。如记者可以通过对某个重要的政府文件的解读获得新闻线索;亦可通过某次地方上的政事会议获得新闻线索。有关机关和部门、基层单位、通讯员等可以为记者提供新闻线索;受众的短信、电话、信件、邮件等也可以是记者获得新闻线索的重要来源。有些新闻线索的内容会比较详细,在其真实性得到确认的情况下,记者只需做好相应的准备工作即可进入采访、报道阶段;但大多数的新闻线索有可能只会给出一个模糊的"轮廓"或"影子",记者要在大量调研的基础上才能将之丰富,形成明确的选题。如大多数的记者都有参与某次会议报道的经验,也都特别注意从一大堆会议材料、发言稿中发现新闻线索。但写材料者、发言者的出发点和新闻记者的出发点是不一致的,有些对于记者而言是非常重要的新闻线索,却可能被撰写者作为无关紧要的内容一笔带过。对于此类新闻线索,记者必须进行必要的补充才能明确选题。如某会议材料中提及"要积极推广某区在卫生保健工作上的经验",但并未提及某区经验的主要内容和值得推广的原因。记者抓住这一新闻线索,就需要深入调研,补充某些内容,才能形成明确的选题,即"因××原因,某区关于卫生保健的工作经验将面向全市推广",报道中要有明确的案例。

　　① 赵玉明,王福顺. 广播电视辞典. 北京:中国传媒大学出版社,1999:65。
　　② 余家宏,宁树藩,徐培汀,等. 新闻学简明词典. 杭州:浙江人民出版社,1984:100。

2. 论证选题

事实上,并不是所有的新闻线索都能成为新闻选题,它需要相关的工作人员根据媒体栏目的定位和新闻选择的标准对其进行分析和判断,筛选出合适的题材和报道角度。也就是说在确定选题的目标后,需要对各方面信息进行分析、讨论论证,以确定其是否能作为采访报道的对象。论证的标准主要包括以下几点。

1)是否有新闻价值

拿到一个新闻选题,首先要看它是否具有新闻价值。"发掘新闻价值,意味着仅仅发现线索是不够的,从线索到新闻的产生需要电视新闻记者不断发挥主观能动性,发现和发掘线索中的新闻价值。"①一般来说,分析新闻选题的新闻价值可以从新闻价值的构成要素考虑。新闻价值的构成要素分为不变要素和可变要素。不变要素是新闻能否产生和存在的决定性条件,主要包括真实性和新鲜性。真实性是新闻存在的基本条件,离开了真实性,新闻也就不存在了,而新鲜性主要表达的是新闻的时效性。离开了时效性,新闻也就不成为"新闻"而是"旧闻"了。可变要素是一个新闻能否产生社会影响的重要条件,包括重要性、接近性、显著性、独家性、趣味性。重要性是指新闻内容的重要程度,越是重要越是影响深远的新闻,其新闻价值就越大。接近性是指新闻内容与受众的接近程度。一般新闻事件应是发生在受众周边或是与其密切相关,这样才能容易引起受众感情共鸣。显著性是指新闻事件中的人、物、地点以及事件的知名度,一般知名度越高越容易引起受众注意。独家性,则并非专指独家报道,而是指在基于事实判断的基础上,媒体能够对新闻事件做独家的分析、评价,引发受众的兴趣。而趣味性则是指受众对新闻内容感兴趣的程度,一般越有趣的事情越容易引人关注。总的来说,一个新闻线索包含上述因素越多,其新闻价值就越大,越值得报道。

2)是否符合法律、法规、伦理要求

新闻报道是一个典型的社会性行为,是在一定的社会环境中进行的。由于新闻具有舆论导向作用,各个国家都会在各自的伦理道德规范、文化传统和政治制度之下出台各种政策、法规对新闻媒体和新闻报道进行管理。因此,新闻选题决策一定要符合本国或本地区法律、法规、伦理的要求。在实际工作中,新闻工作要考虑到两种情况。其一,要考虑到与选题内容相关的政策、法规。如确定文教新闻选题要考虑有关文化教育类的政策与法规要求;其二,还要考虑新闻本行业的政策、法规,如新闻从业者职业道德规范、保密规定、政府对新闻宣传工作的政策要求等。如果新闻报道有违反这些规定的可能,那么再好的新闻选题也只能放弃。

---

① 方东明. 电视新闻. 兰州:甘肃人民出版社,2005:55。

3）是否符合新闻栏目定位

每个新闻栏目都有自己的受众范围。受众对选题是否关注,对报道内容是否感兴趣、对报道效果如何评价,都是新闻工作者预先需要考虑的因素。一般说来,每个媒体每个新闻栏目在确定新闻选题时,都需要确保选题与自己的栏目定位相吻合,符合栏目受众的要求,才有可能保证报道播出后引起一定的反响。如《新闻30分》的栏目定位是突出社会性与服务性,其受众群体也比较固定。该栏目的记者编辑在选择新闻选题时,就一定要服从这两个特性,才能保证栏目风格的统一,满足固定受众的观看需求。

4）是否具有可操作性

在广播电视新闻中,可操作性是新闻选题能否变成"新闻"的最重要条件。一般来说,要考虑如下两个因素:

（1）该新闻选题是否可以用媒体手段表达出来,这主要出于新闻要素是否可以得到的考虑。例如,采访的主体是否愿意接受采访;再如,大部分的突发性新闻在发生时,电视记者并不在现场,少数巧合除外。对于此类报道,报纸、广播等媒体都可以文字或语言符号进行表述,但是电视新闻却要现场画面来进行再现。有的电视栏目就因为无法得到现场画面,只能人为地制造现场报道的效果,结果就出现了"表演性"报道,违背了新闻真实性原则。

（2）所在媒体对于该新闻选题是否有能力报道。一般来说,不同的媒体由于地域性、级别、社会影响力的不同,以及资金投入、技术设备、参与者的人数、报道经验、社会关系等要求的限制,对于一些力所不能及的新闻选题,即使其有新闻价值,也只能放弃。

3. 新闻选题活动策划

如果满足上述全部条件,那么就要对与新闻选题有关的活动进行策划了。事实上,在现实操作过程中,在确定选题的时候,一些活动策划也已经逐步形成,很多新闻媒体从业人员认为新闻选题和选题策划是同时发生的。

新闻选题策划,是指为了获得最佳的报道效果,新闻工作者在报道前所进行的计划安排、资源配置等一系列工作。"新闻策划的核心是指媒体对已经占有的新闻线索、资源进行角度新、立意好、选材精、挖掘深的设计,通过激发创意制订出可行的报道计划,使新闻报道达到一定的规模,增强新闻吸引力与感染力,扩大媒体的社会影响"[①]由于新闻选题策划实际上会反映出新闻工作者对新闻事实的理解、评判,这就要求策划者有很高的新闻敏感度和专业的新闻价值评判标准,在对新闻报道的内容进行深挖的基础上,以新颖、准确的方式向受众客观地展现新闻事实的真相。事实上,对于很多新闻

① 邓利平. 新闻编辑学新编. 北京:北京大学出版社,2010:37。

栏目来说,新闻选题策划的过程并不是某个编辑或记者的个人行为,而是一个新闻栏目组全体采编人员共同参与的产物。有时为了集思广益获取最佳的报道效果,一些栏目的选题策划者经常邀请其他部门或单位的相关人员。所以,新闻选题策划工作,实际上需要新闻工作者具有超强的团队合作精神与集体主义精神。

一般而言,新闻选题策划主要分为以下几个步骤:

1)确定新闻报道的角度

任何一个新闻题材,可以报道的角度有很多,因此,新闻工作者必须从栏目的定位出发才能决定从哪个角度报道,才能最大限度地挖掘新闻选题的内在价值。

2)确定报道方式

确定报道角度以后,还要确定新闻选题的报道方式,即是单条报道还是系列报道、是组合报道还是集中报道。哪一种最能表现出该新闻的价值,需要节目组进行仔细地分析。

3)确定采访对象

选择人还是物进行报道,采访核心的人员是谁,是否需要选择相关人员或专家进行采访,都是该阶段需要确定的重要内容。

4)确定采访步骤

有的新闻题材,需要采访分布在不同地域的人,确定合理的采访顺序就显得至关重要。此外,表扬性报道和批评性报道,采访的步骤尤其要注意合理安排,以防出现先入为主,无法了解到事实真相的结果。

5)准备相关的新闻背景和资料

这是决定新闻报道是否成功的重要一环,有时候也是容易被忽视的一环。从这些资料中,新闻工作者可以寻找报道角度、熟悉报道的人和事,从而有可能做好预案安排。

6)做好预案工作安排

很多采访工作会遇到一些意外情况,因此在采访之前一定要尽量把困难考虑到位,安排好合理的预案。如批评性报道遇到对象拒绝采访时如何处理;真相与事先预测情况差距很大或者完全相反,应如何处理;进行突发事件采访时,记者的人身安全如何保证等。

在实际的选题策划过程中,新闻工作者有可能并不是严格按照上述的流程来组织工作。有些步骤可能会同时执行,也有可能会前后调换,但却不能被省略。在这些选题策划工作完成后,新闻工作者即可进入采访阶段。

第五节　广播电视新闻选题案例分析

中宣部、中央外宣办、国家广电总局、新闻出版总署、中国记协等五部门于2011年8月9日召开视频会议,对新闻战线开展"走基层、转作风、改文风"活动进行部署。中共中央政治局委员、中央书记处书记、中宣部部长刘云山出席会议并讲话,强调新闻战线要深入贯彻落实胡锦涛总书记"七一"重要讲话精神,着眼于把握新闻舆论正确导向,着眼于提升新闻队伍能力素养,扎实开展"走基层、转作风、改文风"活动,有针对性地解决突出问题,推动新闻宣传工作迈上新的台阶,为促进经济社会又好又快发展、全面建设小康社会做出应有的贡献。根据这一精神,中央电视台陆续派出88路268名编辑记者深入厂矿社区、田间地头"蹲点"采访。他们"走下去""沉下来",用心灵倾听百姓心声、用双脚展开田野调查、用镜头捕捉时代变迁⋯⋯为观众奉献接着基层"地气"的、带着记者情感体温的新闻报道。① 在这批新闻报道中涌现了一系列的优秀作品,其中具有代表性的就是《走基层·皮里村蹲点日记》。本书即以该系列报道为例,剖析广播电视新闻应如何选题。②

【案例】　走基层·皮里村蹲点日记

《走基层·皮里村蹲点日记》之一
《双脚走出的上学路》③

记者:中央电视台 何盈 汪成健 李欣蔓 谢岩鹏 新疆台 王永强

【导语】塔什库尔干塔吉克自治县,在距离新疆喀什300千米的帕米尔高原上,这里平均海拔4000米以上,和塔吉克斯坦、阿富汗、巴基斯坦三国接壤,拥有800多千米长的边界线。用"地广人稀"来形容这里最合适,全县总面积2.5万平方千米,人口只有3万7千人,换算下来每平方千米只有不到两个人,全县人口的90%以上都是塔吉克族。这里自然条件恶劣,群山耸立,许多半农半牧的塔吉克族老百姓,生活在偏僻的大山里,出入很不方便。现在全国各

---

① http://news.cntv.cn/special/ysjzzjc/shouye/index.shtml。
② 因篇幅所限,本章仅列出了《走基层·皮里村蹲点日记》之一——《双脚走出的上学路》。该系列新闻材料可分别从以下网站获取:第一集 http://news.cntv.cn/china/20110917/101737.shtml;第二集 http://news.cntv.cn/china/20110918/103922.shtml;第三集 http://news.cntv.cn/china/20110919/101780.shtml;第四集 http://news.cntv.cn/china/20110920/107696.shtml;第五集 http://news.cntv.cn/china/20110921/104206.shtml;第六集 http://news.cntv.cn/china/20110922/102362.shtml;第七集 http://news.cntv.cn/china/20110923/102197.shtml。
③ 根据中央电视台录音整理,详细报道见 http://news.cntv.cn/china/20110917/104828.shtml。

地的中小学,都开学半个多月了,可有一个地方的孩子刚刚坐进课堂,因为他们的家,在距离学校200多千米的大山里。没有路,冬天河里结冰,但是水浅,孩子们可以靠骆驼背出来;可每年夏天河水大涨,水高流急,连高大的骆驼都会淹没冲走。6、7、8三个月,村子基本就成了孤岛,外面的人进不去,里面的人出不来,每年8月底,趁着汹涌的洪水退了一些,乡干部们都要组织一支队伍进山去把孩子接出来,本台记者一行四人跟上了这支接学生的队伍……

【正文】字幕:8月31号 新疆喀什塔什库尔干塔吉克自治县

(开篇感触)今年5月,是我第一次到塔什库尔干县采访,有一样东西让我久久难忘,就是塔县的孩子们。整个县城修得最气派最漂亮的是塔县寄宿制小学,因为很少有外人来,孩子们从开始的羞涩躲避到用眼神小心试探,熟悉后就开始腻着我这个远方来的汉族阿姨,他们抢着替我背包,攥着我的手,有的甚至抱着我的腰不肯放。孩子们对一个陌生阿姨这么强烈的依赖,让我觉得有些意外,之后我就在想:一定是因为他们的生活中缺少什么,可到底缺少些什么呢? 跟孩子们的聊天中,我才知道,在这所两年前国家投资6000万建成的小学里,总共3000多个孩子中,2000多都是寄宿生。因为孩子们的家都很远,他们在学校一住就是半年。在学校橱窗的一幅地图前,孩子们争相给我指他们的家在哪,可我发现从他们的家到县城,长长的两点之间是一大片空白,中间没有标识道路的线相连。孩子们告诉我,他们的家乡没有路,冬天来上学他们要骑着骆驼横穿三十多次结冰的叶尔羌河,而夏天路更难走,因为洪水大涨,通往学校的“路”得在悬崖峭壁中用双手双脚一点点探出来。我问孩子们:长大了想干什么? 听到的只有两种回答——医生或老师。问原因,孩子们垂着眼睛低声说,“因为我的家乡没有医生”“因为我的家乡没有老师”。可是问他们的家乡什么样时,一双双大眼睛一下子亮起来,大喊着他们的家乡很美,树上结着各种水果,有美丽的玉石,有一条洗过之后皮肤会变得又白又细的小河……我听得心酸,这些不在父母身边的孩子,其实都很想家。孩子们的家到底什么样? 到底有多远? 他们的上学路是条怎样的路? 三个月前我带着很多问号离开了塔什库尔干,离开了塔县的孩子们。这一次,我主动请缨再赴塔县,也是为了兑现自己的承诺,我曾对孩子们说:“我一定会再来,一定会去他们的家乡。”

【正文】

到塔县这一天,正赶上新学年开学报到,我们在学校里到处找三个月前认识的那些孩子。

【同期】塔什库尔干县教育局工作人员 王建生

古迪米热古拉曼提,要是没有电就明天过来好吧。

记者:现在皮里村是不是都没来?

对,皮里村那边没有电话,那边不通电话。

记者:那像这样的学生怎么办?

这样的学生当地政府会过去通知的,会组织他们过来的。

【正文】报到的花名册上,所有皮里村的孩子都没有划勾。皮里村是离县城最远的一个村子。

【同期】有没有马尔洋乡的?

有,我也是。

你也是?

我就是马尔洋乡的。

【同期】塔什库尔干寄宿制小学学生

记者:皮里村能去吗?

现在水大,掉下去人就不会站起来了。

【正文】县里负责教育的领导说,因为塔什库尔干地处高原,条件艰苦,外面来的老师留不住,而本县的老师,尤其是能进行汉语教学的老师严重短缺。过去分散在各个乡村牧区的马背小学、帐篷小学,因为老师教学能力有限,有些孩子小学毕业了都不会写自己的名字。无奈之下,2008 年起塔县实行集中办学,把有限的师资整合起来,再把全县 3~6 年级的孩子都集中到县城寄宿制小学读书。可塔县大部分是牧区,乡村距离县城大多路途遥远,马尔洋乡的四个行政村全部都不通路,其中最让人担心的就是皮里村的 80 多个孩子,因为皮里村距离县城 200 多千米,其中 130 千米的碎石路只通到乡政府,剩下的 80 千米没有路只能靠走。每年 8 月底 9 月初,马尔洋乡所有乡干部都会全体出动,分头把各个村的孩子送到县城上学。因为路最远也最险,皮里村的孩子一般都是乡政府的主要领导带队去接,这次带队的是马尔洋乡党委书记郭玉琨。

【同期】塔什库尔干塔吉克自治县马尔洋乡党委书记 郭玉琨

第一个呢,这次主要任务,是把我们皮里的 80 多个中小学生全部接出来,最主要的一个就是安全问题,路上昨天我把绳子都买了,买了 20 米绳子,攀悬崖的时候,咱们一定一个一个按照秩序,一定要安全,安全是第一。现在洪水很大,咱们来回最少得 6 天时间,去 2 天,中途做工作 2 天,还要给农牧民召开个动员大会,做一些宣传工作,可能我们的有些家长还不愿意把学生拉出来,这就要我们干部好好讲一些道理,国家的政策这么好,把这些道理给老百姓讲通,把我们的学生安安全全地拉到我们的乡政府,送到县城。

【正文】(字幕:8 月 31 日)

接孩子的队伍在乡政府集结出发后,前面的山路一下变窄,坐在车里感觉更加颠簸了,20 千米之后车突然停了下来。

【记者现场】

因为今年的洪水特别大,洪水把这里的一座桥已经冲垮了,现在也有一些施工的大型机械在这对河水进行改道再维修,也就是说我们最后车能够到的路就是在这了。马上我们要跟着马尔洋乡的郭书记和乡里的干部,还有老乡们一起,徒步翻山要进到里面的村子,能不能够把孩子们接出来,我们也只能试试看,尽我们最大的努力 。

【正文】因为所有的行李都必须靠人背进去,每个人只背上最最必要的东西,有经验的乡干部劝告我们随身的水都最好只带一瓶,带多了会背不动。而我们发现他们宁可少带水,也要带上一样"秘密武器"。

【同期】记者:书记,我看还带着一些东西?

郭玉琨:榨菜啊这些东西。

记者:还有酒呢?

郭玉琨:酒是路途上太累的时候大家阿上一口,喝上一点。

【正文】出发时觉得这秘密武器有点夸张,没想到后来它确实发挥了作用。

【字幕】8 月 31 日。

【正文】大伙走了近 3 个小时之后,来到离乡政府最近的一个村子,因为这里果树长得好,尤其杏树最多,村子有个好听的名字——杏花村。除了杏树,这里特有的沙枣树也挂满了果子,可奇怪的是宁可烂在树上老百姓都不去采摘。

【同期】马尔洋乡党委书记 郭玉琨

这(沙枣)没有虫子,因为平原地区的它都打农药,这个地方它(不打),到10月晒干,老百姓走个亲威带上一点礼品,再没有啥好东西了,说实在的,这里的老百姓可怜的很。

记者:但是这些东西运不出去。

根本就没法运出去。这个地方路修好,这些都可以变成钱。

【正文】因为没有路,山里的宝贝转化不成财富,而老百姓改善生活需要的东西全都靠人背马驮运进来,其他地方早就普及的电视,在这里是半年前才出现的新鲜玩意。

【同期】杏花村 学生

喜欢看电视吗?

喜欢。

最喜欢看哪个节目啊?

汉语。

看汉语啊,你可以学里面的人说话?

是。

【正文】离开这个村子后路越来越难走,因为山洪的冲刷,很多地方原本不宽的羊肠小道也被泥沙滑坡体覆盖,过这样的路段必须腿脚灵活迅速通过。

这一天的行程队伍一直着马尔洋河峡谷穿行,不过中间要横穿两次马尔洋河,虽然水面不算太宽,只有20多米,可因为是冰川融水,水刺骨地冰冷,水流非常急,下面全是硌脚的乱石,过河时眼睛要紧盯着前方,找大一点的石头落脚,一旦崴脚整个身子就会掉进冰冷的河水里。

【同期】

记者:就过来这么一下,脚红了。

郭玉琨:就是水刺骨得很,太刺骨。拧干了再穿上走。

记者:前面还有什么危险地段?

郭玉琨:这还算不危险的,过去还有比这危险的。

【正文】

果然,沿着河边的山路行进了半小时之后,一段涨起来的河水把半山腰的路淹没了,只能往更高处爬。

【同期】

记者:我看没有路啊?

郭玉琨:我们只能从悬崖上爬过去。

(攀悬崖现场)

【正文】继续前行,附近牧民放养的几头骆驼挡在我们的前方,郭书记说在这里骆驼比汽车更实用。

【同期】马尔洋乡党委书记 郭玉琨

这个骆驼是主要的交通工具,现在它就闲着,喂得肥肥的,到11月以后它就开始驮一些面粉、火柴、盐巴、蜡烛，还有衣服……就是农牧民正常的一些生活用品。

光靠人背，背不进去？

光靠人背不进去。

它的主要任务嘛，一个骆驼可以驮上5袋到6袋面粉，一直到5月份以前就把东西全部运进去，夏天就运不进去了。

冬天我们一个骆驼上可以坐两个娃娃到三个娃娃，大人走着，我们干部都走着，这个季节比冬天困难多了，冬天起码娃娃可以骑骑骆驼，现在娃娃出来完全靠徒步。70千米完全靠徒步，夏天只能大人背一段，走一段，换着那样背嘛。6、7岁以上的娃娃都靠走路，就是5、6岁的背一下。

【正文】唯一的交通工具骆驼此时也没有用武之地，因此，每到这个季节去皮里村接孩子们上学，是最让乡干部们提心吊胆的。

【正文】（字幕：8月31日）这个地方叫大河口，是马尔洋河汇入叶尔羌河的地方，接下来通往皮里村的路，全都要沿着这条奔腾汹涌的叶尔羌河前进，正值丰水季，再加上今年气温偏高，雪山融水源源不断流进叶尔羌河，新的难题又出现了。

【同期】郭玉琨

今天31号水就下降了好多了。再不能等了，因为再等的话娃娃按时上不了学了，哪怕我们艰难一点，危险一点，把我们的娃娃接出来就行了。

【后导】虽然乡干部每学期开学前和放假后，都要接送皮里村的孩子，这条路一年至少要走4趟，可山里风云莫测，每次出发时连走惯了这条路的乡干部，也无法预料这一次会遇到什么情况，只听说今年夏天叶尔羌河的洪水比往年大了许多，接孩子的队伍究竟能不能顺利走到皮里村？能不能平安接出孩子？大家心里都没有底儿。第一天记者跟着队伍走了11个小时40千米的山路，带队的郭书记说，按惯例第二天要再用12个小时走完剩下的40多千米路才能抵达皮里村。第二天路顺利吗？明天我们将继续带来《塔县日记》的第2集。

【案例分析】

《走基层·塔县皮里村蹲点日记》共7集，是中央电视台推出的一组大型系列报道，于2011年9月17日起，在中央电视台新闻频道《朝闻天下》栏目播出。报道组记者历时9天时间，在马尔洋乡党委书记郭玉琨的带领下，深入到新疆塔什库尔干塔吉克自治县马尔洋乡皮里村这个偏僻山区，往返行程400多千米，跋山涉水徒步200多千米，最后从皮里村接出42名学生，将他们送到县城寄宿中学去上学。这些学生中最大的17岁，最小的才6岁。在采访过程中，记者曾借宿在皮里村某处，不料晚上下起了大雨，屋子漏得厉害，床上无法睡人，冻得瑟瑟发抖的记者何盈、汪成健只能在凳子上熬到天亮。而体重100千克的摄像记者谢岩鹏在走出皮里村后，体重下降了5千克。从这些感人的故事中，我们看到的是记者强烈的社会责任感、专业的职业精神，以及他们对这一选题的发自内心的重视。

作品正式播出后，总时长41分钟，这在传统的新闻报道中，几乎是很难看到的。它开创了"走基层"节目、甚至传统新闻"电视连续剧化"报道的先河。作品获得《2011 中国电视掌声·嘘声》"年度掌声",并摘得第二十二届中国新闻奖电视系列报道一等奖。很多观众观看此节目后,表示"为孩子们揪心落泪",纷纷送上捐助物资和爱心祝福,各级部门也立即对相关问题进行调研。皮里村孩子们许下的愿望——"一双磨不坏的鞋和一条好走的路",正在各界力量的帮助下逐渐转变为现实。从这个意义上来讲,这一组新闻报道是非常成功的。它具有极高的新闻价值,获得了强烈的社会反响。而我们所要注意的是,该作品的选题正是来源于实际,来源于真实、毫无修饰的生活本身,来源于最普通、最朴实的人群,来源于他们的苦与愁、欢喜与困惑,渴望与愿景。

该节目主创之一李欣曼曾经介绍,节目的缘起,是记者何盈答应村里的孩子去他们的家乡看看。这个缘起最终形成了节目,也让记者和当地孩子成为了好朋友。2011 年 3 月,在新疆塔县寄宿制小学,何盈听皮里村的孩子说起他们惊心动魄的上学路后,决定要报道他们的故事,跟着他们走一趟上学路。8 月末,她带领 5 人摄制组进入马尔洋乡,与乡干部一起到皮里村接孩子上学。在这里,我们首先看到的是何盈在平日的新闻采访中,了解到了"皮里村孩子上学难"这一事件。随后,栏目组的主创人员,敏锐地发现了这一新闻线索中所蕴藏的新闻价值。塔县皮里村孩子上学难问题,是具有典型性的基层民生问题。它不但满足当前"走基层、转作风、改文风"的要求,同时也符合中央电视台《朝闻天下》的栏目定位,具有可行性。《朝闻天下》栏目在此次报道中没有太多地采用以往常用的蒙太奇式的叙事手法,"而是主要运用了纪实手法,力争让报道与事件同步,类似现场直播""为了更好地营造这种原生态的感觉,报道中记者言简意赅、点到为止,更多的是让观众自己去体验和感悟"。[①] 如上文列出的案例《皮里村蹲点日记之一——双脚走出的上学路》中,报道后半部分的重点,是反映干部们去皮里村接孩子上学之前的准备工作,以及在前往皮里村的路上所发生的事。一切按事件的发生顺序展开,在看似平淡的叙述中演绎出最真实的故事——干部们接送孩子出村上学的艰辛。而正是这种平淡与真实,引起了广大观众"为孩子们揪心落泪"的强烈共鸣。

该作品的主创者之一——记者何盈在接受采访时曾经说,她是一个普通记者,但却要"做一个裤腿上永远沾满泥巴的记者"。"泥巴"真实、新鲜、贴地气,这就反映出优秀的、具有新闻价值的选题,一般都来源于基层,来源于广大民众真实、鲜活、有苦有乐的日常生活中。从《皮里村蹲点日记》整个报道过程中,我们可以看出记者始终带着一种人文情怀、带着一种对细节的发现,带着坦诚真实表达的希望一路前行。他们最初的选题也许是单一的、模糊的,但随着采访的不断深入,更多、更丰富、更生动、更有意义的选题也就喷薄而出,最终构成了这组

---

① 关琼严. 引发想象,释放细节——评央视"皮里村蹲点日记". 中国记者. 2012(04):69。

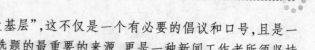

厚重的系列报道。所以,"走基层",这不仅是一个有必要的倡议和口号,且是一种寻找新闻线索、确立新闻选题的最重要的来源,更是一种新闻工作者所须坚持的人文信念。

思考题

1. 记者获取选题的来源主要有哪些方式?你认为另外还存有哪些方式可供发掘?

2. 广播电视新闻选题的确立原则主要有哪些?如何在选题环节中体现新闻的知识性和趣味性,使受众喜闻乐见?

3. 广播电视新闻选题主要分哪几类?在常规性的重大事件与重大活动选题确立过程中,应该注意哪些问题?

4. 广播电视新闻选题的确立一般需要经过哪些环节?如何从大量新闻线索中挑选、确立选题?

5. 新闻选题策划主要分为几个步骤?请以案例《走基层·皮里村蹲点日记》为例,按照"走基层"的要求,在你所生活或你熟悉的城市(地区)中寻找 1~2 条社会民生新闻选题,并进行完整选题策划。

推荐阅读书目

[1] 赵淑萍. 广播电视新闻采访与写作. 北京:北京师范大学出版社,2006.

[2] 许颖. 广播电视新闻实务. 大连:东北财经大学出版社,2007.

[3] 孙宜君,唐黎. 广播电视新闻作品评析. 北京:国防工业出版社,2014.

[4] [美]梅尔文·门彻. 新闻报道与写作:展江译. 北京:世界图书出版公司北京公司,2013.

[5] [英]安德鲁·博伊德 广播电视新闻教程:张莉莉译. 北京:新华出版社,2000.

[6] [美]特德·怀特. 广播电视新闻写作与报道:吴风译. 北京:新华出版社,2000.

[7] [美]布雷恩·S·布鲁克斯,等. 新闻报道与写作:范红译. 北京:新华出版社,2007.

第三章　广播电视新闻采访

采访是一切新闻报道的起点与基础性工作,采访的深度、广度决定了报道的质量与水平。"当今新闻工作最有价值和最具独创性的成就,通常都是从采访中得来的。"①广播电视新闻采访是随着广播、电视媒体的建立而出现的,与纸质媒体新闻采访相比,因其对采录设备与技术的依赖而在采访广度与深度上有一定的局限性,又因其传播与表现方式多元,而使得采访内容与方式呈现更多新的特点。学习广播电视新闻采访应当在掌握基本采访理论、方法与技巧的同时,更要把握广播电视媒体的特性而探寻新的采访方式,充分发挥广播电视传播的优势。本章针对广播电视媒体本身特点,探讨广播电视新闻采访的基本规律,从准备与策划、步骤与要求、方法与技巧几个方面分别介绍广播电视新闻采访,通过本章的学习,掌握基本的采访要求,能胜任广播电视新闻采访工作。

第一节　广播电视新闻采访概述

广播电视新闻采访是以广播电视新闻播报为目的的专门性的新闻采访活动,它既传承了报纸新闻采访的形式与方法,更因其特殊的媒介性质而发展出独特的采访方式,使得新闻报道更加形象、丰富与多元。同样作为与人沟通交流以获取新闻信息的一种方式,与纸媒新闻采访不同的是,广播电视新闻采访过程本身可能就是报道,所以这种交流是立体化的、公开化的,对记者设计采访方案、掌控采访进程与内容都提出了更高的要求。

1. 广播电视新闻采访的传承与发展

采访,就是"采集,访问",作为获取与交流信息一项传播活动,是伴随着人类社会的形成而产生的。现代意义上的新闻采访活动则是指近代新闻事业产生后,新闻工作者为获得新闻事实而进行的专门的采集与访问活动。其目的是向大众传播,"基本任务就是迅速地了解到典型的、有新闻价值的、真实的事实"。②一般来说,"威尼斯公报"被认为是近代新闻事业的起点。在 14～15 世纪,意大

---

① 约翰·布雷迪. 采访技巧. 北京:中国新闻出版社,1985:2。
② 艾丰. 新闻采访方法论. 北京:人民日报出版社,2002:17。

利是欧洲商品经济最发达的地区,它几乎垄断了和近东的贸易。在意大利诸城邦中,威尼斯最为繁荣,成为欧亚非商品的集散中心。由于社会对信息的需求,威尼斯出现了一批以供应新闻谋生的职业新闻工作者,他们收集新闻信息后自己编写,手抄后贴到公共场所或沿街叫卖。这可以说是现代新闻采访的滥觞。随着造纸、印刷术与交通业的迅速发展,报纸成为广为流传的新闻信息传播媒介,出版周期越来越短,1702年,伦敦出版了世界第一家日报《英国每日新闻》,从而使报纸成为真正意义上的"新闻纸"。新闻业的发展促进了其职业内部的专门化分工,出现了专职的记者,新闻采访开始成为一项专门化的职业活动。

我国近代新闻事业的开端以18世纪上半叶宗教性中文报刊的创办为标志,如《察世俗每月统记传》(1815年)、《东西洋考每月统记传》(1833年)等,到《遐迩贯珍》(1853年)、《香港船头货价纸》(1857年)等中文报刊问世,中国新闻事业才蓬勃发展起来。不过,这些报纸大都编采合一,所刊登的新闻信息多为"来信"、转译国外报纸信息,甚至编转宫廷政务载体《京报》的消息,新闻采访活动尚未专门化。1872年英国商人美查等创办于上海的《申报》将新闻报道放在首位,一开始就设有两名"访员",专门采集社会新闻。1874年,《申报》派人赴台湾地区实地采访日本军队侵台战事;1883年,法国入侵越南并由此引发中法战争,这期间,又专门雇佣俄国访员到越南进入法国军营采访;1884年,特派该报原驻横滨及烟台记者前往朝鲜采访朝鲜"壬午政变"新闻……《申报》重视采集与报道新闻使得它的销量在1877年即达到八九千份,成为当时最为著名的报纸之一。"《申报》的创办与飞速发展,标志着我国中文商业性报纸发展到了成熟阶段",①从另一个方面来说,《申报》对"访员",也就是记者的聘用,也标志着中国新闻采访走向专业与成熟。新闻采访发展成为一项专门的组织性工作,如徐宝璜所言:"新闻之采集,不过一种完密组织之结果耳。"②

广播电视新闻采访主要是指进行广播电视报道而从事的采集和访问的专门性活动。很显然,这是自广播、电视媒体产生后才形成的一种新的采访形式。广播、电视都是综合性传播媒介。最早的广播与电视播放的节目都以娱乐性节目为主,新闻报道时间短而且只是由播音员"口读报纸",新闻来源也都由报纸或通讯社提供。20世纪30年代初,在美国还曾发生"报纸—电台之战",美国报纸发行人协会于1932年采取行动限制广播新闻,建议各通讯社在报纸刊出有关新闻之前,不得向广播出售或透露新闻。经过激烈斗争,1933年召开的美联社社员报纸会议投票决定不再向电台网提供新闻,并把美联社自己的社员报纸的新闻广播限制在偶尔播送35字的简报上。合众社和国际新闻社也顺应报纸订户

① 方汉奇.中国新闻传播史.北京:中国人民大学出版社,2002:68。
② 徐宝璜.新闻学.北京:时代文艺出版社,2009:27。

的要求,停止向电台出售新闻。广播业只好自己把采写工作担当起来,但是因技术条件限制,这时候的广播采访方式与报纸和通讯社的采访没有什么区别。①

促使广播电视新闻采访走向成熟与个性化的因素有两个方面:一是广播电视技术的发展;二是广播电视节目制作播出形式的变革。这里简单介绍制播形式对广播电视新闻采访的促进作用。

主持人播报是广播电视开播之初即有的节目制播形式。新闻节目主持人开始只是"口读报纸",到了20世纪30年代初,无线电广播发挥报道迅速、传播广泛的优势,注重对重大事件的及时报道,成为一支独立的新闻报道力量,尤其是出现了评论型的主持人,他们或作为新闻分析员,或作为十足的宣传者,或作为客观报道者,使新闻报道注入了个人色彩。慕尼黑危机和1939年的战争爆发为电台记者提供了一个新的发展机会,第二次世界大战期间,广播因为新闻而呈现出勃勃生机,成为广播的"黄金时代"。新闻报道占有了广播节目头等重要的位置,各广播电台或公司都雇佣了自己的记者与编辑人员,建立了自主的新闻采编和评论员队伍。而这些采编人员充分运用了新的广播技术,形成了个性化的采编风格,如当时具有世界影响的爱德华·R·默罗。他在1938年3月1日报道了维也纳发生的戏剧性变化,1940年8月18日制作播出《这里是伦敦》的系列报道,他在屋顶上对伦敦空袭进行了实况报道,正是这种充满现场元素的战争报道"确立了广播新闻手法"。②

电视新闻采访的发展历程与广播新闻采访十分相似,也是从播音员照稿宣读(Lip Read,撕下来念)开始,到主持人个性化播报,进而随着摄录技术的成熟,开始进行现场采访报道与新闻直播,逐步形成具有独特风格的采访形式并发展出丰富多彩的样式。美国CBS广播公司是率先推出"新闻节目主持人"的电视机构。1952年,新闻制片人唐·休伊想改变以往那种由播音员念新闻的做法,于是让一位记者出身、采访能力强的人承担主持节目的报道工作。这位主持人可以将记者的有关报道串联在一起进行系列的或完整的报道,还可以进行分析、解说与评论。休伊特选择经验丰富的沃尔特·克朗凯特担任这个角色,而克朗凯特每次进行报道前都进行充分的准备,掌握大量的背景材料并把消息综合起来进行分析评论,形成了自己的报道风格,取得巨大成功,掀起了一股"主持人浪潮",使得电视节目主持人成为电视新闻采访报道的核心。

电视新闻的现场报道与直播是随着电视技术的发展而广泛运用的。早在

① 迈克尔·埃默里,埃德温·埃默里,南希·L·罗伯茨. 美国新闻史. 北京:中国人民大学出版社,2004:321。

② 李良荣. 当代世界新闻事业. 北京:中国人民大学出版社,2002:260;佐藤卓己. 现代传媒史. 北京:北京大学出版社,2004:151。

1941 年 12 月 8 日"珍珠港事件"发生时,一个从属于 CBS 的电视台就在事件发生 9 小时后从珍珠港作了现场报道,这是一次有意义的尝试。1960 年的美国三大电视网首次直播了总统候选人尼克松与肯尼迪的辩论,广播电台也同步直播。听广播的人认为尼克松讲得不错,但看电视的人却认为尼克松面容憔悴,而肯尼迪意气风发。有 8500 万观众至少看了一次辩论,因此肯尼迪最后赢得大选被认为电视直播决定了竞选的结果。当选总统肯尼迪还开创了电视与广播现场直播总统记者招待会的先例。20 世纪 70 年代以后电子摄录系统(ENG)的发展与 80 年代卫星电子采集(SNG)技术的进步,通信卫星和卫星电视的发明与改进,彻底改变了电视传播方法,不仅极大地扩大了电视的覆盖面,也使"现场采访报道"成为电视新闻采访的常规采访报道方式。①

现在,广播电视技术的发展已经进入到数字传播技术阶段,对新闻的制作、传输和存储都产生了很大影响,广播电视新闻报道也在保持迅捷的同时向"深度报道"方向拓展,多角度、全方位地报道新闻事件的需求促使广播电视新闻采访的形式越来越多样化,也呈现出一些新的特点。

2. 广播电视新闻采访的个性特点

广播电视新闻采访是新闻采访的一个类型,既具备了新闻采访的共性要求与特征,也因其媒介的特性而形成了具有个性化的一些特点,主要体现在以下三个方面:

1) 采录设备电子化、微小化与网络化

传统的纸质媒体采访手段非常简便,一支笔、一个笔记本就可以进行采访,即使使用现代的电子设备,如录音笔等,也只是作为辅助手段,采访所获得的信息还要转换成文字进行传播。广播电视新闻采访则不同,电子采录设备是采访必备的工具,称为带机采访。尤其是与纸质媒体的采访不同,带机采访要将新闻事实的现场声音和影像作为采录的重要内容与表现形式,而文字则成为辅助的手段。因此,带机采访的特殊性在于,它不仅要考虑到新闻信息的采集,而且要考虑到新闻信息的传达;不仅要考虑所采集新闻信息内容的重要性,也要考虑所采集新闻信息形式的表现性。

带机采访的特殊性也使得广播电视新闻采访对设备具有较强的依赖性。新闻素材的采访及传播效果,不仅取决于记者的观察、询问、分析、报道,以及被采访者的现场表现,还取决于摄录器材的记录效果。因此,熟练地操作摄录器材是对广播电视记者的基本技能要求。如今,采录设备已进入电子化、微小化、网络化发展阶段,功能越来越强大,操作越来越简单,携带也越来越方便。这种发展

① 李良荣. 当代世界新闻事业. 北京:中国人民大学出版社,2002:260－283;迈克尔·埃默里,埃德温·埃默里,南希·L·罗伯茨. 美国新闻史. 北京:中国人民大学出版社,2004:394。

使得以往的采录编播实现了一体化,所以对记者的要求也越来越高。记者不仅要能熟练使用现代采录设备,还要不断学习新的技术手段带来的新功能,更要熟悉采、编、拍、摄各项业务,向全能型记者发展,以充分发挥采录设备的功能与优势。

2) 采访报道同步化

广播电视新闻采访的素材可以原生态形式直接进入新闻报道,新闻事件过程及其细节的展示也都可以通过音像形式由素材直接完成,采访本身构成信息的显现形式。也就是说,新闻素材搜集过程的带机采访已经构成了新闻作品制作的有机组成部分,其成败对整个作品具有不可替代的重要影响。这就改变了以往回溯式、结论式的报道方式,使报道内容在时间过程上前移,采访与部分或全部报道同步进行,进而产生了"现在进行时"的报道形态。采访过程已经由单一的采集手段拓展为一种表现手法、一种结构方式、一种节目形态。

这种采访方式也使得广播电视新闻记者的角色定位更丰富。除了调查者和传播者之外,从事现场报道的广播电视记者同时也是受众观察新闻事件的现场引导者。在现场,记者要及时地、随机应变地对环境作从宏观到微观的整体把握,既要对新闻事件的发展作出预测,又要对受众的接受心理与需要作出判断和把握,记者本身也成为广播电视传播中的一个符号,他的言行举止乃至服饰都会对传播效果产生影响,他在新闻现场信息传播过程中的表现及其对现场的驾驭能力,在一定程度上决定了传播的成败。

3) 采访人员团队化

传统上,记者采访被看作是独立性较强的工作,因而特别强调具有独立采访能力的重要性。但对于广播电视采访尤其是电视采访来说,它所独具的特点,就是以采访小组的形式开展工作。除特殊情况外,一般由两个以上的记者协作,而不是一个记者单兵作战。一些重要新闻的现场采访报道,一般还需要一个完整的团队,包括编导、主持人、记者、摄像、编辑,还有灯光、录音师等技术人员。因此,电视采访是一项集体工作。这就要求采访团队中的每一个人都要根据自己的任务要求做好所分管的工作,同时又要与其他的同事协同工作,共同完成报道任务。在合作的工作方式下,信息的有效沟通就显得格外重要。采访记者与摄像记者不能够很好沟通,摄像记者不了解采访记者的意图,或二者在新闻事件现场的配合不够默契,都会给采访工作带来困难,进而影响到采访和传播的效果。①

3. 广播电视新闻采访的地位与作用

新闻是对事实的陈述与传播,即使是新闻评论也必须以事实为基础。因此,

① 赵淑萍. 广播电视新闻采访与写作. 北京:北京师范大学出版社,2006:43-56。

新闻报道不能像文学创作那样超越现实生活与具体事件进行艺术加工,而必须完全依赖事实,真实而全面地反映事实。"一般地说,事实是客观事物已经发生和正在发生的较为完整的发展过程。"①只有深入地了解一个事件的较为完整的发展过程,才能比较全面地把握事实的真相,才能进行真实可靠的传播。因此,采访是新闻的起点,采访决定报道。以下从三个方面来阐述这一观点。

1)不采访,无新闻

新闻是对事实的反映,从辩证唯物主义认识论观点来看,事实是第一性的,新闻是第二性的。没有对事实的采集与访问过程,就无法形成对事实的认识,更谈不上对事实的传播。在"人人都是记者"的自媒体时代,信息如海。但绝大多数的信息发布者都是将自己看到的或听到的某个现象的片段与自己的感受发布到网络上,并没有直接去接触访问不同方面、不同立场的当事人,因而,这些信息往往是事实的片段与表层现象,而且是意见与事实的混合体。这与传统社会中的民间"意见领袖"在人群中散布信息并没有本质的区别,它只是借助网络平台传播得更为广泛,呈现出一定的大众传媒特点。在职业记者眼中,这其实只能是信息源或新闻线索,而不是新闻。

新闻追求的是全面、公正、客观地反映事实,职业记者必须就某一个事实直接或间接采访不同的当事方与旁观者,从多侧面、多角度全方位地了解事实,然后以新闻价值的标准评估事实的报道重点,选取不影响事实真相的事实材料尽量全面地反映事实。仅凭一面之词或一己之见,不能构成事实,也不能形成新闻事实。可以这么说,没有采访,就没有新闻。对于广播电视新闻来说,现场采访尤其重要,因为广播电视新闻主要依靠声像来展现事实,没有第一手的采访素材,新闻报道就会退回到"口读报纸"时代的"翻炒新闻"。

2)采访的质量决定了新闻报道的质量

有什么样的采访就有什么样的报道。采访的质量主要指采访的广度和深度,广播电视新闻采访的质量因素还应包括表现度。艾丰就认为,如果说在文学的创作中,素材不足还可以用自己的想象来补充,那么在新闻写作中,记者的想象在这里是毫无用处的。事实的先天不足,在写作中是无法弥补的。这一点同样适用于广播电视新闻报道。每一个事实都是一系列具体的事件、当事人、相关背景构成的一个综合体,在不同人的眼里会呈现出不同的现象。新闻报道不是也不可能事无巨细地把所有事实的构成要素都叙述出来,而是要抓住事实的本质,扣住具有新闻价值的事实要素进行整合,然后以具有表现力的方式进行传播。而事实的本质,尤其是有价值的事实要素,只有在全面深入地了解事实的各个构成要素及其在事实发展过程中的作用,才会有比较客观的认识。所谓"万

---

① 艾丰.新闻采访方法论.北京:人民日报出版社,2002:33。

绿丛中一点红",看到了整体才能认识个体的价值,把握的事实材料越丰富,新闻报道就会越有水平。

新闻界常用"七分采,三分写"来说明采访与写作的关系,对于广播电视新闻采访报道来说,同样适用。

3)采访与报道是孪生子,是相辅相成的一体两面

就逻辑与时序而言,采访先于报道,但在现实中,采访与报道实际上是相互作用的统一体,有时是相互交叉进行、不断深入的一个过程。采访决定报道,报道也反作用于采访。一个记者在掌握了新闻报道的基本规律之后,在采访之前就会预判事实的重点与发展方向,酝酿报道方案或"打腹稿",以此来指导采访重点与设计问题,并有针对性地在第一时间将事实的"5W + H"等要素了解清楚,从而提高采访效率。就像一个高明的厨师,采访就是厨师的原料,"巧妇难为无米之炊",但高明的厨师知道到哪里去寻找合适的原料与配料,知道原料和配料合适的比例,也知道用什么样的方式能够做成一道精美的大菜,这个"大菜"就是新闻报道作品。

另外,"任何事实都不是无缘的单一因象,而是一种多因象的组合"。[①] 同时,事实又大多是一个进行时的动态过程。而新闻报道是追求时效的,甚至是即时的,这就使得一次性的采访只能反映或展现事实的当下形态,要反映事实的来龙去脉、影响效果与发展走向等进而全面了解事实,一般需要多次的或不断的采访,采访与报道就交替发生并相互促进。尤其是广播电视新闻,很多采访过程已经与报道同步、融合了,这就要求记者在实际工作中把握采访与报道的辨证关系,既不能重采访轻报道,也不能轻报道重写作,两手都要抓,两手都要硬。

第二节 广播电视新闻采访准备与策划

"凡事预则立不预则废",新闻报道是否成功取决于采访,而采访是否成功又在相当程度上取决于采访准备与策划。采访准备与策划指的是记者在开始一项采访任务时,为了熟悉采访对象,在出发之前搜集与之相关的历史、文化、政治、政策、环境等背景资料以及有关采访的必要物质条件方面的准备,并为了达到更好的传播效果,对采访的过程、方式、重点与方向等进行一定的谋划。

有人认为,新闻大多是突发性事件,根本没有时间也没有必要进行准备,更不能策划。实际上,大量的案例已经证明:一个广播电视记者、编导在出去采访以前,如果对准备采访的行业、部门、单位和个人的情况不了解,那么就会出乱子、闹笑话,更谈不上采访成功。

---

① 刘建明. 当代新闻学原理. 北京:清华大学出版社,2003:59。

新闻虽然以报道突发性事件为旨趣,但就总体而言,社会运转与发展是常态的,新闻记录时代与社会的功能以及人们对信息"欲知其详"的需求决定了大多数新闻报道的是社会生活中的变动和可预知的事件,要详细报道就必须做充分的准备。机会总是垂青有准备的人,即使是突发性事件,记者也应该像战场上的战士一样,做好随时应战的准备,同时应该尽可能地通过团队收集材料,这样才能采访成功。

在采访之前,采访准备和策划要从材料收集、方案设计与事务筹办等三个方面来做好工作。

1. 材料准备

世界上的一切事物都不是孤立存在的,都与其他事物存在一定的联系,包括直接联系与间接联系,必然联系与偶然联系,本质联系与非本质联系。人们认识一个具体的事物都是在与其联系的其他事物的观照中去把握的,也只有这样,对事物的认识才具体、全面。

一个记者要报道一个事实,就必须比一般人更为全面、具体、详实地了解这个事实,因而他必须从不同的视角来收集与此相关的各项材料,这就是采访的材料准备工作。我们认为,准备材料可以从三个方面入手:查阅相关报道、收集背景资料与征询学术研究成果。

1)查阅相关报道

在新闻事业已经得到充分发展的现代,就总体而言,社会生活领域中几乎没有不被报道过的内容。尤其是那些规律性、重复性的事件,如全国两会、年度总结表彰活动、高考、就业等,年年都是公众关注的热点,媒体也都会投入很大的力量来报道。因此,记者在获得一个新闻线索或者接到一项采访任务时,一般都能找到相关的报道。通过这些相关的报道,记者一方面可以了解事件的历史、公众知悉度以及发展新动向;另一方面也可以学习借鉴,引用材料,还可以"知己知彼",力避翻炒冷饭,力争有所创新。

必须清楚,记者以"新"为业,恩格斯说过:记者的伟大和难当之处,就在于天天要处理一个"新"字。这个"新"既是内容上新,也可以说是报道角度与方式上的新,但是如果不查阅相关报道,不知道别人已经做了哪些工作,就很难说得上创新了。清初散文家魏禧谈到为文之道时曾说到"三不必":前人所已言,众人所易知,摘拾小事无关处,此三不必作也。

2)收集相关背景材料

根据南京大学新闻传播学院前院长方延明教授在《新闻实务方法论》中的界定,新闻背景是新闻事实产生的环境条件,是用以说明新闻主体的附属事实,是解释或衬托新闻事实,用以烘托和彰显新闻价值与新闻主体的那些东西。他在一次校报培训讲座上对此做了一个很好的阐释,他说:新闻背景是对新闻的进一步解释;是新闻要素中的"为什么"的展开;是对形成新闻事实的来龙去脉、历史环境,以及各种矛盾之间内在辩证关系的剖析与揭示;是对新闻事实影响力的更充分的展示;它往往能提供出比新闻事实表象更为深刻的东西。因此,有人称新闻背景为"新闻中的新闻"或"新闻背后的新闻"。在新闻报道中充分运用新闻背景能够"彰显新闻事实,强化新闻价值,深化新闻主题"。著名媒介人物杨澜也说:"今天的新闻时代已经超越了单纯的新闻事件的报道,并不是问了五个W,就可以写出一篇好的报道。今天的一个优质报道更多地与背景链接有关,即如何把一个孤立的事件放在一定的时间和社会背景的坐标上,给受众一个理解和思考的框架。"①

对某一个新闻事件相关背景材料的收集,一靠平时积累,二靠机构支持,三靠临时搜索。现在是"大数据"时代,利用各种机构提供的数据库进行搜索获取材料已经是记者必须掌握的基本功,但仅仅依靠搜索获得的材料永远是二手材料,所以平时注意把采访获取的第一手材料积累下来,进行归纳整理,为日后相关采访提供背景支持,不仅可以提高采访的效益,而且能保证报道的原创性。

3)查询最新学术研究成果

学者与专家对某一个领域的研究是基于对那个领域事物发展的历史与实际的全面而深入的考察后作出的分析与判断,也会在此基础上提出一些新的富有建设性的观点与建议。他们的见解往往超前于时代与大众,因此,从他们的研究成果中不仅能获得有力的事实材料,更能对事物发展的未来走向有比较清晰的认识,从而获得启发。

总而言之,可以用一句话来概括相关材料的作用,就是"知道的越多,可报道的也越多"。新闻界在材料准备上有一个"1:10原则",指的是"1分钟采访,要准备10分钟;1万字报道,要阅读10万字材料"。"政治记者之母"法拉奇曾说她自己,每次采访之前都要像学生准备大考一样,准备几个星期甚至一两年。采访邓小平之前,阅读了"几千克的材料"。美国著名电视记者华莱士也说:"我给自己定了一条规矩,至少准备好30~40个扎扎实实的问题以后才去采访。通常的办法是,先写出100个问题和所有经过研究琢磨以后想到的一切,然后将这些问题分类,浓缩到30~40个问题,实际用到的可能只有10~20个问题。"②

尤金·莱昂斯是美联社一位经验非常丰富的记者,他在年轻时曾获得一个采访斯大林的机会,因事先约定只能采访2分钟,所以他没有做过多的准备,只是简短地拟了几个问题。出乎意料的是,2分钟后,斯大林并没有结束谈话的意思,而他却已提不出更多更好的问题,白白浪费了近2个小时的时间。另一次,

① 杨澜,朱冰.一问一世界.南京:江苏人民出版社,2011:7。
② 新华网传媒在线 http://news.xinhuanet.com/newmedia/2005-03/31/content_2768208.htm。

51

他采访伊朗前国王巴列维,约定只能谈 5 个书面提出的问题,几分钟就谈完了,而巴列维此时谈兴正浓,等待继续提问,莱昂斯也没有准备更多的问题。事后,莱昂斯非常后悔,他说:"我当时就在国王的办公室发下庄严的誓愿,今后哪怕约定我只有几分钟的采访,我若不事先准备好供一两个小时谈话的问题,便决不再来到世界伟人的面前。"①

这些著名记者的事例有力诠释了采访准备重要性以及采访准备"1:10"原则。在实际工作中,尤其在突发事件采访时,采访准备不可能做到如此充分,但不能因此而放弃。采访准备从时间上来说是事前的,但从逻辑上说,准备的内容可以贯穿在采访的全过程之中,只有在认识上高度重视,才不至于犯下莱昂斯所痛悔的失误。

2. 方案准备

广播电视新闻采访是一项团队活动,只有协调好采、录、编、导、播以及各项技术辅助工作才能顺利地高效率地完成任务。这就要求团队的每一个成员在采访报道过程中明确工作流程与各自承担的任务。因此,在采访前策划与拟定一个采访方案就十分必要。即使是突发事件的采访来不及形成一个精细完备的方案文本,在实践中也都会迅速约定一个工作计划与安排,然后按照经验来实施。这已经成了广播电视新闻工作者的一个工作规范。

采访方案大致有这么几项内容:明确采访主题与重点、确定采访范围与对象、设计采访方式与程序、草拟采访提纲与问题。

为文先要立意,"意犹帅也",苏轼也说"不得意,不可以用事,此作文之要也"。广播电视新闻报道也是如此。任何事件与人物都会呈现不同的表象,所以任何新闻报道都可以有不同的立意或重点。例如大学生就业问题,可以从不同方面来观察与思考:

当前大学生就业的趋势与热点是什么?为什么?

大学生就业观与心态是怎样的?有哪些变化?是否应该改变?

大学生就业难的根本原因是什么?解决大学生就业难的途径与方法有哪些?政府到底应该担负什么责任?高校应该担负什么责任?

大学生村官的现状与发展前景如何?大学生到基层就业是否能发挥作用?

文科大学生就业有哪些特点与难点?大学文科教育怎样与社会接轨?

女大学生就业歧视表现在哪些方面?怎样解决?

这些问题都有交叉的部分,但每一个问题都深入到不同的方面,所涉及的采访范围与对象都会有所不同。这就要求记者尽快明确采访主题与重点,据此策划一个相应的采访方案,对采访范围与对象的选择、采访程序与方式的运用等拟

① 方延明. 新闻实务方法论. 广州:南方日报出版社,2005:122。

定一个框架后,再围绕着主题与重点来设计问题,切忌面面俱到,淡化重点与主题。这样才能在有限的时间内获得更为集中与有效的信息。

当然,任何完美的方案都不可能完全适用于采访实践。所以方案的制定要考虑到多种情况,有一定弹性,问题的准备与设计也是提纲挈领式的,这样才能使得方案既能起到规范作用,又能保证采访随机应变游刃有余。

3. 事务准备

常言道,好记性不如烂笔头。以往文字记者在外出采访时,只需一支笔与笔记本就够了。对于广播电视记者而言,设备要复杂得多,采录设备、传输设备乃至纸笔都要具备。就像士兵枪不离手一样,记者也是要采录设备不离手。

缅甸自2007年8月19日起爆发了民众抗议政府大幅提高燃油价格的示威活动。随后,示威活动的规模逐渐扩大,演变为缅甸近20年来最大规模的示威游行,包括大批僧侣在内的近10万人走上街头,要求政府实施改革,释放政治犯。长井健司是日本东京APF通讯社的签约摄影记者。事发时,52岁的长井健司在现场采访及进行拍摄。示威者其后与军警发生激烈冲突,突然枪声响起,人群争相走避,长井健司中枪倒地后,仍然尽忠职守,举起摄影机拍照。

电子采录设备随着技术的发展而不停地更新换代,不同品牌、不同型号的设备操作方法与技巧也有所不同。采访前,记者一定要全面检查、试用电子设备以免出现故障或电池不足,否则一旦出现问题,不仅会影响工作,还会造成难以弥补的损失。

美国《纽约先驱论坛报》的记者罗伯特·伯德有一次采访爱因斯坦时,刚开始,记者的铅笔就断了,他见爱因斯坦有支自来水笔别在"V"领领口的毛线衫上,他就请爱因斯坦借给他用一用,爱因斯坦的脸色立即变得很难看,取出钢笔,慢慢拧掉笔帽,勉强递给记者。但是当记者开始记录时,爱因斯坦又向记者道了个歉要回了钢笔拧上笔帽重新别回到衣领上,说给记者找支铅笔。这个准备上的失误使得采访局面尴尬,自然难以取得很好的效果。

所以,无论什么情况下,记者都要做好多种准备,并能够随时实施采访。

其他事务准备包括到外地以及野外出差时所必需的日常生活用品、个人保护用品、通讯设备、交通工具等,都要尽量做到万无一失。

第三节　广播电视新闻采访步骤与要求

采访准备工作再充分,也要通过采访的实施才能获取第一手的材料,组构新闻事实,形成有价值的报道。广播电视新闻的优势与特点就在于通过现场声像传播直观的信息,这就要求记者必须到现场进行采访。

这里所说的现场是泛指,很多时候没有具体的现场,例如,对一些政策的报道;或者没法去现场,如南极、珠穆朗玛峰顶、月球;或者现场已经被破坏。但是,采访亲历现场的人也是间接到场。"记者出现在重大新闻的报道现场,其使命不会随着时代的变化和技术的进步而有所动摇和改变。"①

到现场采访往往会面临纷繁复杂的局面,要想从乱象中迅速理清头绪找到线索开始采访,这就要求记者对现场采访步骤以及摄录要求做到心中有数,根据情况采取应对措施以获得较高的采访效率和较好的采访效果。

1. 广播电视新闻采访步骤

广播电视新闻到达一个采访现场后,首先要做的就是判断事件的性质,决定采访方案。因为这里涉及一个怎样进行采访的问题。本章第二节曾介绍,采访之前要进行采访方案与采访提纲的设计,但是当记者进入一个现场后,可能会发现很多新线索新问题,甚至完全超出意料之外,这时候就要根据现场情况来进行抉择,如是采取显性采访还是隐性采访,是先从外围入手还是直接找到当事人进入事件的核心等。

在常规情况下,记者应该在采访之前就表明自己的记者身份(除非需要隐性采访)。中国之声《新闻纵横》2011 年 4 月 2 日报道了这样一件事:记者在采访当地城市管理行政执法局对往来河北省唐山市丰润区设置的禁行路段的每辆车实施 18000 元的巨额罚款事件时,遭到了当地官员的阻挠,在出示了记者证之后,丰润区宣传部部长肖润光仍向记者索要介绍信并质问记者:"你到我这采访你不拿介绍信,我知道你是美国的还是日本的啊?"

这虽属个别事件,但也说明了事件当事方对记者采访认识的缺位,所以记者亮明身份,实际上有以下几个用意:一是告诉当事人,这是一个公共事务,他有接受采访的义务;二是告诉当事人,记者是代表公众在行使知情权,可以在法律允许的范围内采访任何当事人;三是告诉当事人,此时他所有的言行都有可能成为媒体报道的内容,要严肃对待。

---

① 陈方.“我在现场”的使命与“记者添乱”的论争. 北京:中国青年报 2011 年 3 月 16 日。

对事实有了初步的判断与分析后,记者即开始正式的采访与摄录工作,一般而言,有以下几个步骤:

(1) 寻找与访问合适的采访对象,全面了解事件信息。

(2) 在进行所有上述采访的同时,观察现场与过程。

(3) 注意留下关键人物的联系方式,以了解事态后续情况。

(4) 核对事实基本信息。

寻找最合适的采访对象,主要指新闻事件中的关键性人物:事件或活动的组织者,事件与活动的参与者,不同身份、不同性别、不同立场的代表性人物,事件旁观者与相关领域专家学者等。为什么寻找不同身份不同立场的人进行采访?道理很简单,即"兼听则明,偏信则暗",对同一件事情,不同的人会有不同的看法,都有片面之处,甚至对基本事实信息的认定也可能会有出入。记者要想全面、客观地把握事实就必须从不同的方面来了解。当事人、目击者能提供最接近事实的信息,组织者能提供较为全面的信息,相关专家、政府官员等能提供相对权威与独立的见解。

在选择采访对象时,还应注意选取愿意与善于表达的人,能够在电视镜头前从容地陈述自己所看到的事实信息。

寻访人物最重要的目的就是全面地了解事实,记者要追问的信息有基本信息、背景信息、关键信息,具体而言,包括以下几个方面的内容:①必须了解事件的"5W+H";②围绕报道的类型及主题,探究关键性的"问题";③问故事细节;④抓住访谈过程中出现的"新"动向。

记者有记录现实记录时代的职责,但归根到底,记者不是史官。记者是以新闻的眼光来表现时代展示社会的。世界永远处在变化发展之中的。变化是永恒的,只要有变化就有新闻。所以,新闻是永存的。在亲临事件与活动现场之后,记者不能只是将事件与活动记录下来,而是要寻找与挖掘其中的"新"意,特别要注意的是事件与活动中的这么几个"新":新变化、新趋向、新特点、新成果、新经验、新人物、新问题、新观念。这才是新闻之道,记者之责,采访之要。

2. 广播电视新闻采访要求

广播电视新闻的声像如文字之于报刊一样,要具有生动的表现力和纪实的审美性。因而,广播电视新闻记者一定要突出形象思维,综合运用声音、图像与文字等要素来表现、传播事实。这就对采录主体与客体都提出了一定的特殊要求。

1) 采录主体要善于驾驭现场

应尽可能地消除现场的干扰因素,如适当减少摄录人员的数量,在场者也应注意尽量减少自己存在的痕迹,话筒尽可能不要干扰采访对象与记者的交流视线,电视采访中避免灯光直射人脸等。要善于营造良好的采录氛围,让受访者消除在镜头与话筒前的紧张情绪,能够自然表达自己,流畅陈述事实,如在上镜前可与受访人进行简短的沟通交流,告知他采访的目的与提出的问题,提醒他开机时间等。

2)采录人员要注意采录设备的恰当运用,保证录制声像清晰

应注意检查录音器材的状况,选择访问环境,避免电磁波等噪声的干扰,确保其正常工作;应正确使用话筒,避免声音变形,保证音质效果,注意话筒采录声音的自然与真实。所采录的音响,必须是所报道的事件或人物,以及与报道内容确有关联的事物或人物本身发出的声音。也就是说,无论主体音响、环境音响还是背景音响,都不能模拟,也不能互相替换。所谓自然,就是所录的音响不勉强、不局促、不呆板、不造作。采录新闻现场实况音响要自然,采录人物讲话尤其要注意自然。争取实现话筒前采访的"一次最佳"原则。争取一次完成,否则重复多次后采访对象容易产生厌倦感,影响采访效果。

第四节　广播电视新闻采访方法与技巧

在具体的采访实践中,广播电视记者要因人、因时、因事而异地运用不同的采访方式方法来获取材料、表现事实。具体的采访方法是千变万化的,就像武林高手的最高境界是"无招胜有招",记者采访的最高境界也是"从心所欲而不逾矩"。但是必须牢记的是,"无招"也好,"从心所欲"也好,都是从"有招"开始的,也是遵循规矩而"不逾矩"的。艾丰在《新闻采访方法论》中归纳了10条基本采访方法,即点面结合、三个阶段、两面挖掘、寻找镜子、抓取特点、抓关节点、协同作战、体验感受、短仗长打、常备不懈,都是在具体采访过程中应该掌握与运用的方法,是采访中通用的较为抽象的理论归纳。本节结合广播电视新闻采访特性,从观察与提问两个具体的采访方法进行讨论,并简短阐述特殊类型采访中的隐性采访的方法与技巧。

1. 广播电视新闻采访的观察方法与技巧

现场观察指记者在新闻事件发生或新闻人物活动的现场进行的目击采访。观察能力的强弱,标志着一个记者业务能力的高低。需要注意的是,观察并不仅仅是眼睛看,而是要调动所有五官甚至心灵与感情去观察,可以说是"眼观六路、耳听八方、感知一切"。

就观察内容而言,要重点观察三个方面,即人、环境和过程。观察人即观察关键性人物的外貌表情、行为和语言。不仅"言为心声",人的行为与表情等都传达着对事件的态度与反应,这些特征和细节往往包含着富有传播价值的信息。观察环境即观察捕捉新闻事件发生现场的环境和气氛,捕捉典型的场景、细节和现场气氛信息,是体现新闻报道生动感人的关键环节。观察过程即观察捕捉事

物变动的态势,把握新闻事件的进程,要注意采录具体、生动的情节。有些重大新闻事件具有突然性,记者赶赴现场时,事件本身已经过去,但仍然有迹可循,有象可察,记者可以从现场残余的细节中通过推断看出问题。

要从纷乱的现场中观察到有价值的信息就要掌握一定的观察技巧,一言概之就是宏观与微观相结合,即点面结合、粗细结合、动静结合,具体包括:①观察人与环境氛围都要注意点面结合,既要把现场的场景做一个概述性的描述,更要抓住几个点,有远景有近景,有场面有特写,点面结合的另一个意思是要多角度、全方位地进行观察;②有些场景甚至细节要粗略地一笔带过,而有些细节则要浓墨重彩重点刻画,以凸显重点、亮点与特点;③无论是观察点的选择还是对场景与人物的观察,都要注意动静结合,一方面要从不同的视角来观察,另一方面要注意观察事件的发展过程、人物的行为过程甚至表情神态的变化过程。

观察的要点是抓重点、抓特点、抓亮点。事物的发展是质变与量变统一的过程,总有一些关键点在事物发展过程中起着独特的、突出的作用,抓住这些关键点自然就能更为有力地表现事实的本质与特性。

2004年9月1日~3日在俄罗斯北奥塞梯共和国别斯兰市,武装恐怖分子进攻并占领了北奥塞梯市第一中学,将参加开学典礼的约1200名师生和家长扣作人质。在俄罗斯政府和绑匪对抗的3天时间里,300多名来自世界各地的记者集中在人质绑架现场的外围,争先报道事件的最新进展。凤凰卫视也派记者现场报道了事件过程。在解救人质的战斗结束后,大家都看到劫后的现场一片混乱,但是新闻总监吕思宁从废墟中找到了一个叫安德烈的男孩的作业本。这个作业本上贴有卡通人物画,还有做错的算术题"9-2=4",记者就用镜头将这个作业本推出了一个特写。这个镜头与此前卢宇光拍摄的发生枪战的激烈冲突的镜头形成了鲜明的对照,意蕴深长。人们很自然地就从混乱现场那个小本子上联想到事件发生前校园的宁静。

要注意克服或者弥补观察的盲点。任何观察都只是对现象的认知,而且任何观察都有可能遗漏关键的环节。要克服这一点,还要与访问、比较、思考相结合,用别人的视角来弥补自己观察的不足与不到位之处。

现场观察对电视记者提出了更高的要求,他们必须把观察到的情景用镜头表现出来。所以,电视记者在现场要选择恰当的观察与拍摄位置,以利于观察的清晰、准确和全面,清晰地采录到需要的音响与影像,获取宏观的细节的信息:

(1)恰当地运用景别。景别指被拍摄的物体在画面中呈现的范围,是电视画面的重要造型元素之一,有远景、中景、近景和特写之分。不同的景别有不同的表现功能,摄录时要灵活运用景别,强化画面的表现力。

(2)精心选择拍摄角度。拍摄角度是摄像机同与被摄对象空间位置的角度。这种角度,又分为垂直平面角度(摄像高度,包括平视、仰角、俯角)和水平平面角度(摄像方向,包括正面、侧面、背面)两类。角度不同,屏幕效果千差万别,要主动地、有预见地选择最佳角度拍摄。

(3)巧妙运用光线。光线是电视新闻摄像的又一重要造型元素。恰当运用和处理光线,能够生动、逼真地再现被摄对象的形象、轮廓线条和空间感,赋予画面不同的环境氛围,也能激发观众的情绪和联想。注意要确保画面的基本亮度,当室内自然光亮度不够或不均匀时,需要用人工照明来补光或平衡室内亮度。

(4)恰当运用长镜头。长镜头又称多构图镜头,指在一个持续时间较长的镜头内,用推、拉、摇、移等方法多层次多景别地对一个事件、一个场景进行拍摄。用长镜头不间断地表现一个事件的过程或一个段落,通过持续的时空记录把真实的新闻场景自然地呈现在屏幕上,形成一种独特的纪实风格。同时由于加大了单一镜头的表现容量,可以把被摄人物、环境以及人和人、人和物的关系等新闻形象融为一体。通过对这些影像的连续记录,既能充分地显示其空间的统一性,又保持情节、动作、事件发展的时间连续性,使画面信息更真实、更客观。

2. 广播电视新闻采访的提问方法与技巧

1)精心准备与设计问题并能够随机应变地提问

提问是记者的天职。尤其是广播电视新闻采访,问与答的过程已成为报道的结构与形态。精心准备与设计问题并能够随机应变地提问,是广播电视新闻记者一项不可或缺的基本功。

1998年11月APEC会议期间,中国外交部早就言明,中国国家主席江泽民此行不接受采访。但在11月16日,江泽民在完成当天最后一场双边会步出会场准备离去时,守候在门外的凤凰卫视记者吴小莉忽然扬起手中一早准备好的10元人民币,高声地问到:"江主席,我们都很关心,我手中的10元人民币,明年,是否还值10元?"江主席听到后,立刻回头,转身走向吴小莉,坚定地说:"当然,人民币不贬值!""到明年为止,都是吗?"吴小莉追问道。江主席又满脸笑容地走回来,对着吴小莉说:"我说人民币不贬值,是很科学的,任何事都不是绝对的! 这要讲scientific(科学性)。"说罢,中国代表团的成员,在笑声中步入电梯离去。

第二天,香港《苹果日报》和《明报》刊登了一则花絮,题为"吴小莉访江泽民出新招",内文说到:"素以乖巧机灵见称的吴小莉,昨日以一张面值10元的人民币,居然使已明言不接受访问的江主席开腔,发表明年人民币不贬值的言论。"因为当时正值金融风暴,人民币过去一年市值的稳定,是避免金融风暴进一步扩大的重要力量,未来人民币的走向,关乎市井小民的荷包肥瘦,也关乎各国的经贸发展。所以,江泽民主席的这个回答给了世界各国一个非常重要的讯号。[①]

---

① 吴小莉. 足音——吴小莉自传. 北京:华艺出版社,2010:122。

吴小莉

　　这次成功的采访,就在于吴小莉对问题的精心策划与设计。可以说,提问是否得当决定了采访的效率与效果。她的这个采访也很好地诠释了提问的基本要求:问得自然,问得明白,问得简洁,问得独特。

　　2)问题的准备与设计要"因人而异""因事而异"

　　法拉奇以提问尖锐而著称,有些采访甚至是挑衅式的。1979 年她采访伊朗宗教领袖霍梅尼时,不得不像伊斯兰妇女一样裹上长袍,这令她感到羞辱。采访中,她无礼地问:"这片你坚持让所有女人必须披上的长纱,请告诉我,你为什么强迫她们掩盖自己,全被捆在那些不舒服而又怪诞的服装里面……"霍梅尼回答:"我们的风俗不关你的事。如果你不喜欢伊斯兰服装,没人强迫你穿。因为伊斯兰服装是给那些良好端庄的年轻女士们穿的。""你真是太好了!"法拉奇叫了起来,"既然你这么说了,我现在就要脱掉它"。说完她一把把长袍扯了下来。霍梅尼被激怒了,他撇下她走了。

　　但是她在 1980 年采访邓小平的时候,首先是从祝贺邓小平的生日开始的。

　　邓:我的生日？我的生日是明天吗?

　　法:不错,邓小平先生,我是从你的传记中知道的。

　　邓:既然你这样说,就算是吧! 我从来不知道什么时候是我的生日。就算明天是我的生日,你也不应该祝贺我呀! 我已经 76 岁了,76 岁是衰退的年龄了!

　　法:邓小平先生,我父亲也是 76 岁了。如果我对他说是一个衰退的年龄,他会给我一个巴掌呢!

　　邓:你做得对。你不会这样对你父亲说的,是吗?

　　这就为采访营造了一个良好的氛围,完全不同于那次对霍梅尼火药味十足的采访了。

邓小平接受法拉奇采访

因人而异、因事而异地采用不同的提问方式,是记者在长期采访过程中积累经验、经过充分的材料准备和对采访对象进行深入研究后作出的判断。访问是为了弄清事实,而不是激怒采访对象,通常来说,记者首先要设法做到与采访对象融洽地交流,所以,提问应该重视《华尔街日报》主编弗雷泽·齐默尔提出的提问原则:

(1)不要一开始就提尖锐的问题。

(2)开始时通常提开放式问题。

(3)不要害怕问幼稚的问题。

(4)不能回避令人尴尬的问题。

(5)在尖锐的问题前尽量用简单的问题作些铺垫。

(6)观察消息源对于问题的反应。

(7)在关键问题上要坚持重复问、反问、以及追问。

这里所说的"开放型问题",是指记者仅提示某一话题或访谈的范围,让采访对象自由发挥、畅所欲言。如"您对这件事有什么看法"等。对于社会经验丰富、善于表达的采访对象,或访问渐入佳境之后,可适当采用开放式问题。相对而言的"闭合型问题",指需要采访对象明确回答的特定的具体问题。甚至有的只需要回答"是"或"不是",如"这件事是什么时候发生的""您看到他拿着枪吗"等。闭合式问题适合挖掘典型的情节、细节和核实材料,对于不善言辞的采访对象或访问的初始阶段,可适当采用闭合式问题。

与弗雷泽·齐默尔的提问原则异曲同工的的是艾丰总结的六个"不要提":

(1)不要提太大的问题(不要企图"一口吃个大胖子")。

(2)不要提过多的外行问题(一点不提是难以做到的,但要争取少些)。

(3)不要提暗示性的问题(即不要强加于人,给人竖根"杆",让对方"顺杆爬")。

(4) 不要提过于轻率的问题(毫无意义和目的地卖弄技巧,会导致提轻率的问题)。

(5) 不要提太"硬"的问题(就一般情况、一般对象、一般记者而言,直率不等于生硬)。

(6) 不要提审问式的问题(即要善于引导,在交谈中发问,在发问中交谈)。

作为广播电视新闻记者,提问已经成为新闻报道的一个部分,所以,提问设计还应有"话筒意识"与"镜头意识"。记者提问的语言应精炼,通俗化,口语化,提出的问题要具有实质内容。例如,要用"谁""什么""什么时候""什么地方""哪个""为什么"和"怎么样"这样的提问语提出问题,使被访问者只能具体回答问题,或者用"请告诉我……""请谈谈……吧"这样的句式,引导被访问者作出具体叙述,而不是简单地回答"对""是的"或"不是""不",这样既有说服力,也避免了采访者诱导之嫌。记者提问不应重复镜头中明显存在的信息,要善于利用环境和周围的事物来组织问题,还要善于把握好提问的节奏,既不跑题,也不放任;既不冷场,也不重复哆嗦;既不匆忙,也不拖沓。特别是要注意结束的时间,事先要有所提醒,要防止出现话没说完而采访结束时间已到的情况。

3. 隐性采访的方法与技巧

隐性采访,也称秘密采访或暗访,是记者隐去自己的记者身份,在采访对象不知情的情况下,通过隐秘的拍、录等记录方式,获取已发生或正在发生又未被披露的新闻素材的采访形式。隐性采访是舆论监督的一把利器,早在现代新闻事业诞生的初期,就被一些勇敢的记者使用来"扒粪"——将政治丑闻与社会黑幕揭露出来。普利策的《世界报》有个女记者叫伊莉莎白·科克伦。她曾扮演一名精神病患者,打入纽约一家精神病院,了解到该院虐待精神病患者的许多内幕,在逃出来后将之公之于众(《疯人院的十天》),引起很大震动,使得政府对该院进行整顿。这篇报道也被成为隐性采访的开山之作。

在我国,隐性采访也是早在近代新闻事业产生不久即出现,著名记者范长江在担任《大公报》特约通讯员时即随同一个四川工商团西行,发回了《中国西北角》的系列报道,成为隐性采访的杰作。近年来,媒体越来越注重舆论监督功能的发挥,隐性采访的运用也越来越频繁。2001年中央电视台耗时一年将南京冠生园用陈馅生产月饼事件揭露出来,也堪称隐性采访中的经典力作。据陈琳等记者介绍,第一次拍摄从2000年8月开始,断断续续一直到10月份才拍完,回收再加工的整个过程都拍到了。但是这次拍摄只拍到冠生园回收月饼,而没拍到这些收回来的月饼被用作什么。部门领导认为,这样的批评报道一定要做到事实翔实,慎而又慎。因此为了节目做到丝丝入扣,画面充分翔实,使新闻更具有说服力和逼真度,不遗漏每一个不应该遗漏的细节。中央电视台的记者又耐心地等待了一年,直至拍摄的素材看起来没有一点破绽。

2001年6月底,记者第二次来到南京。他们在南京冠生园附近租了一间房,用了两部摄像机和望远镜等设备。当时正是南京的高温期,为了不让人发现,也为了与对面蒙上帘子的厂房相匹配以减少不必要的怀疑,他们在房子里挂上了厚厚的窗帘,整个屋子像一个蒸笼。在这样的条件下,记者每天从冠生园上班开始盯,一直盯到他们收工。几十天下来,他们一共拍摄了总长达700分钟的素材带。回来后,光是整理、剪辑、作特技就耗时一个月。

但隐性采访又是一柄"达摩克利斯之剑",稍有疏漏,就有可能导致媒体被控侵权或违法。如2011年传媒大亨默多克所拥有的英国《世界新闻报》被揭示出以窃听的手段获取他人的隐私后,就被公众谴责与法律的追诉,致使这份已经有168年历史的著名报纸被迫停刊。几位曾涉及到窃听的记者也被捕入狱。

因此,广播电视新闻记者在采用隐性采访时要遵循以下原则:①

一是"合法性原则"。要严格遵守国家的法律法规、政府的规章制度和社会伦理道德,不能触碰法律条文设立的禁区(如涉及国家机密、商业机密;涉及与公共利益无关的公民隐私;涉及个人隐私;涉及未成年人犯罪等)。

二是"公共利益至上原则"。隐性采访的出发点和落脚点都应该定为于维护公众的利益。维护公众利益是记者和媒体基本的价值取向,也是确定是否有必要用隐性采访手段和把握新闻事实的标准。在这里需要十分注意区分公众利益与公众兴趣的区别,后者是一种公众的心理需求,隐性采访只能在不违反法纪的情况下,让公众对国家事务、社会变化和与其利益有关的信息进行了解,而不可为迎合公众的好奇心暴露无关公共利益的个人隐私等不宜报道的内容。

三是"最小伤害原则"。由于暗访天生带有道德过错的权变之策,所以尤要注意降低对被访者的伤害,特别是对老人、少儿、妇女和伤残者。暗访记者应当尊重受访人,即使被暗访者事后发觉被"骗"了,也要让其明白记者确是出于公心和公共利益之需。

四是"适度原则"。首先是指隐性采访的使用频率不宜过多。能用显性采访的尽量不用隐性手段。其次是指使用范围,在选题上必须是影响公众利益的事件,从对象上说必须是不配合、不支持记者采访,而记者又无他法接近新闻源。最后是指对具体事件采访的适度,记者应紧扣事件的性质、报道的主题,而对那些与主题无关或关系不大的问题不使用为宜。

在实施隐性采访时,尤其要注意的是:记者不能装扮成国家公务人员,以行使公务的名义获取新闻;记者不应装扮成违法犯罪人员,以身试法,维护法律的

---

① 傅剑锋. 隐性采访何处是界?〔DB/OL〕人民网传媒频道 http://media. people. com. cn/GB/137684/11440115. html。

神圣性;记者不能改变性别角色,进入另一性别世界进行采访。

总之,隐性采访在当今的新闻报道中越来越重要,在社会上引起的反响越来越大,但如何处理隐性采访的伦理道德与法律问题仍是我们必须不断面对和探讨的问题,因此在采用隐性采访时一定要慎之又慎。

第五节　广播电视新闻采访案例分析

【案例】①

特写:都江堰幸福新村营救现场

记者:中央电视台 张泉灵(2008 年 5 月 14 日中央电视台新闻频道)

【救援现场画面】

【同期声】记者:这里是都江堰市的幸福小区,在这里原本是一个七层楼高的这样一个居民楼。现在就是我脚底下的一滩废墟。但是在这里仍然找到了生还者。我们来看一下,这位妇女,在早上的八点半被找到的,【镜头推近到废墟下,可以看到一位妇女身上被盖上被褥,露出左手输液】目前整个的救援工作已经是进行了 12 个小时多,但是之所以一切进行得不顺利,大家可以看到,她的双腿,已经完全地被下面巨大的这种水泥的构件呢,给压住了。那,现在呢,只能非常小心地用一些手工的工具把这些水泥的构件,先把钢筋剪断,再由大的起重机把这个——吊走。那,12 个小时过去了,现在的状况怎么样呢?

记者:大夫,她现在状况好吗?

大夫:啊?【镜头推向现场的女大夫,她正拿着吊瓶】

记者:大夫,她的状况好吗?

大夫:好,神智清楚。

记者:那,我们现在在听到这个现场的指挥呢,在让这个吊车慢慢地进入到这个位置。也就是说刚刚用手工已经剪开了一块这个水泥的构件。那马上呢就要用起重机把它吊起来【镜头推向废墟的水泥块】,但是从我们今天下午一直观察到现在,这个起重机整个装吊的这个过程,是要非常的小心。

好,我们注意到大夫又重新给她换了一瓶液体。【镜头再次推向大夫】

记者:大夫,现在是在给她输液吗?

大夫:啊?

记者:在给她输液是吗?

大夫:是。

记者:是输什么呢?

---

① 案例来源 http://www.cntv.cn。

大夫:补充生理盐水、葡萄糖。

记者:哦,是在给她补充生理盐水和葡萄糖,这样能够维持她的整个生理的正常的机能,并且让她有足够的体力能够坚持下来。那么,从下午,我一直看到现在呢,可以说这位妇女的整个的意志非常地坚强,还不时地摆手告诉大夫,她能够坚持。

好,我们现在看这个起重机的钢缆放下来,现在要固定这些大的水泥的构件。【镜头推向钢缆与水泥构件】

由于我们现在呢,是站在一堆废墟上面,现在天晚了您可能看不出来,其实这七层楼高的这个楼房现在塌下来,差不多现在形成了一个三层楼高的废墟,那么这中间呢还有空洞,所以所有的消防人员现在在拯救她的生命的同时,也是一个非常危险的过程。【镜头给向救护人员与消防员】因为这个废墟随时都有可能继续地垮塌,这也需要他们的很多的专业的技巧和经验。

【同期声】救援现场嘈杂的声音。

记者:可能很多观众朋友有时候会问,说为什么这个救援,进行得会那么的缓慢。那,其实,从现场的这个情况来看呢,这种救援不仅要保持幸存者仍然生还仍然活着,而且要保证她后半辈子尽量能够活得健康和幸福。那么现在压住这个女性的双腿的这个水泥构件呢,必须缓慢挪开,这样才能保持住她双腿的机能,那么从地震发生到现在已经过去了50多个小时,大夫说她的这个双腿仍然是没有坏死,所以是可以保住的,他们的动作越小心,将来这个妇女能够健康行走的概率就越大,同时现场还有了另外一个复杂的情况,就是在这一堆,距离这个妇女不到两米的地方,在这一堆水泥构架的底下还有一位大爷,甚至我们在这个地方能够清晰地听到他呻吟的声音。我们把这个话筒往下垂一垂,看看能不能听到他的声音。

大夫:听得到,神智非常清楚,神智非常清楚。

记者:大夫说这个大爷神智非常清楚。在您的角度才能看见他,能告诉我他现在是一个什么样的状况吗?

【镜头推向大夫与消防员,大夫低头看了看,向镜头做了两手往下的动作】

【现场背景声】:慢点慢点【镜头推向起重机钢缆与水泥构件】

记者:他,现在这位大爷是一个头往下趴下的这个状况。好,这个大块的这个水泥构件现在正在被起重机小心的吊起,除了要保证现场的这个状况,而且还要保证整个过程不伤害到周围的消防队员。但是,现场的情况非常的复杂,像原来的预制板还有装修的器件,包括各种电线缠绕在一起,所以整个的过程真的是非常的难。

【救援现场】

【同期声】记者:从我的角度可以看到,现在这个消防人员正在用这个大的钳子剪断底下的一些钢筋,以保证这个构件的单独吊起来,不影响其他的构件,造成垮塌。

另外我们从现场得到了最新的情况,就是,现在呢,由于夜色越来越浓,那么目前呢,这个照明呢,可能亮度还不是太够,所以现在消防官兵又专门调来一辆照明车,马上就可以投入使用。这样呢,既能使现场所有人工作方便,更能保证大家的安全。

另外这个现场的情况,其实在这个小区里,就在我们这堆废墟的旁边,还有一个七层楼高的这样一个商场。哦,市场底下可能有生命迹象,同时另外一个场地,也在紧急地救着人。对于现在这样一个现场来说,可能处在一个两难环境底下:一是如果快了,那么这位妇女的双腿保不住,旁边大爷安全也不能保证。但是慢了,据我所知,就在距离这儿五米的废墟底下,直到今天中午的时候还有三个人可以答应外面亲人的叫唤。那么在这种情况下,慢了,这三个人可能生存的概率就会下降。但是,对于这儿的救援人员来说,只能见到一个,保证他能够活着。这是现场的情况。

现在,现在我们能清晰地听到这个大爷呻吟的声音。

【同期声】大爷的呻吟声。

大夫:不要号不要号……中

记者:大夫告诉他说,尽量不要发出声音,保持体力,因为大家都不会走开,都不会放弃他的。

好,我们会带来后续的报道。

【现场画面】救援人员救出了那位妇女。

【同期声】记者:在被废墟整整掩埋了 56 个小时之后,这位妇女终于被成功地救起了!现在担架已经过来了,大夫已经准备好了止血的绷带和夹板,要处理她的腿。现在护着她身体的,是数十个消防官兵。

【现场画面】鼓掌声、欢呼声。

【同期声】记者:现场一片欢呼之声。

【现场背景声】好走好走,走慢走慢,小心点。

【同期声】记者:现场一片欢呼之声,大家在说成功了,成功了,这是对生命的礼赞。现在他们要把她护送到这堆废墟的底下,在下面,救护车已经准备好了,她将被迅速地送到成都的医院。

记者:掌声响起之后,实际上这儿的救援工作还要继续地进行,因为就在刚才那个救援点不足两米的地方还有一位老大爷,还幸存着,现在我们甚至能听到他呻吟的声音,所以这里的的救援工作会连夜地进行。截止到目前为止,也就是 5 月 14 号的晚上,现在在整个的都江堰市聚集来自 11 个省市的 3000 名消防官兵,而他们已经救起了 202 个在废墟里的生命。

【案例背景与采访过程】

2008 年"5·12"汶川大地震发生后,中央电视台迅速启动的《抗震救灾,众志成城》大型直播节目给观众带来了详尽、及时的报道,让观众在不断震撼之余,还记住了那些奋战在灾区一线的记者和主持人。其中,刚从珠穆朗玛峰上做完奥运圣火登顶报道的张泉灵,从拉萨直接赶到成都,并立即赶往都江堰等重灾区直击报道当地灾情,成为首个深入灾区的中央电视台女主播。尽管余震不断、通信不畅、后勤难以保障,但是她和同事们仍夜以继日地连续奋战12 天,给后方传回了大量第一手的珍贵画面资料。她所做的现场报道,信息丰富,内容重要,层次鲜明,逻辑清晰,还为抗震救灾工作创造了良好的舆论环境。她在报道中所展现的敏锐、果敢、专业、忘我,折服了电视观众,被网民评为"震区最美的战地记者"。此后,张泉灵还获得了全国抗震救灾英模、2008 年十大杰出青年、2008 年全国"三八红旗手"等荣誉称号,并作为抗震救灾英模事迹报告团中唯一新闻工作者代表参加巡回演讲,为新闻界赢得了荣誉。

2008 年 5 月 9 日,张泉灵还在海拔 5150 米的珠穆朗玛峰大本营做圣火耀珠峰直播。在听到四川发生地震后,她一天都没有休息,向中央电视台领导申请赴灾区采访,5 月 13 日下午挤上了震后拉萨飞往成都的第一班飞机,抵达成都后立即赶往北川县进行灾情报道。她于下午 3 点半左右从成都出发,一路往北,历经 3 个多小时,抵达重灾区之一的北川县。交通断了,通信断了,余震不断。尽管做了心理准备,灾难的惨烈还是超出了张泉灵的想象。要快,要让外面尽快了解灾区的情况!在北川县入口前的山脊公路转弯处,张泉灵强迫自己冷静下来,在雨中发回了第一条 4 分钟左右的现场报道。晚上 10 点左右,张泉灵到了绵阳城区九州体育馆的避难地,发回第二段现场报道,也约 4 分钟。她报道说:"这里由北川转移出来的灾民已超过 10000 名,目前食物供给充足。但是现在因为在下雨,气温只有 14 度到 16 度,群众尽管在体育馆内,仍然缺少保暖的衣物和棉被,目前这些物资已由当地驻军发放,而且在馆外有免费电话站可供使用。"

5 月 14 日,张泉灵奔向通往汶川的 213 国道,踏进了打通道路的现场。"到达汶川比上珠穆朗玛峰还难。"张泉灵在中央电视台连线直播中说。上珠穆朗玛峰,很多困难是可以预计得到的,但徒步去汶川,有太多不可预料的因素。"不断的余震、松软的塌方层、滚落的石块,危险无处不在。一个滚石区,我们刚通过不久就再次塌方,半个山体扑下来,覆盖了我们经过的道路。我们没停下脚步,边走边拍。"

5 月 15 日,张泉灵和报道组跟着部队徒步奔向震中。经过不停顿的 9 个小时,她们紧随部队到达漩口镇,那时已经是 5 月 16 日的凌晨 1 点。紧张、饥饿、劳累,张泉灵真想躺下什么也不做,但一想那么多人等着里面的消息,她立即投入采访工作。

5 月 17 日,张泉灵和报道组进入汶川亟待救援的"孤岛"耿达乡。

5 月 18 日,张泉灵在卧龙大熊猫保护研究基地进行采访。

接下去的几个现场,张泉灵的报道层次鲜明,逻辑清晰,全面细致,总能说出观众最想知道的真相和答案。

张泉灵坦言,自己在采访过程中也曾有过害怕、伤心的时候。"亲历北川,才知人性之可贵。"张泉灵说,无数感人的画面让她此生不会忘记。5 月 20 日,张泉灵到都江堰去拍摄寻找遗体和处理遗体的视频,那是她在灾区里唯一的一次精神崩溃。张泉灵说虽然救援人员很早就知道遗体在哪里,但是为了维护死者的尊严,全程都是用手扒手挖,耗费了大量时间。由于在现场等待的时间过长,加上积郁的情绪,这些镜头让张泉灵几近崩溃。在看到了一位母亲在灾难来临时跪着保护孩子的场景时,张泉灵说自己完全失控了,转身躲进一个帐篷里,失声痛哭了 5 分钟后,才稳定下情绪,继续开始报道。

5 月 25 日,张泉灵回到北京后又坐上了主播台,继续报道灾区唐家山堰塞湖抢险近况。

【案例分析】

一、采访准备贯穿采访始终

很多新闻初学者对采访准备的认识不足,认为采访准备只是在非事件性新闻或可预知事件的采访中才需要,突发性事件新闻的采访既没有时间也没有必要去做。

但在本案中可以看到,尽管是突发性事件,张泉灵还是尽最大努力通过各种方式对进入灾区采访做了比较充分的准备,而且,在采访的过程中,她一直在用各种方式获取新的知识与背景材料,以做好连续与深入的报道。

采访准备要从材料收集、方案设计与事务筹办等三个方面来做好工作。准备材料可以从三个方面入手:查阅相关报道、收集背景资料与征询学术研究成果。本案虽属突发事件采访,但张泉灵还是在最短的时间内尽可能地进行着准备。

张泉灵自己在谈到采访经验时,曾特别强调在准备工作中的投入。她在做"神舟"系列报道时,除了学习了解中国的航天知识、气象知识、大气物理知识,还看一些苏联出版的专业书籍。她说过:"看这样的书籍对于直播没有多大作用,现场不可能说那么专业的问题。但是它对我们判断事情有效。"而在"神舟"系列发射前,有一个去美国出差的机会,张泉灵这个队还特地自费去了肯尼迪航天中心,她说:"除了满足好奇心,主要是为我国载人航天飞船的发射报道做准备。"

这一次,她到汶川报道抗震救灾,在出发之前,她首先明确,台里的领导并没有提出宣传禁令和报道上的限制。到现场后,很快确立了采访的原则:一要尽快报道,二不能妨碍救援。不能采访刚救出来的人员,不能去手术室采访,不能对孩子问地震时的感受,对成年人的采访不能追问,总之是不能给灾区人民造成心理上的负担。

与此同时,她积极通过各种媒介了解关于地震灾区的前期报道,匆忙中还带了几本有关地震知识和伤亡救治的书籍,行程中还不忘抽空学习。

即便如此,张泉灵在事后的业务总结中,还是分析了在准备工作中的一些不足之处。她发现,准备工作不仅仅是记者的个人准备,更重要的是一个组织与系统的支持。首先,前方与后方要保持信息沟通与共享,她说:"有一段时间,我陷入到一个特别大的痛苦当中,因为我发现我永远比总理慢一步。"而事实上,总理的行程不仅有中央电视台的时政记者跟随,而且后方也在密切跟踪。其次,前方条件有限,我们对很多的背景知识其实是掌握不够的,我们不能指望一个记者对任何的突发现场、对任何问题都了如指掌。例如,汉旺的震情:直径 50～100 米的那条街上所有的建筑物全部塌掉了。在 100 米外,有一个建筑是站着的。前方记者就不知道怎么解释,就特别需要后方能提供相应的专业知识背景资料。后来他们才知道,在龙门山断裂带里面有三条断裂带,包括从映秀到北川的断裂带,包括穿过汉旺的那条断裂带。张泉灵说:"如果后方的人能够给我这样的资讯知识的话,我们在前方的人就会有的放矢,我们会按照断裂带找,我们的报道就会有规划,我们的前方工作也会更加有节奏和更加有计划。"

所以,在广播电视采访中,前方记者需要更加及时、有效的系统支持。

二、尽快确立报道思想与主题

作为抗震救灾英模事迹报告团的一员,张泉灵在演讲的最后这样说:"一份帮助,乘以13亿就能帮灾区度过难关!一份关爱,乘以13亿就会变成爱的海洋!一份信心,乘以13亿就是中国人的脊梁!而在灾区奋战的记者,就是要用手中的笔、手中的话筒、手中的镜头去做好这个乘法!大灾难中,我们用最快的速度,让全世界都看到了,一个古老而又新生的民族,万众一心,共赴国难!大灾难中,我们用最人性的方式,让全世界都看到了,一个国家的坚韧与大爱!这就是最真实的中国,我的祖国!"

这就是张泉灵对于地震的报道思想与主题。

在采访方案的准备中,为文先要立意,采访也要尽快确立报道思想与主题。报道思想是一个媒体或记者对事物价值判断的体现,它往往决定了媒体或记者对事物的看法与角度,也决定了一个记者对一个具体事件的采访主题。

当然,新闻主题必须根据事实提炼并反映事实。但这并不是说,采访之前或采访过程中不能明确一个主题。一个有经验的记者,根据前期的材料准备与现场采访的初步判断尽快确立大致的采访主题是明确采访重点与方向的前提。张泉灵在报告中提炼的报道思想与主题当然是事后总结出来的,但可以确信的是,在采访过程中,张泉灵发掘新闻的眼光确实证明了她的这个采访思想。下面给出具体的事例。

5月14日,都江堰的幸福小区发现了一名女性幸存者,救援者开始与死神展开搏斗。张泉灵认为,虽然现场人员连被压在废墟下的人的姓名都不知道,但电视机前却有无数的人关心着她,注视着她,于是便向现场的领导建议直播救援过程。

那一片废墟有三层楼高,里面充满了空洞和尖利的钢筋,随时都有坍塌的可能。整个直播过程中,张泉灵被指定站在一个巴掌大的位置,只能说不能动。四川台的摄像师在黑暗中拍摄,不仅要紧盯着寻像器里的画面,余光还要观察周围的情况,根本顾不上脚底下。在起吊一块水泥板时,摄像师脚下的断梁被拉动了,原本看似安全的地方变得非常危险。但消防官兵继续救人,张泉灵也继续报道,没有人离开。战士们紧张有序又小心翼翼,电视镜头尽量地靠近跟随。几个小时后,受困者终于被抬出来了:她活着!现场一片欢呼,张泉灵的耳机里也传来北京演播室里的欢呼声,她激动极了,在现场用最大的力气喊着:"这欢呼是对生命的礼赞!"

她后来说,外面的人不抛弃,里面的人不放弃!救人的是英雄,被救的同样是英雄!这就是一线记者要传递的精神——以人为本。

再如,5月16日在漩口镇,张泉灵重点报道的是,天蒙蒙亮的时候,他们看到的这样一幅画面:用几根从废墟里捡来的木头和一块塑料布搭起的一座帐篷外,整整齐齐放着3块牌子:漩口镇党委、漩口镇人大、漩口镇政府。旁边,战士们已经展开了救援,当地的乡亲们给部队送来了他们仅有的蔬菜。那场景,让她震撼,她说:"灾难降临了,但我们有党在、有政府在、有人民军队在,老百姓就有信心在!"张泉灵和她的同事们用了一个长长的镜头,把这样的信心传递给全世界。

还有在"孤岛"耿达乡和卧龙大熊猫研究保护基地的采访报道,都体现了这个报道思想与主题。在耿达乡,当她问受灾群众缺什么、需要什么帮助的时候,有一位受灾的群众对张泉灵说:"给我们送点玉米种子来吧,赶着现在种下去,秋天我们就有吃的了。"张泉灵在心里反复回味,她感慨道:"这就是我们最质朴的乡亲,遭受了那么大的灾害,失去了那么多亲人,但他们想要的却是种子! 种子不就是希望吗? 一线记者就是要把这希望的声音传递出去,让全世界都看到中国人民的伟大与坚强!"

在大熊猫基地,由于基地四面环山,余震不断,经常会感觉到四周的山体不断在塌方,对面山头塌方滚落下来的巨石居然能够越过江面砸到基地中来,有些围舍被完全砸坏了,甚至有巨石把基地大门都堵住了。"当时我做采访,塌方仍在继续,这是我在灾区感到最害怕的时刻,我问那里的一位主任,既然这么危险,为什么不把剩下的熊猫全都转移出去? 当时他就回答我,'我们没办法把还在这里的50多只熊猫全送走,因为它们也不能全部集中在一起喂养,我们唯一的办法就是在这里坚守'。"

地震灾区,可以报道的事很多很多,而张泉灵团队之所以重点采访报道这些事例,可以看出一个鲜明的报道思想与主题,这就是张泉灵在报告中说的"一个古老而又新生的民族,万众一心,共赴国难! ……一个国家的坚韧与大爱!"

三、采访中注意抓重点与细节

突出重点,展示细节,是新闻采访与报道中十分关键的表现手法,尤其是电视现场报道。本案中,张泉灵团队就特别注意这一点。

张泉灵团队深入震区后,因交通不便,信息不通,对总体情况的把握并不全面,所以她十分注意与后方保持联系并征询建议。5月13日夜里,她给同样在中央电视台工作的爱人打了一个电话征询采访方向与重点,得知:路,是生命线,也是抢险救灾的关键。总理都下了死命令了,而那条通往汶川的道路还不能够打通,也已经引起了全国人民对救援工作的质疑。于是,5月14日,张泉灵奔向通往汶川的213国道,踏进了打通道路的现场。随后,电视机前的观众看到了这样的画面:几乎半座山塌下来,路不见了。随着张泉灵的解说,观众了解到,这条路原本只有七八米宽,一边在塌方,一边临着岷江的悬崖,只容一台挖掘机作业,工作人员上得去、展不开。那一条8分钟的报道解开了人们的疑惑,谩骂声平息了。

在连线报道武警战士怎样在"别墅"轮流休息的新闻中,张泉灵先介绍灾区一片废墟,灾民和抢险救援人员只能露宿空地,而某部参加救援的武警战士却能自建一座"别墅",酿造悬念。当她将观众带到"别墅"时,却看到一个大帐篷,数十位武警战士头挨头睡在潮湿的地面上,帐篷四面漏风,还不时有雨水淋下,可战士们睡得很熟。张泉灵以低沉、沙哑的语态说:"就这样,他们已比前几天好多了。因为他们从行军到救人,已经90多个小时未打一个盹儿了。还是让我们先离开这里,让战士们再睡一小会儿。"

这"再睡一小会儿"几个字,充满了主持人对武警官兵的敬意,也充满了电视节目主持人对采访对象的人文关怀。她还在战士地铺的一定距离用小的声音告诉她看到的场景细节:战士们都是穿着鞋子睡觉的。

而在乘坐成都军区飞机到卧龙返航时,张泉灵还告诉观众一个细节:在飞往成都的半小时中,幸存者沈培云紧紧握着军医的手,一秒都没离开。张泉灵说,"沈培云搞不清是谁救了他,但他有一点是清楚的,只要看到穿绿军装的人,此时就是亲人"。

敏锐的观察、细节的力量、画龙点睛的点评都给现场报道增添很强感染力。

思考题

1. 广播电视新闻采访的作用有哪些?
2. 新闻采访前应做好哪几个方面的准备工作?
3. 谈谈广播电视新闻采访与报道的关系。
4. 广播电视新闻采访与平面媒体采访相比有哪些特殊性?
5. 提问的类型和技巧都有哪些?
6. 简述新闻现场观察采用的基本方法。
7. 结合实际谈谈怎样依法实施隐性采访,避免法律纠纷。

推荐阅读书目

[1] 方延明. 新闻实务方法论[M]. 广州:南方日报出版社,2005.

[2] 艾丰. 新闻采访方法论[M]. 北京:人民日报出版社,2002.

[3] 蓝鸿文. 新闻采访学[M]. 北京:中国人民大学出版社,2000.

[4] 赵淑萍. 当代电视新闻采访教程[M]. 上海:复旦出版社,2010.

[5] 肯·梅茨勒. 创造性采访[M]. 北京:中国人民大学出版社,2010.

[6] 李希光,孙静惟,王晶. 新闻采访与写作教程[M]. 北京:清华大学出版社,2011.

第四章 广播电视新闻写作

　　在写作方面,广播新闻和报刊新闻既有共性又有区别。二者都要求真实、新鲜、指导性强、篇幅短小、用事实说话;都要求主题集中,结构合理,语言准确生动。但是,由于广播电视是电声传播,对"新"和"短"的要求,比报刊新闻更高,而且,广播稿比报刊搞还应该更浅显些,更贴近受众些。因此,广播新闻在写作技巧和语言运用上具有与其他新闻体裁不同的要求。本章在介绍广播电视媒体本身特点的基础之上,探讨了广播电视新闻写作的基本特点,然后,分别介绍广播电视新闻标题的制作,及各种体裁的写作要求。通过本章的学习,读者可以掌握基本的写作要求,进行简单新闻的写作。

第一节　广播电视新闻写作的特点与要求

　　18 世纪的德国美学家莱辛说:"绘画用空间中的形体和颜色,而诗却用时间中发出的声音;既然符号无可争辩地应该和符号所代表的事物互相协调,那么,在空间中并列的符号就只宜于表现那些全体或部分本来也是在时间中先后承续的事物"①。以此度衡,报刊的有形文字与广播的有声话语都属于一元的符号系统。相反,电视语言既有有形的画面,尤其是运动的画面,又有承续的声音,这就脱逸了莱辛的视野,成为时空共体的多元。而传播符号的不同自然要求我们用不同的方法去写作,因此,我们把认识广播电视媒体的传播特点作为起点。

1. 广播电视媒体的传播特点

　　广播和电视媒体有一定的区别,但是相对于其他媒体而言,也有共性,所以这里把广播和电视一起研究,以期强调电子媒介的共性。相关著述可谓汗牛充栋,概括起来,不外乎以下几点:

　　首先,广播电视在时效性上具有其他媒介不可比拟的优势,电子媒介可以在突发性新闻事件发生时同步进行报道。在这一点上,广播甚至比电视还更为快捷。电子媒介传播渠道和接收终端建设成熟,其所传播的信息能够突破时间、空间上的限制,把信息即时地传到四面八方,其速度之快、覆盖面之广为其他大众

---

　　① [德]莱辛. 拉奥孔. 朱光潜,译. 北京:人民文学出版社,1979:24。

媒介所望尘莫及。

其次,广播电视按时间顺序进行线性传播,它可以真实逼真地记录,复制和控制人类的声音,使稍纵即逝,过耳不留的声音可以留存,也可以用或大或小的声音传播;广播电视的信息符号是声音和活动图像,稍纵即逝,声音的传播是物体的振动在媒介中以波的形式传递,它包括人类的语言、音乐和其他声音,具有极强的联想、创造形象的能力。声音不仅表情达意,还能渲染情绪。

再次,受众广泛,对象性强。广播电视直接诉诸于受众的听觉和视觉器官,较少受文化程度及年龄等因素的影响,因而也就较能适应各种文化程度的受众。广播既是新闻媒介,同时又能够很好地对各种以声音为载体的艺术进行传播,并使这些艺术以声音吸引人的鲜明个性得以充分发挥,从而也扩展了自身的功能。因此,广播电视媒体的受众范围广泛。

最后,受众的参与程度较高。广播电视可以运用声音或图像再现人物和事物现场,给受众身临其境的参与感,对受众来说,广播电视媒体具有较强的吸引力。广播电视主持人的音质、语气、谈吐以及播音风格经常会形成自己独特的风格,对受众产生独特的吸引力并使之在一定程度上产生参与感,因而更接近于面对面的人际交流,具有较强的亲和力。

这些特点对电视新闻写作提出了不同的要求,下面从几个方面来探讨这些要求。

2. 广播电视新闻写作的要求

广播电视是用声音和图像创造语境的,它们首先诉诸人们的视听感觉。实践证明,口头语体是广播电视语境的最佳选择。如果说广播电视中现在还存在着大量的文字稿件,那么写成稿件的文字语言也是为口头语体服务的,因为它们经常被要求是"写给耳朵听的"。美国传播学者特德·怀特教授在讲授广播电视新闻课程时就一再强调了:"采用谈话的格式即意味着新闻稿为耳朵而写,而相反报纸显然是为眼睛而写。在报纸上,如果读者一时看不懂,他们还可以重新阅读句子或整个段落,但在广播电视新闻中,受众就没有那么'奢侈'了,他们只能听上一遍。因此,广播电视新闻稿必须写得简单明了,必须用简洁、明快、果断的语句把思想迅速地表达出来,你的目的是让普通人听懂,也就是说必须让别人用不着细想就能迅速明白你所想要表达的信息。如果受众听不懂,那么一切都是白费劲。"他再三强调,"广播电视稿一定要用普通人的说话方式写作"。①

1) 口语化

对于声音稍纵即逝的广播电视新闻来说,口语化显得尤为重要。因为,有声语言的传播较之于文字传播存在着一定的局限,主要表现在实时收听节目时,有

---

① [美]特德·怀特. 广播电视新闻写作与报道. 吴风,丁未,田智辉,译. 北京:新华出版社,2000:78。

声语言呈"线性"传播,人的听觉必须在瞬间对新闻接受理解,节目中的声音信息稍纵即逝,一旦哪里没有听清,无法倒回来重听,更不可能像阅读平面媒体一样来回翻检。所以,明晰性便成为广播语言传播中最根本的、首要的要求,口语化则是对广播新闻记者、播音员、主持人在语言明晰性方面的最起码要求。广播新闻口语化,总的指导思想就是去掉书面语的镣铐,以期让听众一听了然。具体可从以下几方面入手:

(1) 替换掉书面语词汇。广播新闻切忌对新闻来源资料照搬照抄,否则,不但听起来深奥难懂,而且许多书面语中看起来很自然的词,未经口语化处理后播出,往往显得语气生硬,缺乏亲切感,大大影响信息传播和宣传效果。例如,广播新闻中,一般应该注意把书面语词汇换作口语化词汇来表达:"旨在"改为"目的是";"上述"改为"上面说的";"是否"改为"是不是";"与会人员"改为"参加会议的人";"该"改为"这个"……可以说,除了国家需要通过广播传达的重要会议文件、正式法律文件等之外,几乎所有广播新闻稿件都需要遵从替换掉书面语词汇这个规则。

(2) 多用短句。虽然长句可以表达丰富的内容,但它一般结构复杂,节奏缓慢,占用单位时间较长,这样便与广播新闻的线性特点产生了巨大的矛盾。而短句结构简单,节奏短促,既生动又能在较短的时间内表述清楚一个相对完整的意思。所以,在写作广播新闻时,就要以结构短句的思维来思考;对于新闻来源资料中意义较为集中,必须要采纳的长句,则可想办法拆分,转化为一组短句为宜。弗雷斯克曾经指出:广播新闻每个句子均不得超过17个词汇。而事实上,句子的长度比起新闻的易懂性来显得并不那么重要,但这是对广播电视记者在写作上的最基本的要求。因此,有这类毛病的句子通常采用将其分化为两个或更多的分句的方法加以改造,例如需改造的句子:

盖洛德·耐尔逊参议员昨天在麦迪逊·威斯康星大学举行的青年民主党人大会上发表讲话中声称:美国应该停止对越南北方的轰炸。

改造过的句子:

耐尔逊参议员声称:美国应停止轰炸北越。这是他昨天在麦迪逊·威斯康星大学举行的青年民主党人大会上发表演说中讲这番话的。

(3) 多用双音节词。声声入耳是广播新闻的基本也是最高目的,而即使是并不生僻、拗口的单音节词,也会因其声音过于短促,不易听得清楚。反之,音节舒缓、琅琅上口的双音节词,更容易收到娓娓动听、一听了然之效。例如,下面的句子中,单音节词比较多:

"以往选果,须把果品切开方可测到各物质含量。该果品分选线具国际先进的无损伤探测系统,水果上了流水线,便可显示出水果各种物质的含量。"

如果把"以往"改为"以前",把"选果"改为"挑选果品",把"须"改为"必须要",把"方可"改为"才能够",把"该"改为"这条",把"具"改为"具有",把"便可"改为"就能够",则这个句子就变成:

"以前挑选果品,必须要把果品切开才能够测到各物质含量。这条果品分选线具有国际先进的无损伤探测系统,水果上了流水线,就能够显示出水果各种物质的含量。"

(4)注意炼音。为了避免用生僻、拗口的词汇,节目播出之前,播音员、主持人还须和编辑人员一起,做最后一遍"炼音"功课,重点在于:①注意同音字词的区别,避免误听误解。例如,切记和切忌,全部和全不,石油和食油,期中考试和期终考试,居留和拘留,施礼和失礼等词汇,如果不注意调整,很容易造成与原意大相径庭的后果;②善用语气词和叠音词,像"呢""吧""哦"这样的语气词与"轰隆隆""哗啦啦""叮叮当当"这样的叠音词,如果运用得当,不仅使新闻的播报显得生动活泼,还可以人为地打破长句的紧张节奏,给听众一个停顿、理解的时间差,是一种符合线性传播特点的处理技巧,但是切记不能滥用语气词和叠音词,必须用之有理,位置得当,不然便很容易弄巧成拙;③注意平仄相间、声调平衡,汉语的一个重要特点就是有声有调,平仄相间、平衡,违反了这个原则的稿件,读出来势必缺少抑扬顿挫,缺少音乐美,甚至可能被误认为播音员或主持人有情绪,对听众不尊重或工作准备不足。

2)直接简洁

广播电视媒介所播新闻的时间非常有限,再加上商业性广告又夺去了一定的时间,故此大多数无线电广播和电视中每天播出的新闻节目除一两次新闻联播之外多为简明新闻或称要闻简讯,其播出的平均时间一般仅有 5 分钟,即只能阅读 50 行新闻文字的时间。如何才能将 8~10 条新闻安置在这 50 行之中呢?这实际意味着必须写出这些新闻中最重要的成分进行评论和报道。广播电视新闻记者应瞄准所能看到的社会现实进行集中报道,使受众通过自己的听觉和视觉,产生一种身临其境之感,并使之能够听到和看到自己不能耳闻目睹而又迫切求知的新闻信息,这是广播电视新闻的一大特点。

广播电视新闻用语的直接文体及句法结构是任何其他东西都无法代替的。当你心中有了这条新闻时,你就得很快地用一种直截了当、简明扼要的方式表述出来,避免使用分词短语和复合句型作为新闻导语之首。如果其主要成分必须要用"如果"或"但是"等连接词,那么,应首先表述主要成分,然后再表述这些限制词。

综上所述,用广播或电视播出新闻的时间是有限的,因此就要求新闻写作一定要短而精并能直截了当。然而适当的重复也是提高"可听性"的有效方法,例如,在后来的句子中重复前面某一个关键名称或人名等则更有利于提高听众后来的注意力,同时,也可使这则新闻更具"易懂性",即使对于那些聚精会神的听众也是如此。作为优秀的新闻采编者,既要把新闻稿中的每个句子甚至是每个词汇(尤其是先行词和代词)交代清楚,又要力保新闻稿的简明扼要。若没有报道失误,新闻应该给人以清新之感。

3)线索单一,结构单纯,让受众在几分钟内掌握报道要点

在广播电视新闻中,最常用的结构是时间顺序及层次单纯的逻辑顺序。在叙事繁简适宜、详略得当的基础上,做到事实之间相互照应、环环紧扣,段落之间过渡自然、步步衔接,使之成为层次清楚的有机整体。广播电视新闻是由多元素组成的,要求从整体出发,对文字解说、音响、画面、音乐等诸元素进行合理安排,使它们和谐协调,达到理想的整体效应。广播电视新闻对核心信息要加以强调和突出,如对核心信息进行适当的重复,在主体部分巧妙强化核心信息,围绕核心信息选择材料和突出主干材料等。广播电视新闻的层次经常采用总分方式划分,即先总括然后再将这个内容具体化。这是符合视听规律的。开宗明义,头绪清楚是对广播电视新闻层次的要求。

4)具体化

传播学研究者威尔伯·施拉姆曾提出过一个受众选择某种传播渠道的或然率公式:报偿的保证/费力的程度 = 选择的或然率。施拉姆解释说,"报偿的保证"主要同内容及它满足受众当时感到的需要的可能性有关;"费力的程度"主要同可获得性及使用的传播途径的难易程度有关。这一公式想要说明的是,受众为什么会选择某种传播媒介作为信息的来源,以及某种媒介被受众选择的可能性有多大。这一公式的理论基础是经济学的"最省力原理",它揭示了人的一种最基本的行事准则,即总希望以最小的付出获得最大的回报。施拉姆认为受众在选择获取信息的方式上同样遵循这一原理。他说:"人们在看电视的时候总是选择最容易收到的娱乐节目。他们甚至连交换频道这样一件简单易行的事情也不情愿做,而是盯住一家电视台直到出现了他们实在不爱看的节目或者该去睡觉的时候才罢休……在某些时候,某些情况下,某一类信息突然间变得对我们如此重要,以至于值得我们几乎不惜一切努力去获得它。即使在这个时候,我们也总是选择最容易获得的渠道或者我们感到用起来最有把握、最得心应手的渠道。"①

因此,要想提高某一传播媒介被受众选择的概率,可以通过两种途径:一是提高分子值,即增加受众可能得到的报偿;二是降低分母值,即减少受众需要付出的努力。广播电视新闻用语是否上口适听,是广播电视新闻能否顺利传播到听众中去的关键问题,也是广播电视新闻用语不同于报刊新闻用语的最显著特点。广播电视新闻应尽量用能够想象出来的具体描述,代替空洞的议论和抽象的理论,不宜大量采用数字和统计资料之类的抽象信息。

---

① [美]施拉姆.传播学概论.何道宽,译.北京:北京大学出版社,2007:56。

第二节　广播电视新闻标题写作

　　新闻标题是在新闻之前对新闻内容加以概括或评价的简短的文字；标题可简要地概括新闻事实，提供简要信息，使读者能快速了解新闻内容，并充分引起读者重视。新闻工作者经常通过对事实的选择和安排、对内容直接发表议论、对标题不同的表达方式来进行评价，报道同一事件，不同作者由于取向不同，写出来的消息稿会不一样，制作的标题也不会相同。即使是对完全相同的消息（如对新华社发的通稿），不同的编辑制作的标题也不会完全一样。近些年来，广播电视新闻的采编质量有较大提高，但由于某些标题制作粗糙、平淡乃至南辕北辙，在某种程度上影响了新闻质量和传播效果，此种状况已引起了有识之士的关注和担忧。

　　1. 标题：广播电视新闻之"眼"

　　新闻之争首先始于标题之争。一个好的广播电视新闻标题，往往如磁石般吸引受众迫不及待地听完和看完这条新闻。标题是广播电视新闻内容的浓缩和闪光点，它往往用精炼之笔便能勾勒出新闻主旨，提纲挈领，使听众和观众一听或一看便知新闻的要义。如今，电台、电视台很多，各台的新闻节目也应有尽有，加之生活节奏加快，人们无暇听完或看完所有台的新闻，因此很讲究选择性，那些标题"抓"人的新闻必将捷足先登，首先令受众"光顾"。要达到此要求，除新闻本身要有价值和新信息外，还有一个重要的先决条件，那就是标题必须"刺耳""抢眼"。听众和观众为了捕捉信息，才收听、收看广播电视新闻。因此，精心制作广播电视新闻标题，把新闻中的重要信息通过标题有效地凸现，受众才会满意。有时，即便受众无暇或不愿收听收看新闻本身，但只要听了或看了新闻标题，也能从某一方面尤其重要的方面了解新闻的内容。

　　2. 广播电视新闻标题的内在特质

　　广播电视新闻需以内容而立，其标题更需靠内容统领新闻，吸引受众。广播电视新闻标题应具备以下主要内在特质。

　　1）言之有物

　　控制论创始人维纳认为，信息量用于计算一个信息系统究竟带给人多少信息。信息中包含新的、未知因素越多，信息量就越大。每一条广播电视新闻都有一定的信息量和自身的新闻价值，那么标题必须从一个角度或全局出发，有效地体现这些信息，尤其体现出的信息量越密集越具体越好，切忌空洞和抽象。可以说，标题言之无物，既无法统领广播电视新闻，更不能吸引受众；受众即使接受，也不知所云，一无所获。例如：

　　《排桥村竞选致富理财官》（邵阳县广播电台）

《蔡家岗镇产值过亿元 教育不合格》(常德电视台)

可以看出,这两条消息标题有两个共同优点:一是含有较丰富的信息量,且具体可感;二是新闻性强,有较大的新闻价值,能令人耳目一新。

2)紧扣核心事实

标题与新闻之关系,犹如体育比赛出场仪式上领队与全体队员的关系,它既统率整体,又要体现整体的风貌。广播电视新闻标题的制作必须从新闻核心事实出发,从特定的角度恰当地择取最本质的素材,并有效地进行表现。这就要求广播电视新闻标题必须紧扣新闻核心事实,抓住主旨,高度浓缩,而不能游离新闻事实,更不能与新闻事实脱节。例如:

《王义夫痛失金牌》(中央电视台)

《从"打工仔"到"老板村"》(兰山县电台)

前者紧紧抓住了"王义夫在 26 届奥运会上,因病与射击金牌失之交臂,内心悲痛不已"这一新闻核心事实,并用"痛"和"失"两个动词精当地加以体现。后者抓住某地外出的打工仔通过勤劳致富变成"老板"的新闻本质,较好地达到了标题与新闻内容的和谐统一。广播电视新闻中时常出现一些新闻标题与新闻本身不相吻合的例子,或扣新闻事实不紧,或绝然游离于新闻事实之外,即便是一条好新闻,也可能因标题不佳被湮没,这个问题值得引起重视。

3)体现作者的价值取向

广播电视新闻标题不仅仅只是对新闻事实的简单提炼和客观再现。由于它的宣传和导向作用所决定,它必须要在新闻事实的基础上体现党和政府等部门及采编工作者的态度和思想情感,凸现出对新闻事实"画龙点睛"式的评析、议论、褒贬、希望等主观特性,它潜藏着词语色彩美、情感色彩美和语体色彩美等美学特质(当然,也有少数标题体现不明显),还有的标题通过意境的营造寄托采编者的某种特殊情感,从而使新闻价值得以升华。广播电视新闻标题或明显或朦胧地印上了作者的主观痕迹,表明作者对新闻事实的评判和情感表露。例如,《陈世华勇斗歹徒光荣负伤》《娄底反暴利,要来真格的》等广播电视新闻标题就是范例。而在有的广播电视新闻标题中,还倾注了作者的审美愉悦和审美情感,既给受众以美的享受,又使标题大为增色。《相思山上相思情》《烛光里的橄榄树》《稻香时节话"吨粮"》等广播电视新闻标题便是其例。

4)个性鲜明

新闻要新,广播电视新闻本身就具有"新鲜"特色,因此要求标题也需鲜活和个性鲜明。首先,明显的时效性。这一点与报纸新闻标题相类似,但与书刊文章的标题大有所别。这一特征在相当一部分广播电视新闻标题中体现得很明显。当然也有些标题体现不够明显。这不能要求绝对化。如浙江电台的新闻《今年第七号台风今天零点在我省登陆》,其标题就有很强的时效性。随着广播电视新闻的全天候滚动播出这种新形式的出现,时效性的要求将越来越高,因此,其标题制作更应讲究时效性,真正使受众产生"新"的感觉。其次,突出的个性。每条广播电视新闻的标题都要与其新闻本身一样,具有有别于其他同类的鲜明个性。《长沙市公交总公司关闭35个"大哥大"》《清丰县人事局举办礼品展览》等新闻的标题就是如此。而相比之下,那些不顾自身特色,一味套用的程式化标题和前人用过的旧标题,就显得差劲。例如,《从废墟上崛起》《绿叶对根的情意》《特别的爱献给特别的你》等标题就显得空泛,全无个性。

3. 广播电视新闻标题的形式要求

内容决定形式,但形式又制约和影响着内容的表达。广播电视新闻标题在注重内在特质的同时,还必须讲究其外在表现形式,并力求达到两者的最佳统一。好标题至少要达到以下条件。

1)简洁准确

由于广播播音语言呈有序性,标题太长,听了后语会忘了前言,而电视标题虽出现在屏幕上,但标题过长过大会遮掩画面,影响收看,因此,广播电视新闻标题特别讲究精炼,注重用词精当,言简意明,求得"最简分数"。一般而言,广播电视新闻标题多为单标题(即主标题),有眉题或副题的很少,不像报纸新闻标题除有主题之外还有眉题或副题,有的甚至三种标题俱全。从某种程度上可以说,广播电视新闻标题比报纸新闻标题更要求准确。这是因为广播电视新闻标题字少,凭声音和画面难以获得读报的效果。在广播电视新闻标题中,语言准确主要体现在用词、语法和修辞等方面。例如,在《省长查"白条"》和《李鹏总理察看湖南湖北灾情》两标题中,"查"和"察看"就用得十分贴切和传神。当然,用词不准确的现象在广播电视新闻标题中也俯拾皆是。例如,《"三江口假种案"害苦了汝城人》和《王子号拖冤家走出误区》,前者中的"案"多余,属语法毛病,删去后既精炼又准确;后者的本意是"王子号"这艘船拖另一船走出搁浅地。可见"冤家"用得不妥贴,改为"对手"或"伙伴"为宜。

2)浅白形象

广播电视新闻标题犹如广播电视语言,讲究质朴易懂,受众一听或一看便了然于心,切忌花哨和堆砌华丽词藻。但为了增强感染力,适当运用有效手法使之生动形象,则是十分必要的。湖南电视台消息标题《往日人去楼空,如今生意兴隆,株州市南大门市场飞去的"黄鹤"又重返"黄鹤楼"》,河南电视台消息标题《"多子多福"思想害苦了李天有一家》,都有较强的生动、形象感。但有的标题由于过于追求形象感,结果让人不知所云。

3)恰当的句式结构

广播电视新闻标题的作用是陈述新闻的内涵,因此严格地说,它应是一个完整的句子,至少应具有主语和谓语成分,或呈动宾结构,而尽量少用名词性结构

（尤其消息标题），如《春节茶欢会》《一起种子纠纷索赔案》之类便觉欠佳。除此之外，还有标题自身的结构问题。标题按结构分为单一型与复合型，单一型多为一行题，个别情况下为两行、三行，必须是实题，意义必须完整。复合型标题由主题、引题、副题组合而成。引题的作用在于引出主题，副题则是用来解释和补充主题的。引题和副题都是对主题的说明。引题可兼用叙事（说明背景、原因）、说理（揭示意义）、抒情（烘托气氛）三种手段，副题一般只用叙事一种手段，用事实对主题作解释和补充。主、辅题之间的内在逻辑关系要合理，虚实结合要恰当。引题和主题可是实题，也可是虚题，副题则多是实题。标题可全由实题组成，但不能全由虚题组成。主、辅题之间的分行要合理，主题应是一个较完整的句子或是能独立表达意义的词组。

4. 广播电视新闻标题制作要领

古人吟诗作文，为求一字精，捻断数根须，已传为佳话。标题虽小，要制作好却往往颇费心思，但很有意义。西方一些新闻教科书指出：新闻的写作一定要重视写好开头几个字，要让标题紧紧地抓住读者。

1）标题制作步骤

首先，正确认识新闻事实，确定标题的立场观点。标题中要展现新闻中具有特色和个性的东西，这就要求编辑要精心阅读稿件，在正确的立场上全面理解全文。在充分熟悉和了解稿件的基本内容的基础上，领会和把握稿件中心思想，力求和作者思想相连，感情相通。标题要选取最新鲜、最重要、最有特点的事实，标出标题的个性和优势。可在导语中寻找新闻制作标题的材料，或以导语为向导，结合全文概括内容。注意不可照抄导语。表态的方式可通过选择事实来表达观点，或直接发表议论来表态；表态应鲜明有力，把握好度，不可言过其实，应讲求分寸，有理有节，适当运用含蓄态度。

其次，确定结构和表现手法。由新闻的内容和报道意图来决定。标题的结构要根据报道本身的内容来决定，重要报道、头条、篇幅较长的稿子宜用长标题、复合型标题，反之则宜用单一型、短标题。有时还需要根据版面总体来统一标题结构。标题的表现形式要简洁易懂，一是善于省略，突出核心事实，省略其他部分，省略不必要的议论，省略事件发生的过程及细节，省略人们熟知的人物衔职及身份，在连续报道中可省略已知的新闻要素。标题善于概括，要锤炼文字，适当使用简称。要通俗易懂。标题要生动形象，运用多种修辞手法，如对仗、比喻、比拟、借代、排比、重言、对偶、衍化、双关、设问、质问与反问、俗语等。

2）标题制作要领

（1）充分重视广播电视新闻标题制作的意义，并深刻理解标题的内在含义，克服重新闻本身而忽视标题的偏颇思想，真正树立一种视标题与新闻同等重要的意识，并自觉地付诸行动。

（2）探刻领会广播电视新闻的内容，依托和精选新闻事实，凸显新闻价值，体现宣传价值，并善于从新闻导语中提取素材和语言。同时，要不厌其烦地反复推敲和修改，以求得最佳效果。

（3）符合视听特点，不同类型选择不同风格。广播和电视新闻标题虽有共性，但各自也存在个性。一般而言，广播新闻标题应多用响亮的动词，以增强动感，并尽量避免使用易导致误听和歧义的词语；而电视新闻标题则宜多用切合画面的语言，加强镜头感。对于同属广播电视新闻的各门类来说，也有一个风格问题。消息标题偏重质朴平实，新闻评论讲究严肃性和逻辑性，具有较强的评论色彩，而新闻专题标题的语言则较注重文采和意境。例如，反映同一新闻题材的广播消息标题《扶贫会上小车多发人深思》和电视消息标题《扶贫会上轿车多》。前者不像消息标题，倒更像评论标题，而后者才算得上真正的消息标题。

3）不同新闻文体的标题

消息类标题必须标出事实，准确反映主要的新闻内容。标题应有较强的动感和时效性。可采取复杂的结构，引题、主题、副题结合。标题通常为一个完整的句子。通讯类标题，可以标出新闻事实，也可以不标明，以议论、抒情、说理、比喻等方式作题。不要求完备的新闻要素，可以是完整的句子，也可是词组。结构多为单一型，采用复合型，也多为主、副式，一般没有引题。大多数呈现为静态。评论类标题，结构较简单，除了必有的主题外，副题可有可无，一般没有引题。评论标题是对新闻主题的提炼概括，强调言简意赅，用最简捷的文字将作者的立场观点鲜明地表达出来，达到号召性与论战性的效果。特写标题多以描绘现场、烘托气氛、富有动感为特点。专访标题以突出被采访人物、事件、地方的特点为主。

第三节 广播电视新闻消息写作

广播电视消息是运用广播电视媒体迅速及时、简单扼要地报道新闻事实的一类新闻体裁。它力求以最快速度、最简洁的语言报道新闻事实，同时需要遵循广播电视的传播规律，以便于声音或声像传播、便于口说耳听的方式方法描述事物。

1. 广播电视消息导语的写作

导语是整篇消息的第一个单元，它以凝练简洁的语言指出最重要的新闻事实。它起到提示新闻要点与精华、引导收听收视的作用。常见的导语类型有直接式导语和延缓式导语，前者直接陈述新闻事实，开宗明义；后者不直接陈述主要新闻事实，而是运用描写、气氛渲染、解释、设问等手法先写一些相关的内容，再引出新闻事实。

新闻导语是引起对新闻中最主要成分注意力的先导句，而不是把众多事实堆积罗列的罗嗦之语。因此,在写新闻时,大可不必将五个 W 和一个 H(即何人、何事、何地、何时、何故和如何)统统放进导语之中,不然,就会使得新闻"负荷过重",而失去更多的受众。新闻导语应对受众清楚地揭示出新闻的大体内容,一个短句也可以使一幅优美画面固定下来映入受众眼帘,例如:

今晚纽约劳工发难,公交工人将投票赞成罢工,除非……

这个导语若用在报纸上或许可称得上是上乘佳作,但用于广播电视就显得有些累赘了。可略去前句,同时也要补足后句。一个好句子对于大多新闻而言就是一个最好的新闻导语,因此,以上导语可改为:

纽约公交工人今晚将要对罢工进行投票表态,除非……

在广播电视新闻写作中,要避免采用那些引用直接引语和直接提问式的导语。一个直接引用的语录会使人产生一系列的联想甚至是误解:这些语词是新闻播音员的语词还是其他什么人的词语呢?听众则不得而知。而提问式导语听起来也会如同一个肥皂广告的开始,并不能引起听众的兴趣。新闻中的每一个要点均需一次性地阐述清楚,把第一要点作出总结式报道之后再进行下一个,切不可对众多的问题反复颠来倒去。否则,就会给听众造成极大的精神负担,使之反复地改变视听的重心和方位。

2. 广播电视消息的结构

1) 广播电视消息的常用结构

(1) 倒金字塔式结构。导语之后,新闻主体按新闻事实的重要程度或受众的关心程度排序的一种结构,特点是头重脚轻,短小精炼,断裂行文(用段落之间的逻辑联系来行文,不用过渡段)。其优点是重点突出,成稿快,行文干练,有利于受众迅速把握报道重点,也有利于后期编辑控制报道时间;缺点是程式化,适合于时效性强、事件单一的动态新闻。运用这种结构,要尽量与听众的价值标准和心理需求一致起来,引导听众自然地从一个层次过渡到另一个层次;注意交代事实发生的时间,防止因重要程度与时间先后不一致而混淆事实固有的联系;在层次交替时,为听众提供必要的听觉准备,避免突然的转变。

(2) 时间顺序结构。导语之后,主体根据新闻事件发生、发展直至结束的先后顺序来安排层次,展示事件的进程,这种结构保持了新闻事实原貌和进展的完整性,行文自然,线索清楚,符合受众接受信息的习惯。不足之处在于最重要的事实在报道中间或结尾,容易被淹没。这种结构常用于现场报道和富于情节性的口播消息。它的叙事与事件的客观进程一致,便于听众了解新闻事件的来龙去脉,运用这种结构要注意突出重点,控制繁简程度,切忌平均使用笔墨,或详略失宜、主次颠倒。

(3) 逻辑关系结构。导语之后,主体部分根据事物的内在逻辑或问题的逻辑性来组织材料、安排层次。主体可依据事实之间的因果关系、对比关系、并列关系、递进关系或主从关系等安排层次段落,表现事实。

(4) 金字塔式结构。报道将最重要、最精彩的事实放在最后,按照新闻事件的发生顺序或事件的因果关系等来安排组织材料,适用于趣味性或反常性较强的题材,具有悬念感。

2) 消息结构的基本要求

由于广播电视是线性传播方式,这就要求这条线顺畅,一环套一环,因此广播电视消息的材料安排要遵循两个原则:事情发展的自然规律和受众收听的自然规律。这就要求广播电视消息组织材料要特别注意两点:第一,要以单线结构为主安排材料。客观事物是复杂的,有方方面面的联系。由于广播电视的时序性、无选择、无反复的特征,消息的材料安排一定要从事物的复杂联系中,找出单线,顺着一条线安排材料,说了一方再说另一方,说了一个问题再说另一个问题,不能两条、三条线并列。否则,听起来容易混乱,不知所云。第二,要顺应受众收听收看思路安排材料。受众收听收看广播电视节目,听了看了前面的内容,往往自然形成收听收看定势,即根据事物的内在联系,一环紧扣一环地接受信息,中间不宜穿插其他背景材料。否则会打乱收听收看思路,削弱受众的接受兴趣,甚至造成混乱,不知所云。

3. 用事实说话

"用事实说话"即通过客观地叙述新闻事实及其背景来体现观点,发表意见,而非由作者自己站出来直通通地说。这是新闻工作的最基本方法,也是新闻工作者的最主要基本功。消息写作不仅要"说话",更要"用事实说话"。消息写作如何"用事实说话"? 这是新闻工作者必须不断追问和实践的一个永恒命题。

消息写作源于客观真实的事实,这是"用事实说话"的基础,不仅是消息写作的根本意义,而且是其出发点和归宿点。任何带有人为成分的虚假、臆造的消息,都不是在用客观事实说话,并且还会损害该消息写作的合理性、必要性,以至引发人们对新闻工作的质疑。生活中客观真实的事实是繁多、芜杂的,具有相同社会意义的真实事实,常常是一类,而非一件。即消息素材是相对丰富的。例如,表现平凡人在平凡的工作岗位上做出非凡贡献的消息,可以是李素丽,可以是徐虎,还可以是张三或者李四。但为什么最后在新闻报道中,竞相以李素丽和徐虎为新闻消息建构的对象? 这是因为在众多能够体现平凡人的非凡意义的事实中,李素丽和徐虎身上更具备代表性和典型性:岗位平凡、人物普通,但就是在她(他)对平凡和平常的坚守中,凸显了平凡中的不平凡、平常中的不平常。这种事实与人物故事的遴选,在特定社会环境中具有典型意义,于是,李素丽和徐虎的故事也才能从众多素材中被发现和提炼,进而成为新闻报道中的题材。

当运用让事实说话的方法时,消息写作还应懂得选取易感动人的事实和片段。在被感动中,不用作者自己出面表达主旨,事实却已经表达出作者的心情与感慨。让感人的事实说话,在移情作用中,消息已经实现隐性议程设置的目的,使得读者在进行消息接受时,不经意间已经接受了作者的视角与认识。从根本上说,用事实说话是要作者尽量做到理性、中立,不站出来在新闻作品中直露自己的观点和认识。但是,事实上包括消息写作在内的新闻报道,都是由一定写作主体构建的新闻文本,绝对摒弃带有主体认识的主观成分是无法做到的。同时,当下读者更愿意透过报道的事实,作出自己的分析、判断,得出自己的结论,而不喜欢没有意味的"宣教"。所以,消息写作过程中,如果写作主体过多地将主观认识以至感情色彩呈现在文本中,这类消息无疑是当下读者所不乐意接受的。唯有通过对新闻事实有技巧地客观叙述、呈现,隐性地表述主体意见的消息,才有可能得到读者的青睐。

消息写作和其他新闻类写作一样,也是基于一定社会目的与意义才加以构建和完成的,应用有"意义"的事实说话,"寓教于乐",以期在"隐蔽"主体意见与观念的情形中,实现消息写作的社会意义。这种"隐蔽",体现在具体的消息写作行为中,要求首先对所要描摹和呈现的新闻事实,经过精心的选取与搭配,其基本要求是:选取和搭配的有"意义"的事实要与写作主体自己要在消息中表达的观点和认识密切相关,要让事实本身所蕴含的"意义"去说话。也就是说,消息中所呈现的事实应体现作者主体主观的社会位置,体现主体的社会认知,是有"意义"的事实。只有这样,才能在对真实事实进行表述的过程中,实现消息写作与传播的"议程设置",实现对读者的观点与认识的"把控"与引导。

第四节　广播电视新闻专题报道写作

广播电视新闻专题是运用广播或电视手段,深入、具体、详尽地报道某一重大新闻事件或某些具有新闻价值又为广大受众所关心的典型人物、经验,新出现的社会现象等题材的新闻报道形式。该新闻形式在用事实说话的基础上,捕捉能够更容易被受众感知的形象材料,通过个别来反映一般。体现事物本质的倾向、观点是从场面和情节中自然流露出来的,使受众在形象中满足对事实认知的需要和情感宣泄的需要,其表达方式相对多样,可以有恰当的描写、抒情和议论,并大量使用其他符号手段,如音乐、音响、特效等,这些手段能起到烘托内容、激发受众情感、引起共鸣的作用。

1. 主题的提炼

主题指作者经过对现实社会的观察、体验、分析、研究,通过对素材的提炼和组织,所表达出来的对客观世界的一种认识或一种思想观念。主题是新闻专题报道的灵魂,是新闻报道的事实所体现的中心思想。新闻专题类节目主题不仅要审视事实的新闻价值,更要注意从反映社会脉搏和时代精神的高度来选择题材、提炼主题;主题要把握正确的舆论导向,针对宏观实际及人们的思想认识实际立意;专题类节目的主题应旗帜鲜明、是非分明,让受众收看或收听后获得明确的理解和领会;新闻专题报道的目的在于通过对某一人物或事物的详尽反映及透彻分析,回应宏观实际的需要,实现以典型带动全局,或举一反三、触类旁通的舆论效果。

开掘主题需要具备以下几方面的意识:①全局意识,即在社会坐标中定位事实的意义;②纵深意识,即在历史的逻辑中寻求事实的意义;③时代意识,即紧扣时代脉搏,引领时代方向。

2. 专题的结构

广播电视新闻专题常用结构有纵式结构、横式结构和递进式结构。

纵式结构指按新闻事实发生、发展时间顺序组合和编排材料的一种结构形式。

横式结构指按照新闻事实的内在性质的区别联系,或以多侧面拼接的形式来安排新闻素材。横式结构又分为同时异空结构和多侧面拼接结构。

递进式结构指透过现象层层深入到事实背后,步步深入,环环递进,从现象到本质的结构。

翡翠台把"华尔街日报型结构"与电视新闻"可看"的传播特性相结合,将这种报道方式引入电视新闻报道中,以具体的一个人物、一个场景、一线声响、一个事件作为报道的着手点,然后引出其他一般信息,按照从个体到一般,从具体到抽象,由浅入深的顺序传递新闻信息,增加电视新闻的可看性和易受性。这种报道手法在翡翠台的新闻中大量运用,而最明显的是涉及抽象数字的财经报道、某种社会现象报道、现场新闻报道。涉及失业率、财政预算、利率政策调整等问题的新闻报道,包括一些枯燥的数字和复杂难懂的专业问题,观众很容易感到报道的沉闷。但是,如果选取一个人作为例子,通过报道其实际情况来说明某一问题,就会显得简单明了。

【导语】过去两年,政府调低了薪体税免税额,令中产人士要多交税,有学者认为,经济好转政府应该研究措施减轻中产人士负担。

【旁白】做会计师的余先生和教书的太太,每月收入有八九万元,不过扣除供楼、生活和子女教育等开支,每月只剩下约两万元,除去约一万的税,所剩无多,他希望财政预算案可以多点扣税措施。

【采访余先生】大意,希望政府推出的减轻负担措施。

【旁白】标榜代表中产人士的组织中产之声,网页上讨论区上有很多帖子指责政府无善用纳税人的金钱,又忽视中产人士的困境。

采访中产之声发言人:大意,中产人士的困境。

【旁白】全港有一百多万纳税人,当中半数已经承担九成的薪体税收,有学者认为政府应该提高免税额。

【采访港大教授】大意,应该提高免税额。

【旁白】但是他说,政府不宜推出太多的豁免措施,以免影响财政收入。

另外,对于不同交通工具的"合算程度"比较,涉及票价、所花时间等一些数字,显得非常复杂难明。如果以一位乘客为例子,跟踪报道其乘坐不同交通工具所花费的金钱、时间,就能很方便地说明问题。

【导语】有乘客表示,马铁未能直达市区,要在大围站转乘东铁,较为麻烦,认为马铁票价较巴士便宜才会有吸引力。

【采访陈文成】走过来都是两三分钟,是最多了。乘坐87D,我现在于九龙塘工作,所以乘这班车是最快的了。

【旁白】陈文成在7时50分开始等车,等了第2班车才上到,虽然狮遂比较多车,不过仍算顺畅,花了20分钟,抵达九龙塘,车费是7元8角。

【采访陈文成】乘坐巴士会方便过乘马铁,因为马铁与耀安村的距离较远,起码走10多分钟,曾经在大围登车,转车点是非常多人,始终要站立,我现在早上乘87D要站立,将来乘马铁一样要站立。

【旁白】他又说:马铁票价较巴士便宜,对他才有吸引力。而民间监管公共事业联委会认为,马鞍山铁路的票价,不应较巴士票价贵。

【采访蔡耀昌】马鞍山因为交通工具缺乏竞争,主要靠巴士外出,其实一直以来居民均投诉巴士的票价偏高,所以我觉得马鞍山铁路的票价不应该高过巴士,希望九铁考虑调低收费。

对于某种社会现象的报道,无线新闻通常采访具体的一位市民,先介绍其具体情况,然后再推论到某一类群体,报道具有普遍性和广泛性的社会现象。从点到面的报道方式,符合观众心理认知过程,提高信息易受性。而且以平民化的视角,选取新闻与普通人的结合点作为切入口,使受众倍感亲切,激发观众收看兴趣。

【导语】今年头9个月,社会福利署收到的虐儿个案,比去年增加3成,有关团体表示,实际情况可能更严重,因为在一些配偶遭虐待的家庭,子女也会承受精神虐待,这些个案很难被觉察。

【旁白】背着镜头的美仪,曾经被丈夫拿着菜刀恐吓,五年来受尽精神虐待,如果不是儿子的好朋友透露,都不知道15岁大的儿子,同样受到巨大的伤害。

【旁白】采访美仪:"他割手,胃口不佳,精神又差,我带他去见医生,医生说孩子年纪这么小,怎么可能有这么严重的甲状腺病,他说孩子年纪这么小不可能有这么大的压力,令他有这种病。"

【旁白】社会福利署今年头9个月,收到450宗虐儿个案,比去年同期上升约3成,当中5.8成是身体虐待,2成是性侵犯,疏忽照顾有7%,较去年急增超过1倍,还有精神虐待,虐待配偶的个案亦有2500多宗,近9成受害人都是女性,有关团体认为实际不只数百宗。

【采访女专热线负责人】你说如果配偶虐待有2000多宗,而每个家庭平均有1.5个小朋友,应该有超过2000多宗的虐儿个案,社会福利署就认为,虐儿宗数上升,反映举报的人多了。

【采访社会福利署署长邓国威】可能社会对这方面较敏感,警惕性增加,老师、医生甚至邻居方面转介数字都增加了。

【黄淑玲现场报道】社会福利署又表示,会在虐儿和虐待配偶个案集中的地区即元朗和屯门区,加强保护家庭及儿童的服务。

这则报道通过采访典型人物,以个案引入的方式,把所要讲述的问题与具体的人联系起来,使报道更富于人情味。反观内地的不少电视新闻对某一社会现象报道,通常只是依赖旁白来概括表述,显得抽象、空洞。

第五节　电视新闻连续报道与系列报道

电视新闻连续(系列)报道,是对正在发生并持续发展的新闻事件在一段时间内进行多次、连续的报道。报道以时间为顺序,随着事件的发生、发展的进程而展开。它是消息类新闻的深化、补充、拓展和延伸。围绕同一新闻主题从不同侧面、不同角度作多次、成组的报道。多个独立报道没有外在的连续,却有内在的必然联系,集合在同一主题思想下,以求对新闻事实作比较系统、全面、有一定深度的报道。如今这种全方位、多角度、立体化传播信息的新闻体裁,越来越受到人们的关注和喜爱。怎样才能达到集中、连续、突出的传播效果,必须遵循以下规则。

1. 事实的选择

电视新闻连续(系列)报道需要大量的新闻事实,但并非只是捡到篮里都是菜;要想达到集中、连续、突出的传播效果,就要遵循事例筛选集约性的规律,找准内在的闪光点。时效性是新闻报道的共有属性,也是体现新闻价值的重要因素。尤其连续报道的时效性是最强的,其题材多为现在正在进行时态,报道与事件的发展同步进行,它不是等事情有了结果再去报道,而是笔随事起,笔随事走,快速及时地跟进事件的发生、发展的最新走向,不断传递鲜活的新信息。由此,时效性应成为达到理想传播效果的首选。显著性,即新闻价值的构成要件非常明显,地位特别突出。像党和国家的重要会议、重大决策、重点工程建设、重大典型的追踪报道等,都是万众瞩目的,这类报道的过程和结果,一般是可以预见的,此时运用连续(系列)报道,可以发挥短时间集中轰炸的优势,通过频繁刺激,为活动推波助澜,渲染气氛。这类题材涉及面宽,群体性广,与百姓利益、兴趣接近性强,常常会搅动生活,反响强烈。有时还会针对一个没有解决的社会问题,或尚无定论的社会现象,通过连续(系列)报道专家学者、职能部门、意见领袖等各方面的反应和争辩,以达到解决社会问题、解释社会现象的目的。特别是对那些久悬不决的、一个时期屡禁不止的民生问题,更是穷追不舍,一次报道不行,再来第二次、第三次,不断扩大舆论声势,及时传递有效信息,直至把堡垒攻破。在选择事实之后,应该从整体目标出发去选择每条新闻的组合排列,同时注意每条新闻的信息量、报道水平,使单条新闻发挥应有的作用,形成整体报道的综合效应;每次报道都是新闻事件的刚刚发生的最新进展和动向,分段、分层地将事件发展中有价值的信息及时传播给受众;各报道由浅入深,一环扣一环地逐步递进,最终完成整个报道;对同一新闻作多次报道和多单元集合,造成一定的舆论强势,当新闻进展较快,可增加报道密度,反之,则减少报道密度,形成良好的节奏。

2. 结构的内在逻辑

电视新闻连续(系列)报道需要一定的连缀和排列,但并非只是停留在对事件进程的展示和再现上;要想达到集中、连续、突出的传播效果,就要遵循信息传播系统性的规律,找准内在的关节点。一个有效的办法,就是遵循信息传播系统性的规律,注意运用和设置悬念。悬念的设置,既可利用主持人在演播室里主持,也可利用出镜记者在现场提问;既可播音员解说,也可当事人描述,但无论采取哪种手法,都是向观众抛出一个又一个悬念,在单位时间内布置一个又一个信息点阵,都是把新闻事实中能够扣人心弦的情节,将它从平淡的生活流程中提取出来,并作为一个"关节点",让观众带着问题思考,带着悬疑寻找答案。一部成功的电视连续(系列)报道,只要遵循信息传播系统性的这一规律,找准内在的"关节点",顺藤摸瓜、环环相扣、脉络相连、悬念迭出,就能发挥其应有的功能。这里需要把握三点:一是防止体裁的滥用和衍化。系列报道通常都是"大工程",要么是影响历史乾坤的大人物,要么是改变历史进程的大事件,要么二者兼而有之,一集不能包容,必须靠一个系列才能完成。连续报道可以说是以"实"见长,内容丰富,大都有看头,有情节,有冲突,有波折。但有些题材如果过于空泛、平常,或者只是一些凡人小事,也照样去泛用衍化为连续(系列)报道,甚至不遗余力地挖掘细节,挖掘吸引观众的看点,或者勉强拉长周期,就会损害它在受众心目中的分量,从而造成不良印象。二是注意合理的跨越度。连续(系列)报道题材对象持续的时间跨度不能太长,如果进展太慢,旷日持久,结局遥遥无期,则观众的兴趣必难长久维持。三是保持结构的完整性。连续报道与系列报道相比,系列报道的每篇都可以单独拿出来,甚至每篇可以纵横跳跃,而连续报道具有较强的延伸性,题材对象的前后自然顺序都不能颠倒互换,时间线索也只能在一维数轴上延伸,它的单篇一旦抽离出来就不完整。由此,连续报道应给观众一个完整的交代,如果无疾而终,不了了之,或者有始无终,有头无尾,只能令观众大失所望。

3. 主题单一

电视新闻连续(系列)报道需要对大量事实与动态的集合与链接,但并非只是对客观信息的一般描述与提示;要想达到集中、连续、突出的传播效果,就要遵循主题贯穿同一性的规律,找准内在的共同点。编辑、记者要将所得到的客观信息与所要表现的主题相对照,看哪些新闻事实和动态与主题相吻合,吻合的就采用,不吻合的就毫不可惜地舍弃。编辑、记者要让素材反复地在头脑里经历从概念到判断,再到推理的逻辑思维活动,从而引起认识上的飞跃和升华,在比较中与"立意"联系起来思考,看哪件事实、哪种动态最能说明主题。电视新闻连续(系列)报道,只要遵循主题贯穿同一性的规律,用同一主题做"红线",去穿那些丰富多彩的"珍珠",那么,无论从哪个侧面,或者按照哪种顺序报道,也无论如何展开,形成几集,都会穿成精美的艺术项链,都会收到"形散而神不散"的效果。

4. 创新意识

电视新闻连续(系列)报道,需要大量的画面与解说,但并非只是画面与解说的叠加及运用;要想达到集中、连续、突出的传播效果,就要遵循思维模式非线性的规律,找准内在的创新点。创新既不是简单的符号式的标新立异,也不是一些时尚词语流行样式的拼凑包装,更不能违背新闻的基本原则和创作的基本规律,而应当根据内容的需要,注意事物的形式,学会选择、利用和创造适当的形式,来促进内容的发展,尤其是运用内容和形式的矛盾运动的原理,既不死抱住过时的形式不放,也不过早地任意改变尚有积极作用的形式,还要适时创造出有利于事物发展的新形式。电视新闻连续(系列)报道事例筛选的集约性与信息传播的系统性,以及主题贯穿的同一性与思维模式的"非线性",彼此都是相互作用、相互支撑的。传统意义上的电视系列报道,较为严肃,通常都是政府政策+官方语言+旁白解说的古板形式。1991年,中央电视台推出了具有"里程碑"意义的纪录片《望长城》,纪实的拍摄手法和主持人轻松自如的风格,让观众耳目一新。于是,此后的电视系列报道便逐渐融合了纪录片的纪实美学特性和"深度报道"的题材处理手法,从"单一模式"走上了"多种风格"的创作道路,以一种崭新的风格呈现在观众面前。只要我们始终坚守好这一法则,真正找准电视新闻连续(系列)报道内在的"闪光点""关节点""共同点"和"创新点",那么,定会有更多、更新、更精彩的电视新闻连续(系列)节目跃然荧屏。

第六节 广播电视新闻写作案例分析

【案例】

《小岗村的好书记——沈浩》

安徽人民广播电台 记者:黄美娟 黄铮 编辑:张立旺 播音:袁方

【片花】他,一名普通的选派干部——"沈浩同志是我们安徽省下派干部的优秀代表,是基层干部的学习楷模。"他,深深热爱这片土地——"我对这块土地也怀着深深的感情……他,用生命在群众心中树起永恒的精神丰碑!——"这给你立的是墓碑,但是你在我们心中永远是丰碑,沈书记安息吧!"请听安徽人民广播电台记者黄美娟、黄铮采写的录音通讯:

《小岗村的好书记——沈浩》

11月6日(2009年)早晨6:00多,一个极其普通的时刻,但是对于安徽省凤阳县小岗村的村民来说却像是天塌了一般。他们的好书记沈浩因长期操劳过度、积劳成疾,在小岗村不幸逝世,年仅45岁。胡锦涛总书记闻讯后作出重要批示:"沉痛悼念沈浩同志,请转达对沈浩同志亲属和小岗村民的亲切慰问。"11月8日下午,安徽省委书记王金山、省长王三运亲切看望了沈浩同志的亲属,转达胡锦涛总书记的重要批示精神,对沈浩同志表示沉痛悼念,向他的亲属表示亲切慰问。

2004年2月,沈浩作为安徽省财政厅的干部被选派到"大包干"发源地——凤阳县小岗村担任村党支部第一书记。上任伊始,沈浩怎么也没想到,闻名遐迩的中国农村改革第一村,竟然只有一条泥土路通往外界,自来水还没入户,村里人均年收入只有区区2300元。村里流行着一句话:"一朝迈过温饱线,20年没跨过富裕坎"。

沈浩并没有被眼前的困难所吓倒,他一方面召集村两委干部开座谈会,了解小岗村方方面面的情况,一方面起早贪黑挨家挨户走访,在近一个月的时间里,沈浩访遍了全村每一个家庭。村民韩庆江回忆说:

【录音起】"听说财政厅调一个沈书记来,这个人一开始来呢,在村民开会的时候就讲:"我争取在每家都吃一顿饭,就是了解群众生活情况,把小岗搞好。"【录音止】

在掌握了小岗村的情况后,沈浩带领村里的党员干部、群众代表、"大包干"带头人到外地学习考察,解放思想,转变观念,制定了小岗村的发展目标。小岗村友谊大道以东1.2千米的泥巴路要改造成水泥路,但是对外招标的报价是58万元。沈浩召集村民精打细算,决定由村里租机器、请技术员,村民出工自己修。就这样,沈浩每天亲自扛水泥、拌砂浆,一身泥巴一身灰地带领大伙一起干。

"大包干"带头人、小岗村村委会副主任关友江:【录音起】"这条路实际当时招标58万,后来我们铺成后,总共才花掉27万块钱,所以就省了20多万,村民也很满意。"【录音止】

路修好了,省出来大量资金又能投入到更多的基础设施建设上来,村民还用自己的劳动得到了实惠,这让村里的人重新打量起这个省里来的选派干部。

集体经济要发展,招商引资是关键。沈浩在小岗工作6年来,对招商引资工作常抓不懈。2009年1月8日,小岗村与美国GLG等4家企业签下投资大单。总投资达15亿元的小岗村GLG农产品深加工高科产业园项目今年3月28日破土动工,项目全部建成后,将形成60亿元的年产值,通过建设2000亩甜叶菊育种基地,带动并辐射周边乡镇发展20万亩的甜叶菊种植规模,每年为群众带来6个亿的收益。在沈浩去世的前一个月,他还四处奔波,代表小岗村与深圳普朗特集团达成协议,计划投资6亿元,流转土地4300亩,打造小岗村生态农业园项目。

沈浩生前曾说:"过去分田搞大包干是改革,现在搞土地流转也是改革。"为了提高规模效益,沈浩在小岗村积极推动土地流转,目前已有3000多亩耕地实现流转。

据不完全统计,2004年至今,小岗村累计利用国内外资金达30多亿元,项目涵盖了农业综合开发利用、村级工业发展、旅游业振兴、医疗卫生体制改革、改善村容村貌等多个方面,为当地老百姓带来实实在在的效益。2004年沈浩刚刚上任时,小岗村人均年纯收入仅为2300多元,到了2008年底,这个数字达到了6600元,比2004年的水平翻了一番还要多,同时也远远高于安徽全省农民的平均收入水平。

群众利益无小事。在小岗,沈浩的房门是永远都不上锁的,村民有事随时都可以找他聊一聊。回忆起沈浩书记,小岗村五保户韩庆江心情再也不能平静。2005年,他因为一场大病住进了医院,可是自己没有钱,眼看着病情一天比一天严重。沈浩得知这个消息,立即前往看望。

韩庆江【录音起】"沈浩头天听到后,第二天亲自跑去的,跑到我那里……(哽咽)当时就给我200块钱。他又打电话给小溪河医院里姓张的院长说药费由他负责,直到病好为止。在那里住38天医院,花了4000多块钱,合作医疗报掉70%还剩几千块钱,结果(沈浩)也没问我要。在医院期间,沈浩经常去探望我,还亲自到我家看望我3次,买了10斤猪肉、1桶油、1袋米、1袋面……当时,我激动得流泪。我说沈书记啊,我的第二次生命是你给的。"【录音止】

其实,被赋予第二次生命的,又何止韩老一人?小岗村的这6年,家家通了有线电视和自来水,村民住房得到了大大改善,村里还兴建了文化广场和卫生服务中心,"农家乐"也渐渐兴盛起来了。在小岗村,一些村民家庭暂时困难,沈浩总是无微不至地关心他们,从家庭住房到粮食种植,从孩子上学到医疗养老,他事无巨细,经常过问。村里财政困难,他还自掏腰包支援困难群众。每年大年三十,他总是陪村里的五保户过完年才匆匆赶回合肥的家中,到了年初三又回到小岗。2007年农历除夕,沈浩走进当年"大包干"带头人关廷珠的家,看望86岁的关廷珠遗孀邱世兰老人,老人十分热情,留沈浩在她家吃年夜饭。

【录音起】"那天请他吃饭,他笑:'这老奶奶这么大年龄了请我吃饭,我怎么好意思。'我说好意思!人家出多大力,广场盖好了,你看大家也都盖上房子了!"【录音止】

那一天,沈浩到深夜才回到合肥家中,而留在小岗的,却是无穷的温暖。

【片花】"红手印"对于小岗村村民有着特殊的意义:1978年,小岗村18户村民摁下了石破惊天的"红手印",揭开了中国农村改革的序幕。28年后的2006年,在沈浩即将完成3年选派任务时,98位村民又集体摁下"红手印",挽留将要离开的沈浩。

当年"大包干"带头人严金昌:【录音起】"我们为什么留沈浩在这呢?因为沈浩刚刚把我们小岗村这个平台搭好。哪个地方,没有稳定的干部就没有稳定的发展。"【录音止】

沈浩是出了名的孝子,他上有年过九旬的老母亲需要照料;他又是一个慈爱的父亲,下有上中学的女儿要照顾。他常说,自古忠孝不能两全。几年来,为了工作,他不得不把母亲送到萧县老家交给哥嫂照料。

3年的选派期即将结束,离开,就可以和母亲、妻子、女儿共聚天伦,但小岗人摁下"红手印"的恳切挽留让沈浩心里十分矛盾,沈浩想,小岗的事业稍有起色,新一轮改革才刚刚开始,他又怎能辜负小岗人民的信任呢?

【出沈浩生前录音】"我是作为省直的选派干部被选派到小岗村。小岗人又按(摁)下了手印把我留下来,这是对我工作上的认可,我对这块土地也怀着深深的感情,能够把我放到这个地方,实际上也是组织对我的信任,更主要的是小岗人想过上富裕生活的那种企盼。"【录音止】

在组织上征求沈浩意见时,沈浩舍小家、为大家,做出了常人难以想象的选择——继续留在小岗村再干3年。这在安徽省选派干部中是首次。胡锦涛总书记2008年9月30日视察小岗村,当他听说村民摁下"红手印"要挽留沈浩继续在小岗工作时紧紧握住沈浩的手对他说:

【出胡锦涛当时的讲话录音】"群众拥护你,是对你最大的褒奖啊!"【录音止】

总书记的话,极大的鼓舞了沈浩,他的干劲更大了。2008年12月30日,在总书记视察小岗的3个月后,安徽农村广播20多位编辑、记者、主持人来到小岗村和沈浩及小岗村民座谈,共话小岗下一步社会主义新农村建设规划时,沈浩向我们描绘了小岗的未来。

【出沈浩生前录音】"我们现在制定了一个规划,四型村的建设定位:现代农业的示范村,城乡一体的先行村,制度创新的试验村,全面小康的新农村。规划出来了,下一步就是要靠干部带头、党员带头,上下团结一致,按照科学发展观的要求,要加快发展。小岗人现在的信心很足,所以我们也相信,不要三五年,展示在世人面前的新小岗应该是一个富裕、美丽、文明的社会主义新农村。"【录音止】

再过一个月,沈浩的第2个3年任期又要到了,当年"大包干"带头人严金昌和村民商量,这样好的致富领路人还是应该留在小岗,于是,小岗村的186名群众又一次摁下鲜红的"红手印",写信给省委组织部和省财政厅,要求再次挽留沈浩在小岗工作。而沈浩也说,只要小岗村民同意,他愿永远留在小岗,再也不离开。可万万没有想到,11月6日的那个清晨,他的生命永远定格在了这里。严金昌谈起沈浩,一直摇着头,唏嘘不已,叹息声中透着无奈,更加饱含惋惜。

【录音起】"太年轻了,才49岁,正是干事业的时候啊!说实话,我们现在想起来有点儿后悔,如果我们不给他扣在(小岗再)干3年,也许……他没有(不会)今天离我们而去。也是为了小岗的发展,为了我们小岗人致富花尽了一切心血。沈书记这种精神说实话

在我们小岗村是永远忘不掉的,不但我们忘不掉,我们下一代、子子孙孙都忘不掉的。"【录音止】

两届任期呕心沥血,六载离家造福于民。凤阳县委书记马占文在接受记者采访时说:【录音起】"小岗村这6年是过去31年来变化最快的6年,也是小岗村的村民得到实惠最多的6年。我们应该学习沈浩勤奋敬业、艰苦奋斗、为民爱民、锐意改革、无私奉献的精神,继承沈浩的遗志,深入推进'四型'小岗村的建设,把小岗村建设得更好,不辜负沈浩对我们小岗村的一片真情厚意啊!"【录音止】

沈浩的先进事迹,集中体现了新时期党员干部牢记党的宗旨,紧跟时代步伐,践行科学发展观,为党和人民的事业尽职尽责、鞠躬尽瘁的理想追求和精神风貌。沈浩不愧是安徽省选派干部的优秀代表,是千千万万党员干部的杰出楷模。

中共安徽省委书记王金山接受本台记者独家专访时就如何学习沈浩先进事迹动情的说:【录音起】"沈浩同志是我们安徽省下派干部的优秀代表,是基层干部的学习楷模。他的不幸逝世,不仅是家庭的重大损失,是小岗村的重大损失,也是我省干部队伍的一个重大损失。我们将把沈浩同志作为学习实践科学发展观的先进典型,作为党员干部教育的生动教材,为加速安徽崛起不断做出新的贡献。"【录音止】

11月12日,狂风夹杂着雨点,小岗村的公墓里立起了一块新制的石碑。小岗村民满含热泪,第3次为沈浩摁下了"红手印",把沈浩的骨灰永久安置在这块他奋斗了6年并终生热爱着的土地上,让沈书记永远见证小岗村的发展和繁荣。

金杯银杯不如老百姓的口碑。沈浩走了,永远地离开了我们。他用实际行动践行了党全心全意为人民服务的宗旨,赢得了小岗人永远的赞誉,更在他眷恋的民众心头,铸立起了党的时代丰碑!

【案例分析】

安徽电台农村广播的《小岗村的好书记——沈浩》与一般人物专题的处理方式不尽一致,它突出了几个亮点:

一、充分使用了长期积累的信息资源

在如今的信息时代,抢时效已经不是唯一能体现竞争力的标志,而丰富的"数据库"成了独家资源。安徽电台这篇报道,充分利用了数年积累的资料。据了解,安徽农村广播开播5年来一直与小岗村保持密切联系,与沈浩建立了良好的关系,多次对他和小岗村进行采访报道。因此报道内容非常"实"、非常真切,富于说服力。其中包括特别珍贵的资料:沈浩生前说的话。

大家多认同"新闻是速朽"的,而时常忽略了其"不朽"性——当新闻成为历史的记录者,成为一手的珍贵信息资源时,它是不朽的。因此,有心人方能做出大文章,充分地积累和刨掘,是增强新闻厚重的基本手段。

二、提炼与时代精神吻合的主题

沈浩事迹不仅体现中国共产党"立党为公,执政为民"的基本理念,而且还体现了与时俱进的精神。改革开放 20 多年,作为农村"大包干"发源地的小岗村一直没有真正走上富裕的道路,沈浩在小岗 6 年,通过土地流转等措施使小岗村发生了翻天覆地的变化,与政府最新倡导的土地流转非常吻合。新闻时效性的最有力体现,常常不是通过争分夺秒的方式,而是以时代感、与主流思潮的契合性来表达的。安徽电台新闻紧随时代脉搏、紧守时代精神,把新闻的纵深度很好地体现出来。

三、创造了"典型环境中的典型人物"(恩格斯语),并充分挖掘新闻性

典型报道是中国特有的一种报道形式,由先天的宣传性特征来主导,反映时代最强音、体现社会主流价值观。安徽电台的这篇报道不仅重视了宣传性,同时也重视了新闻性,解读了沈浩事迹的社会意义,其新闻要素如重要性、接近性、人情味都体现得较为充分,不仅涉及重大社会主题,也用人情味深深打动了听众。新时代典型报道的最核心要素,在于其凝结了新闻价值。

报道中也抓住典型事件解读其意义。小岗村民连续几次按手印挽留沈浩这样的事实非常具有典型性,一方面承袭了"大包干"按手印的做法,另一方面说明沈浩确实深得小岗村民的爱戴。典型报道被称作"社会主义新闻最重要的特征,是横亘于中西报道形式之间的分水岭"(张威),被认为"典型报道理论是毛泽东新闻思想的一部分,是毛泽东新闻思想的突出特征"(吴廷俊、顾建明),如何能用好它,是当前新闻与宣传中的难点,安徽电台的这篇报道有所创新。

四、充分调动广播的专业性元素,节目重视用音响说话

节目音响比较丰富,采用大量录音采访(资料),包括沈浩本人、沈浩老母亲、小岗村民、凤阳县委书记、安徽省委书记、胡锦涛总书记等,音响与解说天衣无缝,水到渠成,其中特别珍贵的是采录到沈浩生前的说话的音响,有独家性。

思考题

1. 广播电视写作为什么和其他媒体的写作要求不同?

2. 专题报道和系列报道有什么区别?

推荐阅读书目

[1]　[美]特德·怀特.广播电视新闻写作与报道.北京:新华出版社,2000.

[2]　[美]赫利尔德.广播电视与新媒体写作.谢静,等译.北京:华夏出版社,2002.

[3]　巨浪.电视新闻采访与写作.杭州:浙江大学出版社,2009.

[4]　姚里军.中西新闻写作比较.北京:中国广播电视出版社,2002.

第五章　广播电视新闻播音主持

　　广播电视新闻演播室播音主持包括广播电视新闻演播室播音主持和广播电视新闻现场播音主持两种基本样态，而多数情况下都需要出镜记者的配合。本章主要讲述广播电视新闻演播室播音主持和广播电视新闻现场播音主持实务，同时对出镜记者的特征及其现场表达作出论述。

第一节　广播电视新闻演播室播音主持

　　广播电视新闻演播室播音主持常见的有文稿播读、电视新闻片配音、电视纪录片中解说、演播室对话等样态，本节主要讲述各种样态的基本表现与播音主持要求。

1. 文稿播读

　　新闻文稿的内容共有五类：第一类是公文类，如各种重要的政府公报、决议、政令、通知和新闻发布稿等。第二类是导语、串联类，如一条广播电视新闻片的导语，以及同类内容相近或反差较大的广播电视新闻片之间的串联语（也叫插语）。串联语与导语的不同之处在于，前者有承上启下的过渡与转换作用，而后者则仅就本条消息而言。第三类是快讯类，即很具时效性和报道价值的消息。第四类是背景、知识类，即为使受众更好地理解一些消息的内容或意义而配发的相关资料，如历史的、地理的各种知识、背景等。第五类是新闻评论类，即新闻编后话、电视评论、广播评论、报刊评论等。

　　播报，指播音员、主持人将消息的文字稿件转化为有声语言进行传播时的语言样态，也称"新闻播音"。播报的语言样态为字正腔圆、呼吸无声、感而不入、语尾不坠、语势稳健、讲究分寸、节奏明快、语言晓畅。字正腔圆、呼吸无声强调的是保证消息传播清晰所应具备的用气发音的基本功；感而不入、语尾不坠是新闻节目应遵循的客观性、真实性特点对播报提出的要求；语势稳健、讲究分寸是适应新闻传播的新鲜感和权威感所必需的；节奏明快、语言晓畅既反映了消息语体所固有的时效性特征，又是观众对新闻播音声音形式听觉上的审美要求。

　　1）广播电视新闻播报的备稿

　　广义的备稿指播音员对时事、政策、科技发展、社会生活等动向有相当的了解,对当前社会的热点、焦点问题有切实的了解。在不当班时,也要多看报纸、听广播、看电视、浏览网络新闻,了解瞬息万变的各种信息。另外,对各种专业术语、地名、字音的了解与掌握也非常重要。从播音实际来看,新闻播音员如果非常了解时事,便不会因播音时紧张而将某位美国官员的名字说成是俄罗斯官员,也不可能将中国与某国的建交时间多说了十年而全然不知。播音员如果有较丰富的各种知识积累,便不会将一个大发电厂的年发电量少念了一个"万"字而不觉,也不会将某位著名人物的名字念错而浑然不知。因为播自己不了解、不懂的内容,就会心里发慌、紧张,这种心理必然会反映到体态等方面,如欠精气神、不自信。而自信是一各新闻播音员做工作的最重要的条件之一。

如果说广义备稿更多的是检验一各播音员的政治思想水平、文化结构和知识积累,那么狭义备稿则更多的是在检验一名播音员的工作责任心与专业技能。尤其是面对国内新闻的时效性和表现技巧等方面的不足,稿件写法单一的情况,播音员更应调整好自己的播音心态,从看似老一套之中,找出每条新闻的价值、新鲜之处,看是时间新、事实新,还是政策新、角度新,用以启动自己的内心、激活思维,产生播音的新鲜感。这种新鲜感可以形成有声语言和体态语的魂与神;也可将二者紧密、有机结合,使有声语言不再是一种状态和腔调,体态语也不只是一种形式,而是自然流露出来的内心的鲜活感并被赋予了神采。当然,也不能端架子、拿劲儿,看似有新鲜感,却是拔着、提着声播,瞪着眼极力想与人交流,却让人感觉很累、很躁、空泛、不充实,缺乏内涵和度的控制与变化。对稿件理解、揣摩到位,有了自己的感悟,便可杜绝以上问题,产生表达中相应的度和有机变化,使播音准确、自如、有深度。

2) 电视新闻口播的表达特征

(1) 位置感。电视新闻口播(指由播音员在电视屏幕上出图像播报新闻稿件的电视新闻播音)比广播新闻播音离观众更近,语言更松弛、自如。设计收看对象不宜过多,一般以一两个为好,因为观众大多以个人或家庭为单位来收看新闻,对象设计过多,势必引起播音主体心理与生理上的变化,导致用声过强、过大,感觉不具体,表达不自如。

(2) 交流感。属口头独白语,面前无真正的交流对象,是想象交流,因而播音主体的感觉应为谈话式,谈话式心理必然形成很强的讲述感,讲述感强而辅之以相应的体态语共同发挥作用,观众才更乐于接受。

(3) 分寸感。这里的分寸感,着重指表达的物理属性方面,即语言的高低、强弱、快慢等。

电视新闻口播语言处理的分寸感,一般而言,咬字力度稍轻于广播新闻播音,但强于新闻片配音。语速稍快于广播新闻播音,却慢于新闻片配音。一般新闻口播每分钟300字左右较合适。当然,也要根据所播新闻的不同内容、时段、播法对语速有所调整：一般新闻联播慢于晚间新闻，说新闻快于播报新闻，重大新闻又慢于一般新闻。

3）电视新闻片配音的处理原则与规律

电视新闻口播导语与新闻片的关系有确定性与不确定性两种。

（1）确定性。指一条新闻在口播导语中便明确点出对此条新闻事实的肯定与否定态度。

（2）不确定性。指一条新闻在口播中没有明确点出对此条新闻事实的肯定与否定态度。

因此，电视新闻播音中，口播要了解新闻片主体而定基调、选语气。新闻片配音也必须看口播导语来确定承接的衔接点，形成强调的重点、准确的内在语和适当的语气。

大多数新闻片是画面语言与配音语言互补的，因此，首先，不同内容的片子应有不同的稿件字数，才能适应播音员配音的不同基调和语速。其次，电视新闻播音员为新闻片配音，不仅要依据稿件内容，也要参考画面信息，同时兼顾段落、位置，才有利于产生鲜活得体的配音情绪，并与画面形成有机配合，对位适当，不致产生不必要的信息重复和语速不当等。

4）电视纪录片中解说的作用

在电视纪录片即电视专题片中，解说的作用大致如下。

（1）提示说明。是解说的最基本作用。它是对与解说词对位的画面内容进行说明讲解，使观众对画面所表现的内容有更清楚的认识。

（2）补充丰富。是解说的本质作用。它是将不易或不能用画面来表现的内容，通过解说补充进去使其丰富起来，从而扩大画面的内涵，使观众得到更多的信息，进而更好地理解片子。

（3）深化主题。是解说的重要作用。它是将编导的立意、观点直抒胸臆地表露出来，成为全片内容的主题、升华，从而更好地揭示片子的精神实质。

（4）烘托气氛、增添情趣。对解说起渲染作用。它可以通过解说将画面上平淡无奇的形象引发为情趣盎然的联想，或将画面中本已具有的情感意向进一步加深加浓，从而使观众更好地感受画面语言，欣赏片子。

（5）抒情造境。抒发情感、营造意境是解说的艺术点化作用。它往往用虚化的手法表现深挚的内心情感，营造深邃的艺术境界。

（6）连接画面。是解说的指向作用。它能帮助编导推进内容、形成结构。通过解说可以将表面上互不相关的画面有目的、有机地连接起来，使观众对其形成准确的理解。

2. 演播室对话

演播室对话即电视新闻播音员（主播）通过电话连线及视窗对接（有时是双

视窗,有时是多视窗)与新闻现场的记者、有关人士进行直接对话,向他们提出问题,请他们介绍有关情况;或在演播室就某一重要新闻、新政策、新精神等,请有关专家进行内容分析、背景介绍、知识讲解,做较为深入的探讨,帮助受众更好地了解它们的背景、实质、意义。这些也是电视新闻播音员(主播)日常工作之一。

演播室对话无完整的文字稿,只有编辑事先给出的谈话提纲与自己的对话思路,并以腹稿形式发挥作用。这就要求电视新闻播音员(主播)首先要具有不同于有稿播音复述式语言的即兴式语言编码能力。其次要对所谈内容有一定了解及见解,能与对话者有对话资格。尤其在专家访谈中,更要力求与对方形成探讨关系,代受众提问,而不成为提问机器,这需要电视新闻播音员(主播)有足够的知识积累以及对时事、社会的关心和对民众心理的了解,并比一般受众略高一筹。

1) 电话连线

通常是为取得一个新闻事件的最新动态而采用的传媒手段。它的播出形式,一般是屏幕上出现连线记者的照片、地图等相关图片、静止画面,受众只闻其声,但却是现场传来的真实的声音,有时还带有现场同期声,更显其真实,有现场感。

2) 视窗对接

与电话连线的不同之处在于,观众可以从屏幕中看到对方说话情形的活动影像和与之相关的镜头画面,更具真实性、现场感和生动性。在多视窗对接中,受众还可从新闻主播对不同地区、不同角度的采访中了解到更为丰富的有关信息。

3) 专家访谈

专家访谈是借用主持人节目形式的一种新闻深度报道方式。每逢重大新闻发生、新政策出台、针对当前社会上人们的关心与不解,为使受众对有关背景、知识有更全面、更深入的了解,而特请有关专家来演播室里回答新闻主播代表广大观众向他(有时是一人,有时是几人)提出的相关问题。如果说电话连线、视窗对接是就某一重大新闻进行及时、连续的报道,那么专家访谈则是围绕这一内容进行全面、深入的探讨,提供给受众更多的相关信息,引导视听,加深认识。

3. 电视新闻播音存在的问题

1) 电视新闻播音感不强

表现在电视新闻播音中交流感不强,语速偏慢,用声偏高,讲述感欠缺,缺少体态语的规范与辅助。因此,应加强电视新闻播音意识,强化镜头感、画面感。

2) 电视新闻口播似新闻片配音

表现在电视新闻口播语速偏快,用声偏低,语流起伏不够,缺乏播报感,说的成分过多,重点不够鲜明。

3）偏离电视新闻语体感

表现在将电视新闻内容尤其是考古发现、科技成果、奇闻轶事等讲述感强的内容播得似科普知识介绍等专题节目,脱离了新闻语体制约。

第二节　广播电视新闻现场播音主持

广播电视新闻现场播音主持根据语言形式可以分为现场播报、现场评述、现场采访等,本节主要讲述这几种形式的主持实务,同时对新闻评论类节目主持人的导语、串联词的撰写与解说进行论述。

广播电视新闻现场报道的语言形式可以分为现场播报、现场评述、现场采访等。

1. 现场播报

现场播报是报道者用事先准备好的稿件,以事发现场为背景,面对摄像机对正在发生的事实或对该事件的背景进行介绍。如国家领导人的重要出访、重要会议的召开等新闻现场,经常运用现场播报的形式进行报道。

2. 现场评述

现场评述包括现场评和述两部分。二者可以分开也可以结合。

1）评

评即现场评论,指报道者在新闻现场针对已经发生的新闻事实进行的分析评价。报道者根据对事件发生的初始过程和了解的部分背景材料,迅速分析眼前的现场变化,并且及时注意事件的发展变化动向,迅速进行筛选鉴别,用最简洁的语言加以评论。广播电视新闻现场报道作为消息类新闻的一种,受篇幅所限,除了专题报道,一般的现场报道要求用最短的时间,最简炼的语言,最生动的画面来报道所发生的事件,因此评述不宜过长。

2）述

述指现场报道中对事件的叙述和描述。在事件发生的现场,虽然受众可以通过声音和画面听到、看到现场的境况,但对于事件发生的前因后果乃至背景或者发展状况了解并不多,这就需要通过报道者的叙述来补充,使受众对所报道的事件有全方位的了解,以便作出客观的判断。

3. 现场采访

现场采访是通过记者和被采访对象的语言交流提供必要的新闻背景,展示人物的心理活动,发表观点见解等,因而深化了广播电视新闻报道内容。

在广播电视新闻现场报道中,新闻评论类节目主持人的导语、串联词的撰写与解说尤为重要,它们可以使整个新闻评论节目首尾一贯,一气呵成。为此,撰

写时应注意以下事项：

（1）适应听觉突出重点的明晰性。

（2）扩大视野补充信息的服务性，即提供事实背景，以使受众易于了解报道的新闻事件的起因，揭示新闻事件的深层意义；补充相关的"积累信息"，恰当地补充背景材料能丰富观众的视野，引导受众对新闻价值的认识。

（3）稍加点评以引发共鸣的沟通性，包括感性的沟通和理性的沟通。

（4）有机衔接巧妙转换的新颖性，包括寻找契合点的巧妙串联和富于个性及亲和力的串联。

广播与其他媒体相比，可以不受时间、地点、空间的限制，无论什么条件下都可以进入到特殊（一般指灾难性或突发事件）、重大新闻事件发生的现场。广播的传输系统能在地震等灾难性天气中、在炮火纷飞的战场上完成信号的传送和接收，将记者在特殊新闻现场的所见所闻所感及时、生动地传递给听众，使他们产生"确闻其声、如临其境"之感。记者广播中的音响应是现场极富感染力的声音，加上记者的描述，使听众更好地了解了当地的社会和自然环境，感受生活于其中的人的奋斗。

目前，对于广播现场消息的创作而言，不少记者习惯于到了新闻现场就采访，获取现场同期声、记录事发现场情况等新闻要素，再回到单位整理音响、写稿，而后心平气和地坐在录制间的话筒前录音，如"听众朋友，我现在是在某地为您报道""各位听众，现在是×点×分，在某地发生一起交通事故"，类似的口播、叙述混以现场音响合成、播出，这种流程下做出的报道往往最容易忽视现场的力量，给人"新闻事件很清楚，但现场感不强""听起来没共鸣"的感觉，深入现场报道的价值和意义也会因此大打折扣。

而对电视新闻播报来说，"出镜记者"是一个重要的表意手段和特征。"出镜记者"是一个舶来词，英文原文是"On-camera Correspondent and reporter"，意思是出现在镜头中的记者。出镜记者是在新闻现场，面对摄像机进行口头描述、评论、采访的电视记者和新闻节目主持人（主播）的总称。

对于爱好新闻的受众，即便新闻的播报形式枯燥些，也不影响他的关注；但是对于"两耳不闻窗外事"的受众（这部分受众的确存在，而且数量不菲），要想"挑"起他对新闻的关注就要假以手段。一个单纯的新闻直播现场报道也许并不能引起他的兴趣，但如果出现了极具"煽情"的出镜记者（笔者在这里是绝对的褒义），那受众的范围无疑更广。在西方发达国家，一些知名新闻主播是"老爷爷"和"老太太"，而且年薪可观，不要觉得奇怪，尽管年轻漂亮可以满足观众的审美需求，但人们大多在文艺性节目中去追寻"秀色可餐"。而新闻类节目中观众更追求的是可信度。所谓的"老爷爷"和"老太太"都是有着多年新闻报道自身经验的出镜记者，正是由于这种信任度才能让他坐上新闻主播的位置。动态或突发事件新闻需要记者出镜以增强现场感。调查曝光性报道需要出镜记者一步步探寻真相。重大事件或直播活动需要出镜记者灵活机动,烘托气氛。在"5·12"汶川大地震报道中,各台一线记者大都采用无剪辑拍摄手法,配以大篇幅的记者出镜画面来报道新闻。

出镜记者要注重"大新闻概念"下的时事资料的积累,这是汲取新鲜知识的最好的办法。无论你所处的电视媒体是中央还是地方,对于出镜记者来说,新闻事件本身都不存在地域差别。凡是近期发生、正在发生、即将发生的重要新闻,都应该成为出镜记者猎取的采访对象。身为出镜记者对于新闻事件的获取能力,是衡量其新闻辐射范围的标准之一。

出镜记者在镜头前容易出现以下问题。

(1) 有的出镜记者形象太一般;有的衣着打扮不得体,与现场气氛不协调。例如,在"四夏"大忙的报道中,农民们挥汗如雨地在田间劳动,而有的记者却衣着鲜艳、浓妆艳抹地出现在田间采访,问一些空洞、客套的问题,整个画面极不协调。

(2) 在电视新闻中,经常看到有的记者态度冷漠,不管发生了什么事、现场的气氛如何,都置身事外,始终保持同一表情。这样很容易造成记者与被采访者之间的隔阂,最后造成采访的终止,即使勉强进行下去,采访也只是停留在表面。还有一些记者在现场很容易被当时的气氛影响,或因为被采访者的不幸遭遇而心生怜悯;或因为遇到不公平的事而悲愤不已;或因为看到了光明的前景而兴高采烈,报道受主观情绪的影响。一个合格的出境记者应该时刻记住自己的职责,做到公平、公正、客观地报道。

(3) 镜头前过于兴奋或松懈,表达基调与新闻基调脱节。有的记者在车祸现场报道时语言缺乏紧迫感,语气上显得轻松、怠慢,表情略带微笑。这样的报道让观众看在眼里难过在心里,怎么都觉得这样的记者缺乏起码的同情心。实际上有可能只是记者心里紧张,引起面部表情僵硬,脑子里想着说什么而忽略了怎么说。

(4) 准备仓促,产生应激反应。记者在遇到重大突发事件时往往没有充足的准备时间就要进行报道,在报道时可能出现应激反应,语言表现上语无伦次、无故停顿,镜头前烦躁等。例如,在一次地震突发事件的新闻报道中,由于没有事前沟通,演播室主持人的提问让出镜记者不知该怎么回答,面对镜头,记者回答"这个问题不要问"。这样一来除了让主持人很难接话外,也让观众有了不少额外的猜想,是不是主持人所提的问题是不能让观众知道的呢? 刚才报道的相关内容是不是真实的? 这样非常生硬的回合就会破坏报道的效果。

(5) 只顾内容,缺乏交流。出镜记者急于告诉观众他所知道的事情,或者面对一些公文式内容的播报,全然不管观众听不听得懂,低下头就念,念完为止。

没有重音、没有停连,上气不接下气,观众为记者捏着把汗,直到记者念完才长舒一口气。因为缺少与电视机前观众的交流意识,这样的报道实际上是没有太多价值的,因为观众真的没听懂也记不住记者说了些什么。

(6) 方言干扰新闻传播效果。有的出镜记者由于语言方面带有很浓重的方言音和方言表达习惯,特别是在量词和习惯用语使用上不遵守普通话的表达方法。例如"一辆车"说成"一张车",自行车说成"单车"等。虽然记者在很努力地表达新闻内容,但观众全然在听笑话。因为这样的语言面貌超出了观众在正统新闻节目中对语言接纳的底限。

第三节　电视新闻出镜记者的现场表达

本节主要讲述出镜记者应具备的能力及其在电视新闻画面中出镜的合适时机。

1. 出镜记者和演播室主持人语言表达方面的不同

出镜记者和主持人在新闻连线中同时出现在镜头前,下面就这个特定场景分析两者语言表达方面的不同。

(1) 语体转换:主持人和记者进行连线时是以一种发问和倾听的方式出现在节目中,出镜记者则是主要讲解者,在现场报道中的语言包含讲述、播报、采访、评论等语体形式,出镜记者的语言应随着新闻内容的变化而转变,避免无论说什么、和谁说,语气、表达全一样的机械状态。因此,出镜记者需要掌握不同语体各自的表达技巧。

(2) 口语化:主持人以提问者的身份出现,问题简短,口语化。记者在现场也应该多用口语句式,短句子,说人话,符合语言交流的习惯。在表述时出现一点小磕巴不影响整体报道。观众对于出镜记者语言小磕巴的宽容度远远大于对演播室主持人的宽容度。

(3) 现场描述:主持人在连线并不了解现场情况,无法做出到位的描述。而出镜记者就在现场,现场是最为鲜活的,理应调动自己的各项感官进行准确、细节、生动的描述,力求形象特征突出,让观众和演播室中的主持人感同身受。

(4) 现场评论:主持人对新闻的播出是一种对文字的再加工,评论往往是根据出镜记者报道的内容加以发挥,相对被动。而出镜记者自己是报道者,同时也是评论者,从对新闻的熟悉程度来说占有绝对优势,因此,现场评论要避免信息干瘪、套话、空话,一针见血是现场新闻评论的最佳表现。观众对于记者现场的评论也寄予越来越高的期待。现场播报记者要及时把观察结果和感想描述出来,把注意力放在现场最有价值的事实上,选择人物、细节、气氛,加以描述和报道,不仅要对现场事物特征作描述,还要抓住生动的细节。这样才能在各种情况下镇定自如,变无话说为我会说,或把规定说的成为我自己想说的。

2. 出镜记者应具备的能力

出镜记者作为新闻现场的报道者,在收集信息、整理信息之后,应该有一个结合自己报道特点和语言表达风格的报道意向,并且要随时注意现场动态的变化,与现场负责人沟通,尽量在能够符合整个现场报道主题的基础上,加入自己个人的思考和观察,使现场报道能够呈现出人性化、个性化的风格,使现场报道不是一个程序化的过程,增强其可看性和吸引力。例如在 1997 年香港回归大型直播报道中,出镜记者白岩松在直播前一天对现场进行信息收集时发现,在落马洲大桥上有一条明显的管理线,这个管理线在地理上明确地划分了深圳和香港,而在 1997 年 7 月 1 日之后,这条铁线将成为一个历史记忆,不再发挥作用。但是,这条线所在的地点,并不是白岩松在事先的报道方案中所在的地点,他及时和现场负责人联系,调整方案,使得在香港回归这一天,中国人民解放军驻港部队跨越这条"线"的现场报道成为了整个直播中最大的亮点。

(1) 出镜记者要有较强的新闻判断能力。新闻判断能力分为两个层次:事实判断能力和价值判断能力。对于一个出镜记者,清新的形象、伶俐的口齿以及镜头感这些外在因素虽然重要,但是新闻判断能力却是一位出镜记者重要的必备的素质之一。这关系到应对复杂的新闻现场或者事件突发变故的能力。1997年香港回归,中央电视台进行全程直播,一位记者负责报道港督彭定康的活动。事件刚开始一切正常,彭定康依计划乘车离开了港督府。该记者对现场进行了描述,发了感慨,做了评论,报道本可以就此告一段落。但谁也没有料到,记者的话音刚落,彭定康的车子竟然绕了一圈又回来了。该记者只好又拿起话筒,把刚才的一番话重复了一遍,最后说:"……我们也不知道他为什么又回来了。"这次总算对付过去了。但不可思议的是,片刻之后,彭定康又回来了。这位记者只好把刚才的话第三次重复背诵。噩梦还没有结束,彭定康的车子再次缓缓驶入镜头,这一次该记者被彻底击垮了。电视观众只能看着无声的画面,自己揣摩了。

(2) 出镜记者要善于打动观众。每一位记者的报道方式可能各具特色,但是最根本的是要打动观众。这里边又分为几种形式:首先是通过内容打动观众,这种形式经常在突发性事件报道当中出现。例如在一次采访过程中,记者遇到一辆装满冰箱的汽车,在环城路上发生自燃,记者从到达现场开始,就采用出镜报道形式,在灭火的各个环节都进行现场解说,让观众仿佛身临其境,跟随着镜头往下看。其次是通过形式的更新打动观众。在以往的现场报道中,记者经常是站在一个固定位置,为大家进行解说。而有一些记者就采用了不同的形式,中央电视台一位体育记者在达喀尔拉力赛的现场报道当中,坐在地上,拿着一张图表,讲目前的方位。这让观众看着很舒服,也很有新意。而行走出镜也是一种不错的方法,因为有移动画面,看着有变化也就不枯燥了。再如记者就小区供暖问题进行报道,在暖气供应之后,来到小区某位住户家中,对房间温度、舒适度等进行出镜报道,从客厅的温度计到卧室的温度计,以实际的指数向观众加以说明,真实感强,同时画面不枯燥,还能吸引观众的注意力。

有的出镜记者急于告诉观众他所知道的事情,或者是一些公文式的播报,全然不顾观众的理解反应,没有重音没有停连。上气不接下气,观众都跟着呼吸急促,直到记者念完才长舒一口气。因为缺少与观众的交流意识,这样的出镜报道实际是没有太多价值的。

记者所负担的功能是"告知观众重要的现场信息",这种"重要信息"不仅包括画面之内的,也包括记者在现场"感受"到的重要信息。这就要求出镜记者通过自己的视觉、听觉和嗅觉等感受现场的气氛,并用鲜活流畅的语言告诉大家。

(3) 出镜记者的语言表达要流畅,并有条理性。出镜记者要做到语言表达流畅并有条理性,需注意以下几点:

① 加强导语信息含量,开门见山亮出底牌。

② 新闻事实语句的组织仅仅围绕报道目的展开。

③ 以短句为主,一句一个事实,简单利落,注意事实之间的逻辑关系。例如,北京电视台晚间新闻节目《直播北京》,在报道冬季禁止垂钓的新闻时,出镜记者的现场报道是这样的:"观众朋友,我现在是在昆玉河畔,按照北京市河湖管理条理是严禁在此进行垂钓的,长期垂钓不仅对河流质量带来影响,在冬季进行冰钓对生命安全也会带来很大的隐患。前两天,我们城管队员对前来冰钓的人进行了规劝,可是,当今天记者再次来到此地的时候,进行冰钓的人不但没有减少反而增多了起来。"如果我们重新将这段现场报道进行分解、隔断报道,也可以这样:"北京市河湖管理规定禁止垂钓,可是在昆玉河上还是有人在钻冰取鱼。进行冰钓的市民老人居多,长时间待在冰面上不仅容易感冒,更会诱发其他疾病,最危险的是冰层薄厚不均,给人身安全带来隐患。前几天我们报道了城管人员好心规劝市民不要冰钓,可是,今天我们再次来到这,发现来冰钓的人不减反增。人身安全与冰上取乐哪个更重要呢?"上下两端内容不难发现,后一段信息点更加突出安全隐患,条理清楚,中心突出,逻辑性强。

④ 围绕细节,展示语言功力。2008 年 3 月,中央电视台记者王玉国为国际英文频道采制了一则新闻特写——《走进战地记者培训班》。片子开头的第一个镜头是,一群接受培训的记者正在室外的大树下围着两名教员交谈,突然"噼噼啪啪"的声音响了起来,大家马上就地卧倒。随即片子转到了第二个镜头,是记者本人俯卧在地上的头部特写,而摄像机则是平放在地面从记者头颅的正前方拍摄的。就是在这样的情形中,记者抬起头来,压低声音做了一段"俯卧式"英语出镜: We are practising how to protect ourselves properly at the first moment when there is a shooting. 这段出镜词翻译过来就是"我们正在练习当枪击发生

时,应该怎样在第一时间合理地保护自己"。实际上,记者已经用动作细节,也就是迅速俯卧在地,回答了提出的问题。通过记者这位特殊的受训人的话语和行动,观众也会有置身特殊情境之中的感觉,这样的现场报道由于有细节的支撑而充满了鲜活的个性。

⑤ 提高对象感、镜头感,综合运用体态语。很多时候,出镜记者赶到新闻现场,只看到了结果,于是出镜记者要进行新闻调查,通过各种线索来还原事件的过程,然后通过叙述、演示等方法向观众进行现场报道。在这个报道过程中,出镜记者需要调动新闻现场的各方力量及各种元素,为观众尽量还原新闻事件的发生过程,除了新闻调查之外,还可以通过对比、演示和体验等方式,让观众产生形象、生动、具体的现场感觉。出镜记者要有敏锐观察力和快速现场反应力。甘肃卫视新闻评论栏目《今日聚焦》在关于揭露黑心棉工厂的报道中,记者赶到现场时看到负责人办公室已经人去楼空,随机抓住一个走过厂房的人开机采访。该人拒不承认自己是工人并且表示工厂早已停止生产,这时记者看到其头顶和衣服上都粘有棉絮,于是抓住这一线索,穷追不舍,被访人言辞前后矛盾,无言以对。

(4) 出镜记者采访提问的语言要讲究艺术性。现场报道中,出镜记者不仅会在镜头前进行播报,还可能会采访相关人士。虽然之前可能和采访对象进行过沟通,但是在采访过程中,也要特别注意几点:首先,采访的问题不能过于简单。最常见的问题是问采访对象"感觉怎么样",要么对采访对象说"给我们介绍一下情况"。其次,要尽量减少无效提问。有时候一些简单的沟通可以拉近与被采访对象的距离,让被采访对象减少紧张感。但如果真是到了镜头前,除非特别必要的情况下,不要与被采访对象进行过多的无效对话,尽快切入主题。记者在一次采访中采访行路难的问题,当问到一位骑车的市民时,一句问话"你怎么推着车子走"就引起了她的共鸣,将她的感受完完全全地说了出来,话语非常朴实,让人感到特别真实。

因此,出镜记者的提问首先要具体、有针对性,切忌笼统。不要去问那种只能用"是"或者"不是"来回答的问题。一般可以采取开门见山的直接正问,如在文明交通知识进校园活动报道中,采访学校老师时可以直接问:"你觉得这次活动的举行,对学生在出行方面会不会产生一些影响?"或者从侧面提问:"平时学生们过马路一般会不会注意走斑马线?"也可以采取反问的方式,向学生提问:"你觉得父母开车时候接打手机是安全的吗? 这样对吗?"还可以根据被采访者回答的线索继续追问下去,打破砂锅问到底。

(5) 选准记者出镜的典型场景。由于电视新闻要尽可能地用声画一体的图像展示现场、叙述事件,让观众耳闻目睹新闻的发展过程,因此在电视现场短新闻报道中,记者必须有出现在画面里的时候,他是事件的目击者又是参与者,他要从观众的兴趣出发向当事人或目击者提问，他提出的问题要是观众欲知未知的问题，阐述的观点要是观众期望了解的信息，所以记者在出镜前，一定要选好出镜的时机，强调记者在现场的直接感受。例如，2010 年 5 月 23 日下午，黑龙江省庆安县呼兰河一渡口发生客车坠河事故，记者随有关部门及时赶到现场，抓住营救人员下水探查、客车打捞出水等关键时机，通过现场报道形式记录了一个个扣人心弦的时刻，使报道以极强的现场感和视觉冲击力而广受好评。

因此，现场报道的环境设定不是随意性的，让观众和记者一起身临其境，感受现场的环境和气氛，是现场报道中记者出镜的重要作用。出镜记者选择的现场应该是报道的新闻中最直接、最典型、最有说明性的场景。例如关于抛填港湾进度的现场报道，工地上有推土机、挖掘机，远处是大海及大片抛填出的港区和一面爆破过的山崖。如果记者站在抛填出的港区工地，那么大海、挖掘机、推土机都会成为背景，工地上火热的场面也能反映出来。然而，记者却站在一片爆破后的山崖底下，尽管现场解说抛填进度如何神速、场面如何宏大等，但观众看到的只是一片爆破过的山崖而不是火热的场面，报道效果受到影响，达不到宣传目的。

第四节　广播电视新闻播音主持案例分析

本节主要通过优秀主持案例的分析，使广播电视新闻播音主持的相关注意事项得到更为感性的认识。

新闻现场出镜记者要将整个身心融入新闻事件中。2008 年 5 月 12 日 14:28 分，中国四川省汶川县发生 8.0 级地震，地震灾害发生之处，无不满目疮痍，损失惨重。县城眨眼之间夷为平地，尸体遍布的幼儿园和学校，悲怆而执著的寻亲的人，任劳任怨、永不轻言放弃的人民子弟兵，老泪纵横的温总理……这一切在满足受众极度信息渴求的同时，也让每一位信息接受者无不感受到了一种巨大的心灵震撼。许多出镜记者如张泉灵、李小萌等在现场出镜报道中个人感情毫无遮掩，有的潸然泪下，有的无语凝咽，有的悲愤失语，这些深深打动了观众的心，提升了新闻报道的整体影响力。而陈鲁豫当时在都江堰的报道却遭到许多人的批评，感觉她的一举一动十分做作。所以，有人说，汶川地震成就了张泉灵，而毁了陈鲁豫。张泉灵在汶川地震中流露出的真性情，将一个坚强的四川人的感受表现得淋漓尽致。而陈鲁豫举手投足间显示出的优雅与冷静却让她在这样的一个氛围中显得格格不入。受众钟爱的是能够将整个身心融入新闻事件中的感同身受者，是有情感的人，而不是冷冰冰的播报与采访机器。

广播电视新闻现场播音主持要强调记者在现场的直接感受。"5·12"汶川地震，出镜记者在现场的报道，给人们留下了深刻印象，由于是突发事件，所以记者临场发挥的成分非常大,对于话题的操控能力、临时应变能力都是一种考验。而张泉灵在这次采访中一枝独秀,重点就是她把自己的感受以一种独特的方式传播给了大家。例如《张泉灵徒步 9 小时回到都江堰大本营》都是耳闻目睹的亲身见证,在讲述道路艰难的同时,更多的是告诉大家不知道的背后细节,张泉灵在帐篷前的解说是:"我一定得告诉你们当地的民风有多淳朴!必须的!在漩口镇,老百姓 24 小时守候在黑漆漆的道路两边,为的是给前来救灾的部队送热水、送吃的。可是你必须知道,从今天早上开始,漩口镇因为和外界极难沟通,粮食极度紧缺。就这样,他们仍然把青菜、粮食留给了我们的解放军战士。"敏锐的观察、细节的力量、画龙点睛的点评都给现场报道增添了很强的感染力。

广电新闻采编人员要有很强的抢时效的意识,对重大新闻事件极具新闻敏感,及时抓住观众的兴趣所在,适时展开节目内容。以中央电视台新闻频道 2009 年 10 月 1 日《国庆 60 周年盛典特别报道》为例。当晚 9:45 联欢晚会刚刚结束,中央电视台新闻频道中断常规节目,以演播室直播的方式开始特别报道。节目就人们关心的天安门广场演职人员是否撤离,以及撤离的速度等情况进行电话连线直播报道。演播室主持人张泉灵和康辉连线晚会指挥部运行小组的负责人王厚奇,及时报道了晚会疏散的三个步骤及天安门广场疏散的进度,之后又连线北京奥运大厦的现场记者朱世松,介绍直播报道参加晚会的 70 多位演员的疏散情况。《"钱江潮"特别报道》等节目一改在电视台设置演播室的常规模式,将演播室设置在新闻现场,让观众"身临其境"地感受现场的气氛。如记者在钱江潮即将到来的现场作直播报道,当钱江潮水紧逼过来、眼看就要冲上大坝时,记者边报道边迅速向安全地方撤离。记者的情绪、语态、举止不仅让观众真切地感受到了潮水的迅猛,而且还为记者的安危担忧。这种报道方式的现场感和视觉冲击力极强,充满了紧张和悬念,牢牢地抓住了观众的眼球,让观众欲罢不能,形成了巨大的传播力和影响力。

《国庆 60 周年盛典特别报道》节目把最具时效性的新闻事件设置在节目开端,在事件进程中的每一个时间点上向不同的空间深度延伸,达到多个高潮,使节目框架呈现出纵横交叉的结构特点。节目通过现场报道、现场连线直播、人物专访等报道方式,尽可能多地把国庆 60 周年大阅兵和联欢晚会背后鲜为人知的故事和与之相关的信息详尽地报道出来。通过前期的人物专访、演播室嘉宾访问、录播报道、资料搜集等方式将这一重大事件背后的秘密第一时间向观众披露出来。很多在晚会结束之前不可报道的秘密,特别报道抢在其他媒体之前在新闻事件刚刚结束就一揽子向观众披露,不仅使观众享受到了视觉和信息的饕餮大宴,便宜地从中获知重大新闻事件背后的新闻,大大开阔了视野,而且在速度、深度和广度上超过了其他媒体。

《国庆 60 周年盛典特别报道》将最具时效性的新闻要素安排在开篇处吸引

观众的眼球。这期节目还有一个突出的特点是重点报道迭起,形成多个亮点,并采用同题集中和同类集中的方式对这些亮点进行组合报道。这些亮点都是编辑根据新闻事件的特点,先期策划组织,在节目中形成了天安门广场疏散、焰火构想、组字方阵和光立方揭秘等重点报道。同题集中,即将同一事件的相关报道组合在一起,使人们形成对事件的整体印象,而同类集合是把内容上有关联的稿件集中起来,突出报道,以引起观众的注意。节目将有关焰火造型、设计、生产、燃放的报道和光立方的构成、表演成员、训练过程等报道集中编排,形成规模效应。此外,节目通过主持人、嘉宾的适时点评、补充与新闻相关的信息,阐述新闻意义,揭示新闻的底蕴,加大了信息量,方便观众理解。在技术上,这期节目将画面设计成双视窗,让画面结合报道内容阐释主题,其效果超出单独播发。如在专访国庆联欢晚会焰火总设计师蔡国强时,采用双视频,一边播出蔡国强讲述自己的焰火梦想,一边展示联欢晚会美轮美奂的焰火画面,效果精彩,使观众知晓了焰火构思是如何产生的,并再一次分享了"国庆焰火"的视觉盛宴。特别报道节目可通过运用各种编辑加工方式使报道在可视性与分量上实现双赢。这期节目还设置了多个兴趣点,将阅兵式和联欢晚会上鲜为人知的幕后秘密、强有力的视觉冲击点等元素编织在一起,层层递进,环环相扣,不断揭秘,精彩纷呈,使观众在观看三个多小时的特别报道时欲罢不能,新闻传播力悄然强化;通过主持人不断提示下一环节的精彩内容来吸引观众的收视兴趣;通过现场采访、记者模拟表演、人物专访等方式打出的组合拳,充分发挥了电视新闻传播的信息易得性、现场亲历性、受众广泛性等优势,使观众知晓了与这一重大新闻事件相关的其他信息。为报道配发的文字、标题、提示以及设计的双视频,在方便观众观看、提升传播效果的同时,也使屏幕显得简约大方,极具观赏性,不仅使观众轻易地获取了有效信息,而且避免了电视画面单一信道传播的缺点,增加了传播信息量,美化了屏幕。

中央电视台新闻频道特别报道策划意识强,节目结构脉络清晰,在依照电视新闻传播特性的基础上,布局谋篇独具匠心,新颖别致,整体气势与局部细节比例恰当,讲究信息的选择和深度加工,避免了随意选择的粗放制作。《这一天——改革开放30周年特别报道》节目选择12月18日这个具有历史意义的"这一天",由主持人李小萌和嘉宾赵忠祥随意抽取1978—2008年中某一年12月18日的《新闻联播》,就节目中关于改革开放这一中心话题进行多维度的解读。节目中历史影像的客观呈现、主持人的理性点评、现场报道与背景材料适度适量,使其外延得到拓展、内涵得以深化,节目呈现出发散式结构,节目整体的报道方式独具匠心。主持人随意抽取的1986年12月18日的《新闻联播》,播放了头条消息《谷牧视察广州经济技术开发区》,把观众拉回那个激情澎湃的年代,之后节目采用蒙太奇时空转换的手法将观众的思绪又拉回现实,主持人引入20

世纪 80 年代在北京中关村成立的"希望电脑公司",现场记者对该公司进行寻访,报道了该公司的成立和发展,使观众清晰地看到了中国民营企业的发展轨迹。

思考题

1. 广播电视新闻播报的备稿应注意哪些问题?

2. 新闻评论类节目主持人的导语、串联词的撰写与解说应注意哪些问题?

3. 试述出镜记者在镜头前出现的一些问题,并思考如何才能避免这些问题。

4. 出镜记者要打动观众可以采用哪些手段?

推荐阅读书目

［1］罗莉.电视播音与主持艺术.北京:北京广播学院出版社,2004.

［2］http://wenku.baidu.com/view/287b8d11f18583d049645949.html.

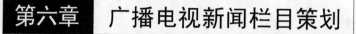

第六章　广播电视新闻栏目策划

策划,是一个由来已久的概念。策,原指古代用来赶马的鞭子,引申含义是为马掌握方向。策划,则是决策、谋划,是针对未来要发生的事情做当前的决策。《史记·高祖本纪》里面提到"运筹帷幄之中,决胜于千里之外",指的就是策划在军事作战中的重要性。在我们的日常社会生活中,策划的影响也无处不在,无论是政治、经济、体育等,都需要相应的策划操作。《哈佛企业管理》里这样定义它:"策划如同一座桥,它连接着我们目前之地与未来我们要经过之处。"

新闻栏目策划,指的是策划人员为达到更好的新闻传播效果,在恪守新闻道德的前提下,对已有资源进行优化整合,对采访、报道等环节进行策划,制定出富有创意的思路、方法和对策。新闻栏目策划能力的优劣是媒体影响力的重要体现,一个好的栏目策划,可以带来巨大的社会效益和经济效益。

在了解广播电视新闻栏目策划的具体操作之前,首先要厘清"新闻策划"和"策划新闻"的概念,这对概念看似相近,实则有本质区别。新闻策划的操作对象主要分为两种:一是新闻事件已经发生或确定即将发生,采编人员需要做的是策划出更好的报道方式,这以不改变新闻事件的客观事实为前提,改变的只是观察新闻的视角;二是新闻机构参与筹划与引导事件的发生,如新闻机构策划的慈善活动等,这以不违背道德为前提。二者完成的都是"新闻报道的主题遵循新闻规律,围绕一定的目标,对已占有的信息进行去粗存精、去伪存真、由此及彼、由表及里的分析和研究,发掘已知,预测未来,着眼现实,制定和实施相应的政策和策略,以求最佳效果的创造性的策划活动"。① 从分析看,新闻策划对社会无害甚至有益的,它的所有规划都是在遵循新闻客观性规律前提下进行的。

如果说新闻策划是一个中性乃至褒义的词,那么与之相对的,策划新闻则是贬义的概念。它指为达到某种宣传效果或社会效果,而人为地策划一起可供媒体报道的事件。有大量的假新闻,其产生的原因正是因为策划新闻,这样做的后果只能是冲击广播电视媒体的公信力,形成恶劣的社会效应。

在明晰新闻策划与策划新闻的区别之后,我们就界定清楚了广播电视栏目

---

① 赵振宇. 新闻策划. 武汉:武汉出版社,2000:10。

策划的操作范围和边界。在此基础上，就可以对栏目进行富有创意的筹划工作了。

第一节　广播电视新闻栏目策划的依据

策划是一种理性活动，它并非制作过程中某一阶段的独立行为，而是贯穿于整个栏目制作的前期、中期以及后期。栏目的策划依据现有之资源，考虑策划的背景，对未来活动进行充分规划。因此，在进行策划活动时，需要对栏目进行全盘考虑，不仅栏目组织者、栏目创作者要参与策划，甚至栏目的播出、经营也同样需要策划。正因为策划贯穿于从微观节目的制作到宏观的产业发展的整个过程，因此影响策划活动的因素就更值得注意。

策划操作的对象是广播电视栏目。"栏目"与"节目"是不同的两个概念。"节目"指广播电视中基本的组织传播单位，每一期节目都有自身特定的名称、内容和主题，在外在形式及时间长度上，都有可能有所不同。而"栏目"则是随着广播电视的发展所形成的一种固定形态。所谓栏目，是指"有固定的播出时间和时长、内容主体和形式风格统一、定期播出的节目单元"。① 有了栏目的概念，可以将独立的单期节目进行统一标准的调整，固定它们的主题、风格、包装等。这样，每一期节目的呈现形式都较为接近，遵循着节目的特定形式，不变的只是每一期的具体内容。可以说，栏目化为节目提供了制作的准绳，使新闻栏目策划有章可循。策划的具体依据如下。

1. 意识形态宣传要求

广播电视作为大众媒体，在公众生活中发挥着不可或缺的作用，电视甚至被公认为"媒体之王"。这证明了其毋庸置疑的巨大影响力，正因为这样的影响力，在策划新闻栏目时更要注意意识形态宣传方面要求，力求做到以正确的舆论引导观众、以高尚的品味打动观众，同时，切实考虑观众的需求，把握两头，上下通气，巧妙结合，才是节目策划的出发点。如我国的老牌新闻栏目《新闻联播》，除了常规的内容外，在策划中，考虑到平民大众的关心问题，增加了每天固定的《走基层》版块，其策划宗旨是以平民的视角，去发现与普通人工作生活息息相关的问题，并进行连续关注，该版块在播出以后，从内容到形式，观众都很乐于接受，很好地体现了党和政府对大众的关心。

2. 资质因素

在进行栏目策划时，也需要考虑栏目自身制作的资质，资质因素包含两个层面：一是"硬件"层面，如拍摄、制作的相关许可；二是"软件"层面，包括制作相关

---

① 陆晔，赵民．当代广播电视概论．上海：复旦大学出版社，2010：164－165。

节目的经验、媒体的人脉等。例如,在做硬新闻方面,中央电视台和东方卫视就有较好的资质,而在民生新闻方面,江苏、浙江两地的电视台则有自身的独特优势。这些资质都可能对栏目形成制约。在策划时,需要了解自身的优劣势,做到知已知彼,扬长避短。

3. 资金因素

资金因素直接限制了节目的规模、效果等。新颖的创意、优秀的节目,在资金短缺的情况下也只能是无米之炊;另外,资金因素虽然是节目的必要因素,而光凭资金,并不能够买到好的创意,还需节目策划者的努力。

一方面,资金因素会制约节目的制作;另一方面,上乘的节目又可以创造经济效益,带来资金上的收入。收视率这一指标往往与节目的经济效益挂钩,好的策划为节目带去较高收视率,而较高的收视率又催生了广告额,反哺节目。

4. 主创人员

每个栏目都有着自己相对较固定的主创班底,包括制片人、主持人、记者、编辑、摄像等,这些人术业有专攻,能力也不尽相同,也正因为这些不同的创作者们,栏目的形态、创意等有千差万别。主创人员,特别是主持人,往往会给新闻节目打上强烈的个人烙印,如白岩松的理性分析、柴静的冷静解读、孟非的快意点评,都是属于他们个人的专属标签。

5. 社会资源

社会资源包含两个部分,即有形资源与无形资源。有形资源包括与节目相关的人脉、可供使用的场地空间等,无形资源则包括社会关系、政策的支持、相关的组织等。

社会资源具有很强的地域性,在一些方面,它还与当地的文化有着很深的联系。例如,上海地区拥有丰厚的财经方面的社会资源,这与上海国际金融城市的地位相关,因此,上海地区在做商业新闻方面就有独特优势。

6. 项目的难易程度

一个新闻栏目,也就是一个项目,它的难易程度直接影响着策划与制作的环节。项目的难易程度,与制作播出的方式、内容的选择、节目的效果等一系列因素联系在一起。例如,直播节目的难度比录播节目更高。

第二节　广播电视新闻栏目策划的过程

策划是运用理性思维进行具体谋划的工作,它不是一个"毕其功于一役"的活动,而是贯穿于整个栏目的制作过程的始末。因此,可以对广播电视新闻栏目的策划过程按照制作顺序进行分类。

1. 确定选题

新闻选题的确定,是新闻报道的起点,选题的合适与否直接影响最后新闻报道的效果。一条新闻,无论其制作手法多精良,如果在选题上有所偏差,那么都无异于是缘木求鱼。要确定一个新闻选题,需要其满足以下要求。

1）满足受众的需求

在如今社会,收视/听率这个概念往往成为评判一个节目的主要标准,甚至连广告商在选择投放广告时,都是要和收视/听率挂钩的。收视/听率这个指标给广播电视带来的最大改变就是让传播视角开始下移,改原来的"我播你看"的宣讲式传播为现在互动性更强的传播方式,新闻的选题更加贴近普通民众生活、叙事更为亲民。一句话,受众的需求得到了新闻采编者的重视。

值得注意的是,在具体的操作中,不同的新闻节目的选题也各有要求。例如,在以江苏电视台《零距离》为代表的民生类新闻节目中,选题更偏向于具体的民计民生问题,对于政治政策的报道较少;而在《新闻联播》中,则会多选取和政治政府相关的题材,即使选取民生类题材,也需反复斟酌,考虑其中的典型性、政治正确性等。二者之间的选题差别,与节目的定位有着直接联系。

2）满足政治的需求

广播电视新闻除了有较强的服务性之外,还是社会的公器,需要在政治生活上承担起应当承担的责任,发挥其言论引导解读的功能。具体说来,广播电视新闻在政治上满足着政治参与、政治沟通、政治控制、权力监督、议题设置等几方面的需求,而这些方面都是社会运行的重要部分。

在新闻选题中,有专门的一类,是为了配合党和政府的工作而确立的。这些选题一般都有着重大社会影响或被群众普遍关心,其内容包括党和政府近阶段的重要工作、社会工作中的热点、难点、焦点等重大题材等。一个成功的新闻选题,可以传达正确的政治理想、政治目标、政治信仰、政治情感、政治态度、政治动机等,既有利于和谐社会的建设,也有利于公众的议政参政。

3）满足舆论引导的需求

舆论,就是在特定的时间空间里,公众对于特定的社会公共事务公开表达的基本一致的意见或态度。舆论所谈的话题都是涉及公众利益的事务,形成舆论的主体正是大众。广播电视是大众媒体,也是党和政府的耳目喉舌和舆论宣传阵地,它们的影响力巨大,因此更要谨言慎行,完成正确引导社会舆论的使命。在具体的节目中,新闻在题材的选择上涉及多方面的价值引导,包括政治价值、社会价值等,这些价值都潜移默化地影响着受众。

2. 搜集信息

确定选题后,即可开始围绕选题进行信息搜集的工作。所谓信息,即消除不确定性的一切事物,在英文中译为 information,含义是情报、资料、消息、报道。

可以说,信息的概念包含面是非常广的,它既包括声音、图像,还包括形态、色彩、语气等。在信息爆炸的时代,广播电视新闻节目的策划对于相关信息的依赖程度已经越来越高了。

具体的搜集范围主要包括以下几个部分。

1) 背景信息

背景信息即与新闻事件直接相关的具体信息,包括相关的社会舆论、政策信息、事件的来龙去脉等。现今的世界已进入地球村的时代,搜集背景信息的渠道也更加多元,网络、手机等新兴媒体可以为人们提供很多相关的帮助。对于新闻节目来说,只要条件允许,背景信息搜集越翔实,在开展节目策划时也就越轻松。

以《焦点访谈》栏目在 2013 年 1 月 24 日播出的《"房姐"们不能说的秘密》为例,该节目的选题是一个非常有社会代表性的新闻个案,观众也普遍对其比较关心。在这期节目中,制作者搜集了大量的精确数据,例如"房姐"龚爱爱的具体房产数量、房产的地理位置、户口变迁情况等,所有的信息都发挥了很大的作用,使新闻评论的展开显得有根有据、扎实可信。

2) 媒体竞争信息

任何新闻的播报都不是孤立的,都是和其他媒体发生联系的具体媒体行为。在媒体竞争日益加剧的今天,在新闻策划时就需要考虑媒体竞争的因素在内,而不能再像以前那样独善其身了。正所谓"知己知彼,百战不殆",在策划阶段,媒体自身的以及竞争者的相关信息都在搜集的范围之列,具体包括人员、资料在内的"软件"信息,以及资金、技术在内的"硬件"信息。同时,新闻的选题是否独家,其他媒体是否播报、怎么播报,这也是重要的信息搜集对象。

3) 反馈信息

广播电视的一个重要趋势就是互动性的增强,如热线电话和反馈邮箱等,都是受众的重要反馈渠道,通过这些渠道,观众可以与栏目组产生良好的互动,对栏目提出建议和意见,栏目组也可以有的放矢地制作出更符合观众口味的节目。例如,原江苏卫视的《南京零距离》在 2012 年进行了全面的改版,其中不少的改进意见便是参考了受众的反馈信息。

3. 判定新闻价值

新闻是一种特殊的体裁,与电视剧、娱乐节目等不同,它有着自己一整套的价值判断体系。一条新闻,能否被制作并在相应平台播出,与它是否有足够的新闻价值密切相关。

新闻价值是指新闻事实自身具备传播价值的主要因素,也叫新闻价值标准,它是新闻传播者对新闻事件进行选择的主要依据,"新闻价值本身可能不足以将一个事件转变为一条新闻,但它们增加了该事件成为新闻的机会"。① 一般来说,它包含新鲜性、重要性、贴近性、显著性和趣味性等。

新鲜性包括两部分:一是新闻事件要是新鲜的,异于以往情况的;二是新闻相对于观众要是新鲜的、及时的,在时效性上有保证。

重要性指新闻事件的重要程度,事件越重要,相对应的新闻价值也就越大。

贴近性即新闻事实需与受众在地理上、心理上或者是利益上相接近,这样的贴近性可以增加新闻节目的收视吸引力。

显著性即新闻中所涉及的人和事知名度越高,相应的新闻价值越大。

只要允许,一定的趣味性可以提升新闻节目的新闻价值。

对新闻价值进行判定,有利于更好地开展下面的策划。好的新闻不仅可以反映重要的客观事实,还能揭示深刻的精神内涵。

4. 设计与实施方案

如果说之前的步骤主要属于前期的话,方案的设计与实施阶段就进入到了具体的操作范畴。具体的设计与实施,涵盖了专业频率、固定栏目的设置,节目主持人和听众互动交流各类话题的拟定等诸多方面。具体的操作过程需要采编制作人员具有创造性思维、开放的设计头脑,这将在后面的部分具体讲述。

5. 修正方案

节目的策划绝不是一蹴而就的过程,它需要及时对设计方案进行调整,以帮助节目臻于完美。在节目的初步策划完成后,要通过多种渠道对其进行评估,包括制作质量、市场价值、社会效益等方面的审核。在方案修正过程中,受众的反馈意见、专业学者的学理分析、收视率和欣赏指数的指标等,都可以成为重要的参考因素。

在这些参考因素中,反馈的信息是极为重要的一环。这些反馈信息不仅来源于节目的受众,也来自于节目中报道的对象,以及与节目相关部门与主管单位。在接受到这些信息之后,就可以进一步找出节目的问题,对原方案进行调整。具体的调整内容包括报道的思路、报道的内容、报道的规模、报道的方式等。

第三节 广播新闻栏目的文案设计

在传媒的发展过程中,广播有着辉煌的历史。1907 年,经过努力,美国人德福雷斯特首次发明了可用于广播的三极管,他随即高兴地宣告:"我发现了一个看不见的空中帝国。"很快,1920 年,美国底特律的一家试验性电台播送了州长竞选新闻,被称为首次广播新闻。而在 1933 年,广播史上著名的"炉边谈话"更

---

① [美]塞伦·麦克莱. 传媒社会学. 曾静平,译. 北京:中国传媒大学出版社,2005:59。

进一步地证明了广播的影响力之盛。

广播新闻节目在我国有很长的历史。中国共产党领导的广播电台——延安新华广播电台,创立于 1940 年 12 月 30 日,并在 1949 年时定名为中央人民广播电台,很快,中央人民广播电台陆续开办了一批在全国有重大影响并延续至今的节目,如《各地人民广播电台联播节目》《首都报纸摘要》等,这些节目在信息匮乏的年代几乎成为人们获取外界信息的最主要方式。

在近代,广播曾一度呈现颓势,电视、互联网等媒体后来居上,无形中攫取了广播的大批受众,广播生存状况惨淡,广告额锐减。这样的状态持续了一段时间后,随着传媒行业的发展,人们又一次发现了广播的魅力,广播节目如今的盛行就是明证,而广播新闻更是因其特质显示出巨大的生命力。

1. 广播新闻节目的特点

广播和电视一样,都是电子媒介,它们的物质技术基础都是电子技术设备,信息载体则是电磁波或导线。它们均不需要发行渠道,在广播信号的覆盖范围内,只要观众打开接收机,就可接受到广播节目,建立起媒介与受众的直接联系。

与广播相比,报刊书籍作为纸质媒介,其物质技术基础是印刷技术设备,其信息载体是纸张,并通过一定的发行渠道被受众所获得。而电影作为视听媒介,其物质技术基础则是感光技术设备,其信息载体一般为胶片,只有通过发行和放映渠道传递给受众。和电视相比,广播又具有很强的便携性,人们可以通过收音机随时方便地收听,因此,广播在传播效率上占有很大优势。

广播与电视最大的不同在于其传递的唯一渠道就是声音,图像信息则不在其表现的范围。一方面,这是劣势,在表达的形象性等方面有所缺失;另一方面,这又同时成为其优势,因为没有图像信号的干扰,声音是唯一的信息来源,听众的注意力全部集中到声音上,因此其作用也就被放大,这也是进行广播新闻栏目文案策划时需注意的因素。

在策划过程中,应充分挖掘声音真实、生动的优势,尽量避开其不足之处。在新闻栏目中的声音,并不是现实世界中随处可闻的声音,而是创作者经过耐心追寻后得来的,这些声音必须具有代表性和典型意义,可以充分地再现新闻事件的原貌,它们可以让新闻更具有说服力和感染力,同时还能提高新闻的社会价值。

2. 广播新闻栏目的文案策划

一个合格的广播新闻栏目,需要充分地利用广播的优势,把广播的特点和新闻的特点结合起来,巧妙地统筹栏目的各个层面,形成一个有机整体,体现出创新的特点。在广播新闻栏目的策划中,主要考虑以下几个方面。

1）栏目构想

节目构想是广播新闻栏目策划的起点,也是定基调的一步。节目的构想包括对栏目所呈现出的形态、风格、主题等方面的预设,它是节目制作人员对播出节目的思想内容、目标受众、节目样式、制作风格等的划定,是对节目设置的目的和宗旨所作的事先规划,是在策划节目时所定下的目标。有了这个构想,策划便有了实施目标。

2) 栏目名称

对于广播新闻栏目来说,节目名称的重要性更加超过电视新闻栏目,因为广播是听觉性的,一个广播新闻栏目能否被听众记住,没有其他道路可走,只能在听觉上下工夫。因此,节目的名称在第一时间抓住听众,并且被听众牢牢记住,是非常重要的。

一般来说,节目起名的创意手法主要有几种:①根据节目的时间起名,如《909 午新闻》《新闻夜谭》等;②根据主持人的名字起名,如《小杨帮你忙》;③根据节目内容起名,如针对体育新闻的《阳光体育》和天气类新闻《气象预报》;④根据节目诉求起名,如《话说天下事》《关爱手牵手》。

3) 栏目对象

一个广播新闻类节目的定位,首先从听众调查做起,了解了节目的目标受众,即可以展开具体的策划操作。在听众调查中,主要收集他们的性别、职业、年龄、区域、学历、收入、家庭结构等方面的信息。根据这些信息,分析他们的特点,从而对广播新闻栏目做出明确的定位与构想。

4) 栏目宗旨

栏目宗旨代表着节目的诉求,与栏目构想不同,栏目的宗旨是每次节目都会向听众传达的,也是这个栏目的吸引力所在。每个广播新闻栏目还有其独特的宣传口号,这样的宣传口号就往往是对栏目宗旨的凝练,例如广播栏目《一路畅通》,它的口号"大家帮助大家"就是栏目宗旨的传达,需要在栏目中不断重复。

5) 栏目长度

对于栏目来说,长度一般是固定的,除非有特定的纪念节目或特殊情况。栏目需要根据其内容、类型、播出时段等诸因素进行考虑。内容量大的一般时长也会相应增加,而专题类新闻栏目一般又要比消息类新闻栏目时长长,另外,在黄金时段和非黄金时段播出,这样的因素也在影响栏目长度的设定。

6) 栏目的播出频率和播出时段

栏目的特点就是风格、主题、播出状态等相对固定,因此,设定栏目的播出频率和播出时段,对于新闻栏目来说有着重要影响。例如,日播类新闻栏目和周播类新闻栏目就有着显著的不同,而整点滚动播出的新闻和日播类的又不一样。一般来说,播出频率越高,信息传达越快,新闻的时效性越好,而播出频率低的新闻,一般不以时效性为最大卖点,转而在新闻的解读深度上下功夫。

播出时段指栏目在一天中的何时播送,早间、午间亦或是夜间。不同的播出时段对栏目提出的要求也不一样。以早间新闻为例,早晨时间的紧张性也对广播新闻的信息量提出更高的要求。概括地说就是新闻稿件要简短,时效性要强,涉及面要广,播出节奏要快。

7)栏目的编排

新闻栏目的编排就是指若干新闻稿件在一次节目中的排列组合。广播新闻编排和报纸的新闻排版一样,实际上体现了栏目的编辑方针,当然也是编排思想和编排水平的体现。广播新闻编排和报纸排版有很大区别,它的关键在于合理安排稿件的次序,有机、合理地将各个板块组合在一起。

广播栏目的策划,从发现线索、收集与分析各方面信息,到确定选题和节目播出效果目标,是策划的预备阶段;根据节目播出效果目标,对报道结构和报道方式加以设计,最终形成系统的设计方案,是广播栏目策划的核心阶段,也就是方案设计阶段;方案修正阶段则包含了从策划方案实施到节目播出这一过程,根据节目播出效果及影响等情况,再次甚至多次修正原先的设计方案。

第四节　电视新闻栏目的文案设计

电视新闻,即以现代电子技术为传播手段,以声音、画面为传播符号,对新近或正在发生、发现的事实的报道。

在这个定义中,需要注意的是"发现"的含义,它包含两个维度:一是指栏目主创们在大千世界中寻找出最符合栏目宗旨的人和事进行报道,是一种选择的艺术;二是在已发生的新闻事件中挖掘新的解读角度,从一个创新的点去开展节目。

之所以在电视新闻栏目的策划中特别强调"发现",是因为电视与广播相比具有很强的叙事能力,它可以很好地结合声音与画面信号,接受更容易,受众层次更广泛。"电视的吸引力来自它的媒体特性:电视集视听觉手段于一体,通过影像、画面、声音、字幕以及特技等多方面地传递信息,给受众以强烈的现场感、目击感和冲击力",[1]因此,电视新闻栏目在电视节目系统中有着异乎寻常的重要性,在策划中也要强调其创新性。

在具体的策划过程中,紧扣电视新闻栏目的特点是很重要的,主要有以下几点。

(1)新闻现场的证实性。俗话说"耳听为虚、眼见为实",电视这种媒体的形象特征为新闻栏目带去了更强的证实性和说服力。

(2)新闻传播的及时性。在这一点上,电视与广播很类似,因为电磁波的快

① 郭庆光.传播学概论.北京:中国人民大学出版社,2002:119。

速传递,保证了新闻的时效性,电视新闻中常常用到的现场直播的手段,更可以同步传递信息。电视新闻还常用滚动字幕的手段,这也是广播所没有的,它在时效性的同时保证了节目的完整性。

(3) 新闻内容的易受性。因为传播非常形象,声音与画面很好地配合,信息载体是很丰富的,这无形中架起了传播的"立体桥梁"。

(4) 画面情节的不完整性。画面在新闻节目里呈不连贯状态,一般不具备叙述事件变化和经过的能力,需要配合声音信号、字幕等才能完整讲述。很简单的方法是,在观看电视新闻时将声音关掉,如果再不看字幕,则很难领会新闻的具体内容。在电视新闻栏目中,是以声音为线、以画面为证实的。

(5) 声画阅听的瞬间即逝。这也是电视新闻的劣势之一,声音画面瞬间即逝,这让观众很难有时间进行思考,因此,电视的这个特点也妨碍了节目的深度。

(6) 节目视听的被动性。因为播出的环节中,受众的接受过程只能是被动的线性收看状态,缺少选择的余地,也缺乏实时的双向交流,这也给电视新闻的传播带来了一定的限制。

电视新闻栏目的这些特点,让它具有一种独特魅力,决定了其在电视系统中的重要位置。一方面,新闻节目是联系党和人民群众的纽带,具有显著的政治作用;另一方面,新闻节目在节目系统流程中占有主体地位。体现在电视节目播出流程中,新闻节目在播出时间的数量上占有很大比例;而在黄金时段,例如晚上7~8点,中央电视台的三档节目《新闻联播》《天气预报》和《焦点访谈》都是电视新闻栏目,这充分说明了新闻节目在节目系统中的强势作用。而体现在各级电视机构的收视率排行榜中,高居首位的绝大多数都是新闻类节目。

电视新闻栏目有多种类型,按照体裁分类,基本可以划分为消息类新闻栏目、专题类新闻栏目和评论类栏目。这三种栏目类型不同,也各有自身的特点,在进行文案策划中,可以按照其特定类型来进行有的放矢的设计。

1. 消息类电视新闻栏目的策划

消息类新闻栏目能迅速、简要、广泛地报道国内外最新发生的事态,是实现国内外要闻总汇的主要渠道,是受众了解国内外大事的主要窗口,尤其是在突发事件报道上,消息类新闻能够在第一时间让受众知道何时何地发生了何事。

消息类新闻栏目在电视新闻中有着最长的历史。1958 年北京电视台建台之初创办的《电视新闻》,可以算作我国最早的、原始形态的电视消息类新闻栏目。1978 年元旦创办的《新闻联播》,也是目前我国影响力最大的消息类新闻栏目。

1) 选题策划

和其他新闻节目相比,消息类新闻节目的选题呈现多样化的特征。从地域上看,有国内新闻、地方新闻、国际新闻等;从新闻性质上看,有政治新闻、社会新闻、文体新闻等。在节目形式上,消息类新闻节目相对来说比较自由,可以有简讯、述评、现场报道或滚动字幕新闻。

在选题策划中,要遵循重要性、新奇性、贴近性、可操作性、时效性等几个要素,着重发挥消息类新闻短、平、快的特点,以动态新闻为主。动态新闻就是报道新近发生的现实情况的一种新闻,这是发布数量最多、使用频率最高的一种节目类型,一般来说,动态新闻篇幅不长、内容集中、时效性最强,表达直接而简明。

2)编排策划

因为消息类新闻节目新闻数量较多,在编排上也需要特别准备。成功的编排能凸显栏目的个性,并形成整体的传播效果。具体的编排过程中,要遵循以下两个原则。

(1)体现重要性。这对观众来说是有益的,他们能在最短的时间里集中收看到所有重要新闻。如头条新闻的选择是消息类新闻节目编排首先要考虑的问题。在选择头条时,要注意让它和节目的定位密切相关,同时考虑事实本身的重要性和观众的兴趣点。

(2)体现节奏。大时段新闻信息的堆积,一方面可能会导致观众收视疲劳,另一方面由于电视新闻节目的线性播出,也不方便他们有选择地收看。因此,在编排中,分版块播出、插播片头或片花、巧用新闻提要和新闻回放等技巧,都是可以灵活使用的。

3)栏目风格策划

栏目风格指节目整体完成后给观众呈现出的内容形式的特点。每个合格的电视新闻栏目都有属于自身的独特风格,这也方便观众对节目的辨识,帮助节目获得固定的受众。在节目风格策划上,除了要考虑前面提到的编排理念,还需要考虑以下方面。

(1)新闻报道的形式。新闻报道的形式将直接影响到整体节目风格的确定。例如,《新闻联播》中每条新闻都处理的中规中矩、格式严谨,这些新闻的编排方式成就了《新闻联播》严肃的风格。而中央电视台的另一个消息类新闻栏目《新闻30分》,则报道形式多样,如记者暗访、现场报道、现场直播等,并安排一定的趣闻轶事的报道,形成了轻松明快的风格。在以《零距离》为代表的一些城市台的消息类新闻节目则注重新闻报道的口语化,在节目制作的各个环节都突出亲和力,形成了其"贴近"的风格。

(2)播出时段。和广播一样,不同时段播出的电视新闻栏目,其策划要点也不一样。节目播出时段不同,意味着潜在观众群不同,从而也会影响节目风格的定位。

(3)主持人。主持人是一个消息类新闻栏目的外在标志之一,新闻栏目的开展,往往和其主持人的特点结合在一起,一些新闻节目甚至根据主持人的个人特点量身打造,如江苏卫视的《零距离》。

2. 专题类电视新闻栏目的策划

专题类新闻栏目指综合运用各种表现手段和播出方式,对复杂、重大、热点、难点新闻事件、事态、事实和具有新闻价值的人物进行全面深入报道的节目类型,它的题材一般针对于某一重大新闻或某些具有新闻价值又广为群众所关心的典型人物、经验、新出现的社会现象以及某一战线、地区新面貌等题材的新闻报道形式。专题类电视新闻栏目和消息类不一样,它不再是短、平、快的,而是着重于过程和原因的分析,要再现生活的复杂性和矛盾性。在策划的实践中,专题类电视新闻栏目也对创作者提出了特殊的要求。

1) 选题策划

专题类栏目,以《焦点访谈》为例,它的题材选择与消息类栏目明显不同。一档专题类节目,一般围绕一件或不多的几个选题展开,它的涵盖面不会像选题策划那么广,因此适合做选题的必须是比较复杂的,或意义重大的,或属于社会难点、热点的,具有新闻价值的事件、事态、事实或具有较大新闻价值的人物。

专题类新闻栏目的选题很多,但基本可以分为以下两种。

(1) 典型人物。电视专题类新闻的深度决定它选中的人物都是值得展开的。其中的一个重要类型便是体现社会核心价值观的人物。在中国独特的文化语境中播出,中国的观众对于那些具备道德优势,具有高尚人格和崇高品质,牺牲自我而让他人或社会受益的人物,总是报以特殊的关注。这类人物选题的主要收视诉求点是"感动"。例如《焦点访谈》栏目在 2012 年 2 月播出的节目《仁医葛宝丰》,就运用丰富的声画材料,对一个社会尊敬的仁医进行了专题报道,取得了很好的效果。

另一个值得报道的类型是与社会热点联系紧密的人。这些人或许各有不同,但他们都与这个时代的走向联系在一起,如莫言、李安等,他们是当下人们关注的热点,但通过消息类新闻栏目的篇幅又无法做足够的分析,需要通过专题类节目对其集中报道。

(2) 典型事件。典型事件中最具代表性的是热点、难点、焦点事件。这些事件与房价、医改、教育、社会保险、就业等方面有关的人和事相关,可以对观众产生很强的吸引力。在这些事件中,有相当一部分甚至是负面的、值得"曝光"的。例如《焦点访谈》的一期节目《药单背后的秘密》,就以高州市人民医院为典型进行了暗访,曝光了以其为代表的医药行业的黑幕。这样的节目具备足够的分量,满足了通过大众媒体去进行曝光揭露条件,因此引起了极强的社会效应。

2) 表现方式的策划

专题类电视新闻栏目对创作者提出了更高的叙事要求,也因此,在表现方式上需格外斟酌。一期好的专题类节目具有精细设计的表现方式,其在叙事方面的魅力甚至不逊于故事片。

（1）述评结合。专题类电视新闻栏目不能简单地报道事件结果、简单地介绍事件过程、简单地进行某种是非判断、简单地传达某种结论，而是要利用声音和画面对事实展开分析说理，利用深度来做文章。

（2）运用调查手段。专题类电视新闻栏目不仅是"用事实说话"，更是"用过程说话"，有效地获取事实的过程并让观众相信。以著名专题栏目《新闻调查》为例，它的重要看点就是在节目进行过程中一步步调查直至揭开真相。

（3）形象与逻辑结合。电视的形象性决定了它是浅层次的。因此，在相对较有深度的专题类节目中，要在画面上吸引人、在情感上打动人、在道理上说服人。

除了以上要点之外，在具体的专题类电视新闻栏目操作中，也要格外注重叙事的策划，让新闻栏目焕发出新鲜的吸引力。电视的表现是形象的，而不是让抽象的概念留在观众的脑中。因此，电视新闻如今往往采取故事化的操作手法。故事化的叙事方式与故事片不同，它只是一种外在的形式，故事化的方式的展开，是以不伤害新闻的真实性为前提的。美国著名新闻栏目《60分钟》的创始人唐·休伊特说过："我们不是讲故事的人，我们的对象比我们更擅长讲故事，我们只是帮助它把故事讲得更好。"这充分表明了他们对于故事化的肯定，故事化的好处在于，它可以帮助受众理解、吸引受众注意，通过制造悬念和冲突引导受众对事实和问题一步步深入探究。

故事化的具体操作中，需要有意识地设置悬念，对叙事进行处理。如在批评曝光、刑事案件侦破等新闻专题中，采用扣押信息的技巧来设置悬念十分普遍。在事件的叙述中，运用包含"动机——目标——障碍——冲突"的情节叙述模式，充分地利用了冲突和悬念，为事件叙述寻找到情节叙述的动力，从而完成事件介绍向故事叙述的转换。

3. 评论类电视新闻栏目的策划

评论类电视新闻栏目是运用广播电视传播手段对新闻事实作出评论的一种体裁，是对新近发生的重大事件或有典型意义的社会问题发表意见进行分析和述评，并表明立场和观点的一种报道形式。在这样的栏目中，新闻性是前提。只有针对新近发生的事件和最新变动的事态，迅速、及时地表明自己的立场和观点，才能做到结合相关形势的因势利导，把握有利时机的因时利导。

在对评论类电视新闻栏目进行策划时，导向性是最关键因素，因为它要做的不仅是对新闻本身的播报，更要进行评论和分析，因此话题要从群众关心的、感兴趣的问题展开，评论的调查者要善于广泛吸纳受众对于新闻事件的分析和评论，发表他们的意见和评价。

1）选题策划

这是策划操作的第一步，首先根据栏目自身定位和收视群体来确定选题，选择受众最关心的内容，这是保证节目质量的第一步："找准选题是电视新闻评论的灵魂，电视新闻评论有引导舆论的功能，节目策划人只有号准社会脉搏，找到'领导重视、群众关心、普遍存在'的结合点，才能真正起到弘扬真善美、鞭挞假恶丑的作用"。[①] 在满足这些条件时，还需注重话题的权威性、准确性和贴近性。

在选题确定之后，还要进行相关调研工作，调查选题的事实是否准确，搜集足够的背景材料，看看能否挖掘出更有意思或更有趣的事件或人物；选题所设计的当事人有哪些，具体情况怎样。

一个选题是否可以在评论类电视新闻栏目里播出，有这样的依据：栏目自身定位和收视群体、制作团队的特点、选题的可操作性、选题的独特性质。对照进行考虑，有助于游刃有余地把握选题。

2）评论嘉宾的选择和策划

评论类电视新闻栏目的内容主题是主持人与嘉宾的口头评论，嘉宾的表达能力、观念见解对于栏目开展是非常重要的。嘉宾一般不是电视台的员工，而是来自于社会的专业人士或知情人士。

有嘉宾的存在，可以对新闻现场第一时间获取的新闻事实进行解读和分析，深化新闻节目的内涵。嘉宾也可以增加节目的信息量，而他们精彩的分析也能够成为新闻信息的一个有机组成部分。另外，嘉宾还可以帮助控制节目进程，在直播类的新闻栏目中，即便前方新闻信号不能及时传送，嘉宾的谈论也能够有效地延时，这对于节目的开展是不可或缺的。

因为嘉宾在评论类电视新闻栏目中有独特的意义，在选择嘉宾时，需要综合考虑他们的个人能力等相关因素。嘉宾首先要具有较好的语言表达能力，这是开展节目的首要条件，保证栏目的流畅展开。另外，嘉宾需要有一定深度，观点独到、真实，而非人云亦云。

嘉宾的选择，与节目质量直接挂钩。有一些人是不适合做评论类电视新闻栏目的嘉宾的，例如：爱打官腔，言不由衷者；表现欲极强，不能倾听者；没有主见，追随大流者；不解人意，难以沟通者。

3）谈话路径的设计

谈话路径的设计是对谈话或评论从头至尾的一个大致的设计和安排，即谈话的基本结构和谈话进程。具体落实在策划文案上，包括开场语的设计、谈话的基本结构和谈话进程、主要的兴趣点或具体的故事、结语几个部分，之所以做这个工作，是为了能够较为细致地展开节目。

---

① 许永．电视策划与撰稿．北京：中国广播电视出版社，2001：111。

（1）开场语的设计。开场语在节目的开头，一般运用简洁的两三句话，它们既能提纲挈领地抓住谈话的要点，又富有创意，能激发观众参与谈话的热情。观众可以在节目开头的几分钟之内根据开场白把握整个节目的主题思想。

（2）谈话的基本结构和谈话进程。它包括开场谈什么，大致向谁提出问题，话题的发展是什么样的脉络，问题的走向和具体的问题，观众讨论在哪个环节开始等，要找到主要的兴趣点和故事。

（3）主要的兴趣点或具体的故事。兴趣点或具体的故事是节目吸引人的所在，也是节目创作者着重强调的"卖点"，它往往承担着结构节目和推动话题不断发展的作用。

（4）结语。节目在结语里会有一个对话题的基本价值的判断，谈话节目是多种声音交锋的场所，应鼓励不同观点的存在。因此，在结语里，主持人的价值倾向应该是隐蔽的。

第五节　广播电视新闻栏目的策划案例分析

1. 案例一:《焦点访谈》

栏目名称:《焦点访谈》

主持人:侯丰、敬一丹、劳春燕、李小萌、张泉灵、张羽

播出频道:中央电视台综合频道等

宣传口号:用事实说话

播出时间:中央电视台综合频道　19:38

栏目时长:13 分钟

开播时间:1994 年 4 月 1 日

《焦点访谈》自 1994 年开播以来，已经走过 20 多年的路程，是我国自开播以来持续时间最长的新闻评论类电视节目，可以说是电视深度报道的一面旗帜。"《焦点访谈》是电视新闻向评论拓展和深化的起点，也是我国广播电视新闻从初级阶段向高级阶段的尝试标志"，①它与《新闻联播》一起构成了中国电视黄金时间的新闻板块，长期以来平均收视率一直保持在 16% 左右。

《焦点访谈》目前有从业人员 80 人，由制片人、主持人、记者、策划和制作人员组成，分为策划组(负责节目的策划和协调)、记者一组、记者二组、记者三组，从事《焦点访谈》节目的日常采制和播出。这样的团队保证了日播的《焦点访谈》在高质量层面上展开。

---

① 陆晔,赵民. 当代广播电视概论. 上海:复旦大学出版社,2010:187。

制作精良,策划得当,这让《焦点访谈》拥有巨大的社会影响力。一方面,它受到广大观众的好评,被亲切地称为"焦青天",它的新闻舆论监督力,往往能给观众带去安全感;另一方面,《焦点访谈》也受到党和政府的高度重视,节目中反映的问题往往在第一时间就会得到妥善解决,这也是该节目具有巨大影响力的基础。

《焦点访谈》的内容一般都满足几个条件:政府重视、群众关心和普遍存在。其中,政府重视要求在选题上注重政治标准的考量,节目内容需要符合政策需要,群众关心则是强调选题要尽量突出贴近性,以服务广大受众为宗旨;而普遍存在指新闻事件并非个案,而是有一定典型代表意义。

《焦点访谈》用演播室主持和现场采访相结合的结构方式,夹叙夹议,述与评相互支持、相得益彰。这也正和节目的宣传口号相吻合:"用事实说话"。在《焦点访谈》的员工们看来,真实传达的规律是两个"不可替代",即不可替代的调查路径和不可替代的采访对象。要把采访路径、采访对象的出场理由清晰地交待给观众,建立起一个台阶,让人物的出场顺着这个台阶一步一步顺理成章地走到电视屏幕前,让节目一步一步到达节目主题所要表达的高度。

2. 案例二:《一虎一席谈》

栏目名称:《一虎一席谈》

主持人:胡一虎

播出频道:凤凰卫视中文台

宣传口号:一虎一席谈,有话大家谈

播出时间: 周六 20:00 - 21:00(首播),周日 02:05 - 03:10(复播)

《一虎一席谈》是一档广受认可的谈话类新闻栏目,该栏目在 2006 年荣获凤凰卫视最佳创意大奖、最大影响力大奖;2007 年又摘得《新周刊》评选的 2006 年中国电视榜"最佳谈话节目"的桂冠。

《一虎一席谈》的最大特点在于它颠覆了"你播我看"的节目形式,拒绝了规定的宣讲内容,不仅让当事人有话说,让多元思想代表现场针锋相对,赋予现场观众随时插话、发表个人意见的权利。萃取热门事件、焦点话题,邀请当事人、专家学者、社会名人发言,真正构建了公共话语空间。

《一虎一席谈》是一档真正"让人民说话"的新闻节目,在节目中常常可以见到针尖对麦芒的嘴上风暴,让一场普通的时事辩论会也有了民主政治的意味。让人民说话是它的最大诉求,而说真话与真诚倾听则是它的两大要诀,对社会时事热点的适时捕捉、舆论尺度的精准把握、主持人不偏不倚左右逢源的现场操盘能力,令其成为 2007 年同类节目的翘楚。

当然,《一虎一席谈》也不是十全十美的,它的一些问题同样为人们所诟病。

因为过分强调争论,在节目的整个谈话过程中,有众多观点和不同声音的交锋,但是,从争论双方来说,基本都是为了表现自身观点而进行争论,发言者并不会太多考虑意见是否符合一定的原则。与此同时,主持人有时缺乏积极主动的引导,而主要以尽力使双方保持均势,让现场更热闹为原则。这就使得激烈的思想冲突不能得到有效的统一,不但无法提高人们的思想认识,反而造成了思想的混乱。

3. 案例三:《新闻1+1》

栏目名称:《新闻1+1》

主持人:白岩松、董倩、李小萌

播出频道:中央电视台新闻频道

播出时间:周一至周五21:30~21:55(首播),次日1:30~1:55、4:30~4:55(重播)

开播时间:2008年3月24日

《新闻1+1》是一档影响力巨大的时事新闻评论节目,它也是中央电视台的首个直播类的新闻评论栏目。栏目的主要内容由两部分组成,即盒式录像机和演播室的现场评论,而评论则来自一位主持人加一位新闻观察员的谈话。节目以夹叙夹议的方式展开,让观众在获取全方位新闻信息的同时还得到了信息的解读,节目由此给观众提供了多元化的信息,合理、有效地引导了社会舆论,指导了他们的工作和生活。

《新闻1+1》栏目一直对社会政治生活抱有深切的关注,它的选题范围集中在国内的时事政策、公共话题、突发事件中,选取里面最有新闻价值的案例,迅速展开评论分析。以2010年3月3日~4月3日共20期节目播出的内容为例,其话题分布如下:①

	地震、干旱、矿难	经济	社会生活	政治	其他时政话题	总期数
期数	5	4	4	5	2	20
比例	25%	20%	20%	25%	10%	100%

电视评论是最平民化的表达方式,易受性强,具有很好的受众基础,而《新闻1+1》则在节目中加入了精英化的取向,突出电视作为社会公器的角色。在选择嘉宾方面,节目一直锁定权威、认可度高的专家学者;而在主持人风格上,以白岩松为代表的节目主持人的评论风格睿智、独到,成为节目的标签。这些做法让《新闻1+1》成为评论类电视新闻栏目中的标杆。

① 申鹤.〈新闻1+1〉的新闻评论特点.青年记者.2010(08):79。

思考题

1. 决定新闻栏目策划方案的因素有哪些？这些因素分别对新闻栏目的哪些方面产生影响？

2. 新闻栏目的策划有哪些主要步骤？其中策划前期主要的工作是什么？

3. 决定一个事件是否是新闻的新闻价值有哪些？

4. 在广播新闻栏目的策划过程中,应把握栏目的哪些特性？

5. 专题类与消息类新闻栏目在节目形态上有哪些不同点？这些不同点对策划提出了什么样的不同要求？

推荐阅读书目

［1］陆晔,赵民. 当代广播电视概论. 上海:复旦大学出版社,2010.

［2］赵振宇. 新闻策划. 武汉:武汉大学出版社,2008.

［3］许永. 电视策划与撰稿. 北京:中国广播电视出版社,2002.

［4］胡智峰. 电视节目策划学. 上海:复旦大学出版社,2012.

［5］吴信训. 新编广播电视新闻学. 上海:复旦大学出版社,2006.

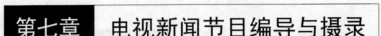

第七章　电视新闻节目编导与摄录

电视新闻节目通过电视屏幕，形象地向观众传递新闻信息，与传统的报纸广播不同，它在传播的过程中在遵循新闻特质的基础上还要符合影视语言的传播特点。它通过主题的选取与确定、前期的拍摄与采访、编写解说词、配音、后期剪辑等几个主要的程序来完成。本章主要围绕电视新闻节目的几种常见类型分析介绍不同节目样式的编导与拍摄。

第一节　电视新闻节目摄录

电视新闻节目与其他类型的电视节目有所不同，在新闻拍摄过程中要严格按照电视新闻节目的特性要求，对画面声音进行有效的组合，真实、客观、准确地反映新闻事件本身。这里把电视新闻节目理解为平常见到的电视新闻片，也就是通常所说的消息，主要有短消息、长消息、连续报道等表现形式。[1]

1. 电视新闻片的摄录特点

电视新闻节目是新闻片(消息)主要的播出平台，电视新闻片的主要特点是短小精悍，内容相对简单，电视新闻片的拍摄要围绕新闻事件的本身，关注新闻事件的大体走向，合理运用各种拍摄手段，将新闻事件的本质记录下来。新闻片的拍摄主要按照新闻的传播要求进行，结合电视新闻片的特点，有效地完成电视新闻片的摄录。

电视新闻片与电视新闻专题以及电视新闻纪录片相比一个最显著的特点就是时效性强。它要求新闻记者无论是构思、行动还是现场的把握都要"快"字当先。在新闻采访拍摄过程中，新闻摄像记者无论是遇到突发新闻事件还是可预料到的新闻事件(一般指会议或者大型活动)，都要以最快的速度出发进行拍摄录制。对于那些突发性事件，摄像记者需要第一时间赶到新闻现场记录下第一手视频画面。即便是可预知的新闻事件，虽然记者可以了解到相关信息，但记者也要提前赶到现场对机位、现场的情况有一个充分的了解，做到心中有数。

摄像记者在新闻现场拍摄的过程中，要及时、准确地把握现场的信息。对新

①　胡立德. 新闻摄像. 杭州:浙江大学出版社,2006:401。

闻事件本身的呈现,需要记者有一个准确的切入点,如何确定切入点对新闻摄像记者现场的构思能力提出了较高的要求。新闻摄像记者要有极强的新闻敏感性,构思快显得尤为重要,稍有犹豫,有可能就会错过拍摄的良机。在拍摄过程中,新闻摄像记者行动也要快,做到眼到手到,眼睛看到新闻现场情况后就应该知道该拍哪些,用什么样的景别角度构图。想到之后手也要行动起来,眼睛和手紧密联系起来,真正做到看到、想到、拍到。

2. 电视新闻片的摄录准备

电视新闻片的拍摄准备很重要,即使报道的是突发事件,新闻记者也要对其报道的内容有相应的了解,起码知道是哪种类型的突发事件,做到心中有数。除此之外,对设备的准备也很重要,包括拍摄过程中使用的存储设备是否有足够的空间,照明设备、三脚架等是否携带。对于设备的准备在这里不再详尽展开,这是对一个合格摄像人员的最基本的要求。

在新闻事件报道过程中,新闻记者要提前了解新闻事件的性质、新闻事件的内容、与新闻事件本身相关的信息等要素。在新闻拍摄之前记者要对新闻事件的性质有了解,在面对突发事件新闻时,新闻记者要做好充分的应变准备,即便是在可预知的新闻事件中也可能会有突发的事情出现,不过这种突发的状况经常发生在新闻事件过程当中,对新闻事件的整体状况不会有过多的影响。

对新闻事件内容的了解也很重要,很多情况都是负责新闻事件报道的文字记者对新闻事件的内容有相对全面的了解,作为新闻摄录人员不能只是被动地听从文字记者的调度和安排,作为一个合格的新闻摄像记者要与文字记者有很好的沟通,对新闻事件内容有相应的了解,对新闻事件内容了解得越全面,越容易对新闻主题的报道有基本的预判,这对后面的拍摄会有很大的帮助。对新闻事件内容了解越深刻,拍摄起来就会越主动。

除了对新闻事件内容有所了解以外,还要对新闻报道内容的重要程度以及播出安排有所准备。一般情况下,拍摄重要人物(党和国家领导人)和重大活动时,内容会非常重要,播出时编辑也会重点考虑,对于这些新闻事件的拍摄就要求在保证画面质量的同时,还要有足够多的画面,下足功夫为后期做准备。对于一些不是十分重要、内容不够复杂的新闻事件来说,播出时有可能被定为简讯,这类片子拍摄起来相对轻松些,画面需求数量比较少,拍摄手法和镜头的运用相对简单。当然,了解新闻内容重要不重要并不是只根据行政级别,还要考虑新闻内容是否具有一定的开创性、是否对社会发展起到重大影响、涉及的问题是否具有广泛性等。在条件允许的情况下,拍摄之前最好能和编辑沟通了解要拍摄报道的新闻内容播出的大体安排。

在拍摄报道突发事件时,很多时候记者不能对新闻事件有全面的了解,这样就会导致很多盲目的拍摄。文字记者和摄像记者有一个不同的地方,文字记者是在详尽了解事件过程后才会出稿子,而摄像记者需要在新闻事件现场"写稿",假如现场稿件写作不成功,很难有补救措施。因此,合格的新闻摄录人员要在到新闻事件现场之前尽量通过电话、网络了解新闻事件的进展情况,获得更多的与新闻事件本身相关的信息。

在拍摄可预知新闻活动时,特别是对会议新闻的报道尽量提前进入现场,首先可以拍摄一些空镜头,为后期编辑准备,其次还可以占据最佳的拍摄角度,为获取最佳的画面效果做准备。同时,提前进入现场还可以了解发现一些新的情况,获取新的报道角度。

作为一名合格的新闻摄录人员,无论是在拍摄前还是拍摄过程中,都要有"后期剪辑"意识,这也是新闻摄录的一个关键的准备,如果对后期编辑没有任何准备,则拍摄出来的很多画面将很难在片子中很好的使用。新闻摄录的准备还包括新闻报道的策划,一般指重大活动或者一些特殊的新闻事件,一个高质量、全面的策划会对新闻片的摄录起到极为重要的作用。

3. 电视新闻的现场摄录

电视新闻片的摄录,要求记者有较强的现场把握能力。记者在现场拍摄时要充分把握新闻主题内容对画面声音的要求。在新闻现场,记者需要用眼睛捕捉观察,用心灵思考判断,用摄像机不断记录。[1] 在镜头拍摄方面,记者要准确把握介绍性镜头的拍摄,将新闻事件发生的地点事件人物规模等交代清楚,这也正是新闻"5W"所阐述的内容。在拍摄过程中要合理运用各种景别角度,根据每种景别、角度的特点,充分结合新闻事件主题拍摄。不能漏拍镜头,对相同的事物和场景要从多个景别和角度入手,使新闻片的画面尽量丰富。

摄像记者在现场拍摄如同文字记者写稿件一样,要有完整的内容表述。摄像记者拍摄的每一个镜头画面都相当于稿件中的字词,多个字词组接到一起形成句子,一个完整的新闻片要由多个句子组成。若让观众能够准确地理解新闻片报道的内容,摄像记者要选择最能反映主要内容的画面,因此,对电视新闻画面的精确透析是电视新闻拍摄的重中之重。[2]

在新闻现场首先应该抓住主要镜头的拍摄,将最能反映新闻内容的镜头充分摄录,在拍摄时应该注意抓拍重点,也就是拍摄关键的新闻场面和重要的新闻人物。在新闻现场拍摄时,很多记者往往不能确定新闻的重点,特别是遇到突发事件或者重大的活动,现场一般都是比较混乱,这时摄像记者一定要时刻关注新闻事件的重点。

在拍摄重要场面和主要人物的同时,也不能忘记一些和新闻事件相关镜头

① 胡立德. 新闻摄像. 杭州:浙江大学出版社,2006:405。
② 朱金娥,刘永福. 浅谈电视新闻节目画面拍摄的技巧. 电影评介. 2008,21:74。

的拍摄,在拍摄的过程中就要考虑全面,尽量不漏掉一个与新闻事件相关的镜头,避免后期补拍镜头。在条件允许的情况下,摄像记者要尽可能地发现并拍摄一些反应细节的镜头,一部片子的好与坏,很重要的一点就是细节的把握,在新闻现场若能抓住反应新闻事件本质的细节镜头,定会给新闻片增色不少。

在新闻采访报道时,为了获取更多的信息,记者往往会找到新闻事件的当事人或者旁观者进行出镜采访,这时对于摄像记者来说就该在镜头画面上有所把握。一般情况下都是以被采访对象为主体进行拍摄,也就是常说的"过肩镜头",采用中近景或者特写为拍摄景别,以斜侧面为拍摄角度。除此之外,摄像记者还要拍摄足够多的转场镜头为后期剪切声音编辑画面准备。通常都会拍摄一些记者的倾听镜头、记者与被采访者的交待性镜头或者是台标的特写镜头等。

在新闻现场拍摄时,拍摄的每一个镜头都要考虑到画面的主体、前景、背景、光线等构图要素。在真实记录新闻事件的同时,要尽可能地运用多样的手法把画面拍美,让观众在了解新闻事件的同时也能得到视觉上的享受。

主体是电视新闻片中每个镜头的核心,是每个画面所要表现的主要对象。主体既是画面的表达的内容中心也是画面的视觉中心。在电视新闻片中,主体就是新闻事件发生过程中的关键人物和事物,记者在拍摄过程中一定要围绕主体多做文章。在拍摄之前就应该确定主体,运用合理有效的构图手法,处理好主体与环境、主体与背景前景之间的关系,更好地表达新闻事件的主题思想。

在电视画面构图中,位于主体前面的事物被统称为前景,位于主体后面的事物被称为背景。无论是新闻片还是其他类型的电视片,在画面构图时都要处理好主体与前景背景的关系,一个好的前景背景有助于突显主体,在增加画面美感的同时带给观众更多的信息。观众通过对画面前景背景可以了解到新闻事件发生的地点和场所情况,这要比解说词更生动形象,因此,在新闻现场拍摄时处理好画面的主体与前景背景的关系极为重要。

在电视画面中,光线的运用也极为重要。在电视新闻片中,光线的效果可以从一个侧面反映出事件发生的时间、场所等信息。从电视新闻画面的光线中观众可以侧面了解到新闻事件是发生在早上还是中午,是白天还是夜晚。光线在电视画面造型中也起到很大的作用,在新闻现场记者要利用好自然光线,在一些特殊场所还需要使用新闻灯等辅助光源来完成画面的拍摄。

声音在新闻片中尤为重要,在拍摄电视新闻片时,现场同期声贯穿整个新闻片的拍摄过程。在电视新闻片中,现场同期声在展现新闻现场的状况,增强新闻片的真实感的同时,也可以反映出一些画面所不能表达清楚的内容。在有人物采访的新闻片中更要处理好声音的摄录,保证每一段话甚至每一个字都能清楚、准确地再现。为了避免拍摄新闻事件过程中声音的缺失,要保证话筒一直处于打开状态,摄像记者还可以用耳机进行监听,保证声音的质量符合播出要求。

4. 电视新闻摄录注意的问题

由于电视新闻片短小精悍的特点,记者在现场拍摄时尽量少用推、拉、摇、移等运动镜头,多用固定镜头。每一条电视新闻片都有一定的时常,在后期剪辑过程中要严格控制画面的长度,一个完整的运动镜头时长大概要5秒以上,为了增加单位时间内的信息含量,应该减少使用运动镜头,况且在拍摄新闻事件时很多情况都来不及使用三脚架等辅助设备,画面会有明显的不稳,再加上运动镜头,画面的美感有可能会大打折扣。避免使用过多的运动镜头可以增强新闻片的节奏,达到较高的视觉传达效果,观众观看时不会觉得沉闷无聊。当然,少用运动镜头并不是不可以使用,记者在使用运动镜头拍摄新闻片时要根据特定的环境以及表达的主题内容,有目的地使用。运用合理、准确的运动镜头会给电视新闻片增加较强的新闻表现力。

在拍摄电视新闻片时,记者要整组成套的拍摄画面。任何一个单独的镜头很难清楚地表达拍摄意图,电视画面与美术作品、摄影作品不同,在拍摄时要注意画面的整体性和前后镜头的连贯性。因此,在拍摄一个被摄主体时,要从不同的景别、不同的角度成组地拍摄,为后期剪辑准备充分的素材,否则在编辑时就会使用大量的重复镜头,使新闻片变得枯燥乏味,没有节奏感。

拍摄电视新闻,记者要注意对新闻现场细节的把握,捕捉那些具有典型价值的各种视觉听觉细节,突显主题。在准确记录下新闻现场的全局或事件过程的同时,摄像记者也应该抓住细节,通过对细节镜头的拍摄,准确地表达出新闻事件的主题。电视新闻要以精美的画面引导人们向真、向善、向美。因此,新闻记者在新闻现场拍摄时,要注意把那些不宜在屏幕出现的画面用各种拍摄技巧规避掉,以达到新闻传播的视觉效果。

电视新闻摄像记者要学会抢镜头,在新闻现场会出现一些意想不到的场面,这时摄像记者要有敏锐的目光,抢拍那些突然出现的变动画面。这些瞬间要不失时机地捕捉下来,将瞬间变为永恒。

电视新闻的采访拍摄是一项创造性的工作,作为一名合格的拍摄人员,要全程参与其中,前期对新闻事件、采访目的、拍摄重点以及拍摄方法等做到心中有数,拍摄结束后记者最好也可以参与到后期编辑制作中来,这样可以及时发现自己拍摄的不足,在下次拍摄过程中可以避免出现同样的问题。

第二节　电视新闻专题编导与摄录

电视新闻片强调的是时效性,而电视新闻专题片重点是要对新闻事件进行深入的剖析,实际上是在对新闻事件进行评述。新闻片摄像的特点主要是围绕着"快"字做文章,而电视新闻专题主要是围绕着"快"字在"论述"事实和"表现"事实上做文章。① 如何把电视新闻专题片的"论述"性通过画面表达清楚,是值得每一个电视新闻摄像记者思考的问题。

1. 电视新闻专题特点

电视新闻专题片,是指综合运用电视的各种表现手段,深入报道某一重大新闻事件或某些具有新闻价值又为广大群众所关注的典型人物、经验、价值观念、社会思潮,新近出现的社会现象以及某一领域或地区新面貌等题材的新闻报道,在现实中起着重要的舆论引导与舆论监督的作用。

电视新闻专题片将声音、画面、文字和特技等多种表现手法,在生动地再现新闻事件的基础上,对新闻事件进行分析与评论。电视新闻专题片不仅要通过画面来反映事实,更重要的是要通过画面来论述事实。电视新闻专题片除了与电视新闻片一样具有新闻性外,还具有思辨性和深度性等特点。

电视新闻专题片具有报道内容真实性、播出时效性的特点。与文艺专题片不同,电视新闻专题片在选题上就要在新闻性强的事件上下功夫。除了对新闻事实的报道要比较充分外,还要详实地揭示事件的因果关系、事件的发生发展以及事实的真相。

电视新闻专题片的深度性要求拍摄制作电视新闻专题时要对新闻事件或者客观事实进行理性的分析,对隐藏在新闻事件背后的信息进行深度挖掘。电视新闻专题片不是简单地陈述新闻事件,而是要将新闻事件的所有因素进行梳理整合。有些新闻专题节目带有一定的评论性质,针对新闻事件本身会找专家或者新闻事件当事人解析,让观众对新闻事件有全面深入的了解。

电视新闻专题片要从多角度、多层次出发,立体式的进行拍摄报道。任何事物、事件都是复杂多样的,事物与事物之间的联系更是复杂,如果只是从一个角度看问题,其报道肯定是空洞单薄的。立体化报道要求对一个事物、事件作全方位多层次的考虑,既要分析自身的方方面面,也要剖析它与周围事物的联系。

电视新闻专题片的拍摄报道要运用多种手段,结合多样的表现手法。在电视新闻专题片中常常使用与事件相关的背景材料,背景材料选用得当充分,有助于说明新闻事件的内涵,从而深化电视新闻片的主题。当然,大多数电视新闻专题片中的背景材料都是属于对新闻事件报道的补充和解释,处于从属地位,运用时要精炼、简明。

电视新闻专题片还具有思辨性的特点,电视新闻专题片的报道拍摄必须由表及里,透过现象看本质。在拍摄制作电视新闻专题片时,记者要具有一定的思辨能力和较强的逻辑性,这样才能把有效的新闻信息传递出去,给观众提供可以思考的内容。电视新闻专题片绝对不是对大量新闻事件素材的叠加罗列,而要

---

① 胡立德. 新闻摄像. 杭州:浙江大学出版社,2006:414。

有一定的逻辑深度。电视新闻专题片的思辨性体现在报道中,不是简单地介绍过程、经验,而是通过典型事件进行剖析,传播思想。

2. 电视新闻专题编导

电视新闻专题常常给人以启示,引起强烈的社会反响,因此,记者在拍摄制作电视新闻专题时要注意整体的把握。对于电视新闻专题来说,选题是创作的第一环节,是新闻专题成败的核心要素,一个好的选题在初期就决定了新闻专题的高度。就选题而言,要选择老百姓普遍关心的重大新闻事件、重要的社会问题以及社会现象,选择那些需要解决的社会热点、难点。

电视新闻专题一般都是对重大新闻事件的追踪调查,深度挖掘新闻事件的发生过程,运用大量的新闻素材向观众阐明事件的起因、发展、结果,由浅入深,层层递进,分析解释性报道。这类电视新闻专题重要是在细节的把握,要将事件的全部内容客观、详实地传递给观众,对于事件本身不做过多的评论,观众通过对新闻事件的全面了解会得出自己的观点和看法。

电视新闻专题在选题上要重点关注社会热点。热点问题大都是老百姓关心的问题,直接关系到老百姓的生活,如房价问题、医疗问题、子女上学问题、环境污染问题等。应正视问题,不回避,积极寻找解决的办法,让老百姓通过媒体对自己关心的问题有较为深入的了解,得到百姓的信任,造成良好的社会效果。一般观众对一些社会问题,特别是生活中的一些阴暗面,看得不够全面,会有一些埋怨,电视新闻专题能够围绕新闻事件或热点本身,展开充分的讨论与报道,让观众更加全面地了解问题,有效地起到解释疑惑的作用,增强百姓对政府的理解和信任。

电视新闻专题除了要把握好选题,还要注意新闻结构的掌控。作为对已经发生或正在发生的新闻事实进行叙述与建构的产物,新闻本身就是一个真实的"故事"。电视新闻专题在对新闻事件拍摄报道过程中,在不改变新闻要素的前提下,记者往往会进行再加工创作,涉及叙事的节奏、故事的顺序安排、内容的建构等多种因素。电视新闻专题根据传播的需要,选择合适的顺序和叙事节奏,对新闻事件中有价值的内容进行重新组合编排,用老百姓的语言传达群众的真情实感。

电视新闻专题要注重镜头内部的结构,通过运用丰富的画面语言,增强表现力。与传统新闻片不同,在不影响对新闻事件报道客观性的情况下,电视新闻专题节目中可以运用一些艺术的表现手法,来增强节目的可视性和表现力。电视新闻专题的编导要对节目或片子有宏观的设计。电视新闻专题的故事结构要层次分明,重点突出,通过不断设置的悬念或转折形成一定的节奏感,让观众始终保持对节目的注意力。

3. 电视新闻专题摄录

在拍摄制作电视新闻专题时,记者要通过多样的手法充分、准确地表达选定的主题。电视新闻专题是新闻性、纪实性与艺术性的统一体。电视新闻专题是艺术的报道新闻事实,在画面处理运用上,在条件允许的情况下,构图要讲究、画面组接要流畅并有一定的表现力。一般情况下,电视专题片在拍摄之前要进行拍摄脚本的创作,作为电视新闻专题片的拍摄,很多情况下要视现场的采访情况而定,但拍摄前的基本准备,包括表达主题、拍摄思路等,也是必不可少的。

在拍摄过程中,记者在运用一些艺术的表现手法时还要注意把握真实性与真实感的统一。电视新闻专题与电视新闻片相比,需要更多的拍摄制作手法,它不是简单的记录和对事件直接的反映,需要记者对事件本身进行相应的整合及提炼。在摄录过程中,记者如不注意就容易出现违背真实性的情况。电视新闻专题报道的人物活动、语言乃至事件发生的环境都必须是真实的。电视新闻专题的艺术表现是建立在真实的基础上的,在真实的前提下运用多样的表现手法,生动、自然地再现生活。

拍摄电视新闻专题片时,不能单一地记录叙述,既要通过画面反映事实,还要通过画面揭示事实,挖掘更深的内容。这要求记者在现场拍摄时要细致观察现场情况,捕捉到能够反映新闻事件本质的画面。电视新闻专题主题的展开如同写议论文一样,需要有一些观点的展现,文章可以通过文字表达,电视新闻专题需要通过画面和声音表述,因此,记者要通过画面进行论述和论证。掌握画面论述的方法,不做简单的事实堆砌,是做好电视新闻专题的重要因素。

在拍摄制作电视新闻专题时,记者要时刻留意,不停关注事件本身的发展。在报道过程中很有可能会出现新的新闻线索或亮点。记者在拍摄现场,不管遇到什么情况都不要停止拍摄,记录是第一位的。为了让新闻专题的画面真实生动,记者还要合理运用交友拍摄和隐蔽拍摄,要让新闻事件按照本来的面貌进行,这样有助于记者拍摄到自然、生动的画面。为了增强电视新闻专题的表现力,记者还要合理拍摄运用空镜头,这是一般新闻中见不到的,合理地在新闻专题中运用空镜头,可以表现新闻事件中人物的情感,提升画面的可视效果,达到深化主题的作用。

声音在电视新闻专题中尤为重要,无论是现场同期声还是后期解说词、配乐,在拍摄新闻专题时都要充分考虑声音的效果,在一些新闻专题中记者采用偷拍的手法,可能画面不清晰,但是可以通过声音捕捉到最真实的信息,为整部片子增色不少。在电视新闻专题中,可以适当地运用配乐,以增强观众对画面的理解,深化主题。

第三节　电视新闻纪录片编导与摄录

电视新闻纪录片是通过电视采制手段,记者采访、镜头设计、拍摄、剪辑、编写解说词、配音而成。电视新闻纪录片是一种特殊的电视艺术形式,它既有电视新闻的新闻性,又有纪录片的艺术性,是二者的有机结合。

1. 电视新闻纪录片特点

与一般的纪录片不同,电视新闻纪录片同时具有新闻特性和艺术特性,新闻特性与艺术特性在电视新闻纪录片的制作中相辅相成,既要像电视新闻那样强调新闻特性,也要像纪录片那样重视艺术特性。如果没有了新闻特性,电视新闻纪录片就失去了拍摄价值,没有了艺术性,纪录片也就丢掉了艺术生命。

电视新闻纪录片的真实性,体现在选题上就是要直接拍摄真人真事,不容许任意虚构。在拍摄过程中应该反映事件的本来面貌,力求达到新闻事实真实性与视觉形象真实感的和谐统一。记者在拍摄电视新闻记录片时,在采访、选题、人物、地点、相关数字等方面都应该做到准确无误,确保新闻事实的真实性。视觉上的真实感是观众对屏幕上所反映内容的可信程度,电视新闻记录拍摄的画面要符合人们的正常的视觉习惯,人为的布置场景、调度人物等要有一定的尺度,不能失掉环境的真实感。

电视新闻纪录片的真实性还表现在要有强烈鲜明的现场感。与其他类型的纪录片不同,电视新闻纪录片要真实准确地记录新闻事件的现场。无论是对环境还是对新闻事件主要人物的拍摄,都要追求一种自然美,杜绝刻意的安排和明显的表演。利用好自然的现场环境,能够使观众产生身临其境的感觉,大大增强新闻事实的真实性和画面效果的真实感。

电视新闻纪录片具有一定的艺术性,无论是片子的结构还是画面的拍摄,都要巧妙融入一些艺术元素。电视新闻纪录片是通过视听语言形象地反映新闻事件,表达一定的思想。电视新闻纪录片要通过艺术的构思整体安排,根据一定的结构方式,把采访拍摄到的素材组合在一起。在拍摄时要注意画面的整体效果,摄像的光线、角度、构图以及拍摄手法,要创造一种理想的艺术境界。电视新闻纪录片不仅要画面真实,还要寓意深刻,引发观众的思考。

电视新闻纪录片是新闻性与艺术性的统一体,新闻性是基础,艺术性是骨干。有些时候在电视新闻记录片制作过程中,新闻性与艺术性在某些客观局限下会产生矛盾,摄制人员要首先保证新闻性,通过抢拍、抓拍最大限度的获取新闻素材。在条件允许的情况下,摄制人员通过灵活的摄像、完美的构图,使电视观众在获取充足的新闻信息的同时,也获得最佳的审美感受。

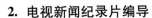

2. 电视新闻纪录片编导

电视新闻纪录片与普通的新闻片不同，要经过比较精心的策划，策划和讨论的过程十分重要。在讨论过程中可以形成电视新闻片的主题，即便主题不是十分明确，但可以给影片的拍摄确定一个方向性的框架。电视新闻纪录片在编导过程中的一个重要环节就是主题的选定。从新闻性的角度来看，选择那些新近发生在社会上产生巨大影响的事件或者话题作为拍摄主题，同时也可以找那些闻所未闻的题材，即便是老题材也可以做出新的解读。主题的选择还可以从百姓生活的点滴入手，贴近生活，贴近事实，贴近人民大众，贴近时代，这样才能引起人民的关注，才会有共鸣。"少一点疏远感，多一点贴近感"，关心民众的生活，生存状态，进行人文的关怀。

电视新闻纪录片题材的选择要有一定的个性化，不能人云亦云，做到独一无二。即便是相同的事件，记者要从不同的视角出发，找到独特的切入点进行全新的构思创作。在选题方面，题材还要有一定的可视性，即选取的题材可以通过影视语言的运用，加以展现，刻画场面事实和人物形象。即便是电视新闻纪录片，在选题上也要考虑题材的故事性，当然这种故事性就是对客观新闻事件的真实再现，不能有虚假成分。具有强有力感染力的故事可以很好地吸引观众眼球，这是衡量一个选题好坏的重要因素之一。

在创作电视新闻纪录片时，要有一个明确的拍摄计划。当然，最先确定的总体设想也是粗线条的，有些设想会与实际情况有很大的不同，很难按照计划进行拍摄，有些创作想法也会在拍摄过程中发生改变，即便如此，前期合理充分的策划准备也是必不可少的，包括工作人员的安排、场景的拍摄、被采访者的时间安排等，都需要有一个合理的规划，目的是节省时间、提高拍摄的效率。

主题是每部影片的灵魂，电视新闻纪录片与一般故事片主题的确定是不同的。故事片有剧本，主题是明确的，先有主题，后进行创作拍摄。电视新闻纪录片，开始可能有一个主题，主题是不确定的和模糊的，拍了大量素材后，找到了最感人的核心，逐渐明确了自己要表达的主题，然后去组织结构影片。电视新闻纪录片主题的提炼尤为重要，需要编导记者在掌握大量素材前提下，从中提炼出思想的精华，需要编导记者发现挖掘，进行合理的取舍。

与其他类型的新闻片不同，电视新闻记录片的结构显得有些复杂，并不是简单地记录叙事。所谓结构，就是影片的布局，即如何组织细节安排素材，用何种方法方式讲述故事(真实的新闻事件)，表达主题。即便是真实的新闻事件，在电视新闻纪录片中也要通过一定的结构方式，合理运用影视语言的特点，将影片的主题巧妙地表达出来。电视新闻纪录片，一般分为序幕、开端、发展、高潮、结束、尾声这几个部分。这几个部分环环相扣，层层递进，步步深入。电视新闻记录片常见的结构类型有时间结构、空间结构、时空交错复合结构等。选择一个合适的影片结构记者要根据采访素材情况以及主题的表达需要而定。

在电视新闻纪录片的创作过程中，题材的选择、主题的确定以及整部片子结构的编排是编导记者思考的重点，这直接影响着影片的质量。

3. 电视新闻纪录片摄录

记者在进入拍摄阶段往往面临两个创作形态：一是按照原有的拍摄计划或者拍摄脚本拍摄；二是即兴发挥。有预知的拍摄就是在拍摄之前，摄像记者根据自己对内容和主题的理解，对所要拍摄的画面在形式上有预先的设计和明确的想法，然后按照预定的设想通过拍摄落实到画面上。一般情况下，带有预知性的画面拍摄主要对象都是静态的被摄主体或场景。即兴发挥的创作是摄像记者在拍摄过程中受到客观条件的制约和影响而引发的创作，这对摄像记者的要求比较高，要对拍摄的现场有敏锐的洞察力、细致的观察力和准确的判断力。在很多情况下，这些精彩的场景转瞬即逝，若不能及时把握就很难再现。

电视新闻纪录片创作要求摄像记者既能准确把握主题的表现意图，将预知镜头拍摄到位，也要有现场的应变能力，有意识地将突发情况拍摄到位。无论哪种创作形态，在拍摄上都要有想法和立意。摄像记者在现场拍摄时要能对拍摄内容和主题的表达有清醒的认识，这样结合现场的情况，加上自己的拍摄经验可以在脑中形成一个明确的拍摄意图。有了明确的拍摄意图，记者才清楚拍摄的画面要表现什么，对拍摄画面的景别、拍摄角度、镜头长度的选择才会心中有数。

电视新闻纪录片的拍摄过程要求记者应快速完成每个镜头的创作。不但动作要快，现场的构思也要快。当然构思快是前提，有了好的想法才会有迅速的拍摄动作进行记录。电视新闻纪录片的拍摄对象很少面对大自然的景物拍摄，记者经常面对的是快速发展和变化的新闻现场，这时就要求记者到了现场之后能够迅速有拍摄想法，明确拍摄意图。摄像记者在脑海中有了拍摄意图后要迅速行动起来，如果动作不够迅速，所形成的想法就很难再现。有可能一个聚焦的动作慢了一步，就会失掉一个精彩镜头的拍摄。

电视新闻纪录片的拍摄创作还要注重拍摄画面表现的连贯性。画面分切可以让过程显得简练，画面的连贯可以让过程保持完整和自然。很多片中会大量运用长镜头，大部分原因是采用单机拍摄，很难同时记录不同角度景别的相同瞬间。这种连贯性还体现在摄像记者对整部片子画面的把握，在条件允许的情况下，记者要保证画面镜头的连贯性整体性。在新闻事件现场，摄像记者要用一只眼睛观察寻像器里画面的情况，同时还要用另一只眼睛和耳朵关注捕捉周围的情况，当有效信息被捕捉到后，记者就要考虑之后的拍摄内容，将前后镜头有效地连贯起来。一般情况下，记者在拍完一个画面准备拍摄下一个画面时，要考虑到画面景别要有变化，拍摄角度要有变化，画面的主体也要有所变化。这些变化不是随意的，要充分考虑画面内容和片子叙述的层次关系。

第四节　电视新闻节目编导与摄录案例分析

【案例一】　新闻特写

快速列车上的紧急救助

这部片子只是记者偶然在坐火车从太原开往宜昌出差途中"搂草打兔子"拍到的。由于正值春运期间,列车几乎都是满载运行,因此旅客的出行问题也是许多观众一直谈论的话题之一。记者意识到了列车满员就会有紧急情况发生这一可能,因此就有了拍摄意识。

所谓电视新闻特写,就必须有特写的镜头对应特写的事例才能让特写有点有面。记者首先抓拍到了一名带孩子的妇女在车厢连接处晕厥,镜头由于不知道孩子在哪里,所以最开始的镜头只是去找到了孩子,但其实这个时候给到的画面是另一名妇女抱着自己的孩子,虽然这是拍摄上的"败笔",但记者还是把这一"多余"画面剪辑进了最后播出的成品里,目的就是"就坡下驴",向观众交代了故事发生的整体环境,看到了常态的农村妇女抱孩子挤坐在车厢连接处,旁边靠近车门的地方也坐满了人。这时镜头摇到了晕厥中的妇女,然后是随着孩子撕心裂肺的哭声,镜头最终转向了失去母亲回应而绝望痛哭的小男孩。全景镜头有交代环境、解答观众疑问的功能,这里能看到记者第一时间到达现场的心理变化,即寻找昏迷母亲,循声找到孩子的一个完整过程。虽然,突发新闻里不可能做到镜头唯美,但好的电视画面比固定图片的最大优点就是连贯性。因此,观众透过记者的连续镜头完成了"寻找"母子的动作。

接下来的镜头也基本是连贯的。列车员搀扶昏迷妈妈到餐车,列车长按妈妈的人中抢救,列车乘警完成了协助抢救工作而疲惫地脱下帽子,列车员给昏迷妈妈头部垫高,孩子回到意识恢复的母亲怀中……当然,这一系列动作在新闻中不可能在短时间内完整呈现,所以记者在后期进行了有限的裁剪,而这些看似一气呵成的抢救画面最终能够展现给观众的前提是拍摄素材的积累。现在有些新闻摄像记者有一个不太好的习惯,就是拍够三四秒就关机,这种积习最大的恶果就是当突发新闻真的发生时,摄像机不是关机就是机器没打开,所以拍不到现场最"抓人"的画面。

【案例二】　新春走基层问暖

冰点下的感动 挖藕工的一天

好新闻绝大多数都不是偶然碰到的,这条片子就是这样。许多人想象不到餐桌上的美味是怎么得来的,挖藕就是一个很少有人知道的辛苦活。记者首先说到了北京的冬天比哪一年都冷,因此过去用铁钎子就能凿穿的湖面今年必须用电锯。画面在用全景交代了藕塘后,接连用了一组特写镜头:厚实的冰块、一砸一个白点的冰层、飞速旋转的电锯、粗大的撬杠。所有这些都在暗示观众,这是一个冰冷的环境,在这里工作极其不舒服。而接下来画外音却告

诉我们,这样的工作还算是轻巧的,"一直浸泡在冰水中的老汪才是最苦最累的"。

这时,本片的主人公用了1分15秒才登场:半蹲在池塘中摸藕的汪士良。记者在剪辑时用了超过10秒的近景镜头来充分展示老汪全神贯注挖藕的神态和动作。同样是头顶汗珠,而身子却要浸泡在冰水中,老汪闭着一只眼咬牙用力拔藕的动作强烈地震撼着观众。对老汪妻子的采访,摄影记者用镜头全拉开的方式离她三四米远的地方跟摄:这样处理的效果,既有人物的形体、语言,也带出了恶劣工作环境,相互衬托,让观众再次沉浸在其艰苦环境下。接下来由妻子采访同期声说老汪老,作者却没有给老汪所谓的满脸皱纹镜头,而是用了大特写,展示老汪触目惊心的已经变形的双手。观众在啧啧叹息之余,痛心地看到老汪因为常年劳作而残缺的指甲、扩大连片的冻疮和粗大的指关节。紧接着,镜头再次在老汪身边跟摄,画面出现的是老汪挑着变弯的扁担,把一百七八十斤的藕从塘里挑到收货的车旁。随着画外音说老汪看秤特别仔细,特写画面又代替老汪的眼睛定格在地秤显示屏上,这个主观镜头反映出了老汪"斤斤计较"的心态,让观众再次感慨老汪挣钱的不容易。

4分多钟的片里,老汪几乎没笑过,唯一一次比较轻松的神态是接近片尾老汪查钱的样子。而这个称得上笑意的眼神不过停留了几秒,就由画外音告诉观众,除去最基本的生活费,老汪要把这笔钱一分不剩地邮回老家:家里的父母要供养,两个上学的孩子要读书。摄像记者用中景长时间定格在老汪打电话的神态上,那种父亲对孩子的牵挂、对不能在父母前尽孝的愧疚仿佛在画面中呼之欲出。

冬日的黄昏中,夫妻俩一前一后,走过了劳作了一天的冰湖。全景画面中,老汪和妻子渐行渐远消失在一抹如血夕阳中,那47岁却状如60岁的微驼身影留给观众久久的回味……

思考题

1. 结合实例分析电视新闻片、电视新闻专题、电视新闻纪录片的异同。
2. 分析电视新闻专题片的特点。
3. 如何把握电视新闻记录片的整体结构。

推荐阅读书目

[1] 高鑫,周文. 电视专题. 北京:中国广播电视出版社,2008.
[2] 谭天,陈强. 纪录片制作教程. 广州:暨南大学出版社,2011.

第八章　广播电视新闻评论

　　广播电视新闻评论是各级广播电台和电视台不可缺少的一个重要新闻品种。广播电视新闻评论的地位和意义在于引领时代潮流,体现正确的舆论导向,丰富节目内容。它爱憎分明,主张鲜明,解疑释惑,是广播电台、电视台的灵魂和旗帜。它的独特作用是消息、通讯和专题报道等其他新闻体裁所不能够替代的。随着我国广播电视事业的快速发展,广播电视新闻评论也与时俱进,不断拓展。从记者现场口头评论到连线嘉宾的访谈评论;从声音评论到音像结合、图文并茂的电视评论,评论的内容越发犀利深刻,形式更加灵活多样,成为广播电视媒体传播形态中的重中之重。

第一节　广播电视新闻评论的定义与特点

　　广播电视新闻评论是新闻评论类型中的分属体裁,是广播新闻评论与电视新闻评论的合称。广播电视新闻评论有自身的内涵与特点。

1. 广播电视新闻评论的定义

　　要了解广播电视新闻评论的涵义,首先应知道什么是新闻评论。一般来说,定义是对于一种事物的本质特征或一个概念的内涵和外延所作的确切表述。最有代表性的定义是"种差＋属"。定义,即把某一概念包含在它的属概念中,并揭示它与同一个属概念下其他种概念之间的差别。这样就可以把广播电视的"属"界定为"新闻评论",那么,"种差"就是研究并找出与广播电视同属"新闻评论"之间的区别。关于新闻评论的定义的解释有许多种,在此例举两种有代表性的看法:

　　新闻评论,是社会各界对新近发生的新闻事件所发表的言论的总称。新闻和评论,构成报纸的两大文体。新闻评论是一种写作形式,一种传播力量,一种社会存在,以传播意见性信息为主要目的和手段。①

　　新闻评论是当代各种新闻媒介普遍运用、形诸各自表意符号、面向广大受众

---

　　①　百度百科:http://baike.baidu.com/view/551423.htm。

的政论性新闻体裁。①

新闻评论这一新闻体裁,最早发端于报纸。作为近现代报刊的文章形式,新闻评论在长期的发展过程中已经形成了较为规范的体例,即它的基本特征——新闻性和政论性。

广播新闻评论和电视新闻评论,是新闻评论这种新闻体裁或话语形式,同广播、电视这两种分别形诸声音、音像的传播媒介相互结合的产物。这意味着无论广播评论还是电视评论,都需要既具备新闻评论的基本特征,又适应广播、电视的传播方式。弱化其中任何一方面,都可能沦于名不副实的境地。但是,新闻评论这种新闻体裁,毕竟是发端于印刷媒介即近、现代报刊的文章形式,已经在长期的发育过程中形成相当成熟的基本规范,并在事实上对后起的广播、电视媒介运用这种体裁构成了某种"约束"。所以,按照"属加种差"的定义方法,可以作出如下的表述。

广播电视新闻评论是指广播电视媒体对新近发生的重大新闻事件以及亟待解决的重要社会问题、社会现象,发表议论、讲明道理、表达意见的一种新闻体裁或话语形式。它将新闻性和政论性结合于一体,针对当前发生的典型事件和实际存在的社会问题,提出有形意见直接指导人们的思想和行为。

这个表述旨在揭示广播电视新闻评论的基本特征——新闻性和政论性,以及体裁存在、发展的基本条件,包括适应媒介、受众的需求和媒介各自的话语系统。广播电视新闻评论与广播电视新闻报道相辅相成、相互配合,发挥着重要的社会舆论导向作用。

2. 广播电视新闻评论的特点

广播电视媒体的传播方式和传播特点是制约广播电视新闻评论特点的首要因素。广播以声音为传播载体,没有视觉形象的辅助,声音也转瞬即逝;而电视虽以声音和图像为传播载体,表现力强于广播,但也存在声音和图像转瞬即逝,图像不能脱离具体情境、不易表达抽象思想观点等问题。而且受节目时长的限制,广播电视新闻评论往往要简明扼要,重点突出地说明当下存在的社会问题。分析当下发生的新闻事件,使受众能在短时间内对事件有一个大致的了解与领悟,从而引导受众去思考。这些现状决定了广播电视新闻评论的特点。

1) 显著的新闻性

广播电视新闻评论的评论对象是新闻事件。没有新闻事件,无所谓新闻评论。因此,显著的新闻性是新闻评论的首要特征。广播电视新闻评论的新闻性主要体现在时效性和新鲜性上。新近发生的新闻事件、当下存在

---

① 王振业,李舒. 广播电视新闻评论. 北京:中国传媒大学出版社,2009:3。

的社会问题是广播电视新闻评论的对象和依据,能够及时、快速、有针对性地分析当前社会的重大事件或迫切需要解决的问题,是广播电视新闻评论的任务所在。每当有重大新闻事件发生或者有重要社会问题出现时,都能看到广大广播电视媒体快速地投入到相应新闻事件的报道和评论中去。当前,与民生贴近的有关瘦肉精猪肉、染色馒头、膨大剂西瓜、毒豆芽、过度使用食品添加剂等食品安全问题的新闻报道一出来,相应的新闻评论就会紧随其上,引发一场全力维护老百姓生命安全与打击制裁食品生产非法商家的大讨论。由于广播电视传播的快速高效,广播电视新闻评论已经不止于事件发生后的分析讨论,越来越多的广播电视媒体都是随时紧跟事件的发展进程,即兴点评。如荣获 2010 年中国新闻奖二等奖新闻评论作品《家电下了乡,城镇要跟上》(天津电视台)。

【前导语】家电下乡政策是今年国家贯彻落实科学发展观、积极扩大内需的重要举措,也是财政和贸易政策的创新突破。我们天津的家电下乡工作在上个月已经正式启动了,农民购买纳入补贴范围的家电可以享受到13%的财政补贴,激活了农民的购买力,扩大了农村市场的消费。可是家电下了乡,农民朋友们用着满意吗?他们有哪些担心呢?如何使家电下乡政策做到可持续发展?来看记者的调查。

【正文】

画面:3 月 21 号,天津市家电下乡工作正式启动,短短的十几天,上万台电器的销售量,近两千万元的销售额,可以看出咱农民朋友购买家电的热情很高,可称心的电器搬回家,农户们是否用着也顺心呢?

记者:我现在是在宁河县板桥镇田家坨村的一个农户家里,自从上个月家电下乡正式启动了以后,这家的女主人岳大姐就新买了好几样电器,虽然说买是买了,但是在怎么用的问题上,岳大姐还是有些顾虑。

画面:岳大姐家原本有两台电视机、一台洗衣机和一台冰箱,前两天新添置了电磁炉和冰柜,可岳大姐从来都不敢同时开这几样电器,用电磁炉炒菜时就得把冰柜关了,怕电表带不起来。

采访(宁河县板桥镇田家坨村村民岳文香):去年六月份,天气挺热的,这样我就把空调买了,买了以后始终就不能安装,安装了怕电不够使的,总掉闸,我们镇上也有亲戚,我们就送给他们了。

画面:田家坨村原本只有一台变压器,以前这样的配置满足村民用电是绰绰有余,但随着村民生活水平的提高,特别是家电下乡启动之后,几乎每家都添置了新电器,可村里的电压只能承受不到半数家庭的满负荷用电,一到用电高峰期,好多农户家里的电器就用不了,成了摆设。

采访(宁河县板桥镇田家坨村村民袁英):村里的电压低,甭说有空调了,晚上那灯都一闪一闪的,有电器你用不上。

画面:家电下乡,不仅要解决用电瓶颈,还要打开"水龙头"。记者在采访中发现,有的自然村还没有通上自来水,但下乡洗衣机大多数是自动进水的;有些家庭虽然有自来水,但是水压不稳定或限时供水,让洗衣机也变成了"摆设"。

采访(北辰区双街镇张湾村村民张丽红):就来那么一会儿水,一个多小时,不到两个小时,洗个衣服费劲,本来是全自动的洗衣机,变成"半自动"了,还得我自个儿往里面舀水。

画面:作为四大直辖市之一的天津,从 2001 年就开始对农村自来水管网进行建设,但目前天津农村地区自来水入户率仍不足 70%,而水、电这些基础设施不足的问题恰恰在家电下乡政策推行的过程当中快速集中地显现出来。

采访(天津市社会科学院经济研究所研究员韩士元):由于我们国家长期存在城乡二元结构的现象,城乡差别直到目前依然很大,农村地区的公共服务资源比较少。(应进一步)加大公共财政的支持力度,更多的公共财政资金向农村公共服务设施,像电力系统、给排水系统、公共交通系统、燃气系统,向这些方面倾斜。

画面:家电下乡政策极大地刺激了农民的购买力,家电产品的增加在短时间内呈现出"井喷"的态势。因此,农村基础设施的改造能否跟上农民快速改善生活的步伐,直接影响着家电下乡政策的可持续性。家住宝坻区后槐村的村民刘建平刚刚买了一台家电下乡的洗衣机,虽然洗衣机并没有出现质量问题,但刘大哥已经对售后服务心存疑虑。

采访(天津市宝坻区钰华街道后槐村村民刘建平):离销售网点毕竟有一定的距离,在农村来讲,不像市里面,有楼层(门牌)什么的,本身我们就不太好找,所以有可能,可以考虑到,在售后服务(方面),怕是有一定的问题。

画面:刘大哥的顾虑并非杞人忧天,以在天津销售量最大的海尔电器为例,市内六区的售后维修点一共有 12 家,塘沽、东丽等 4 个近郊区县的维修点有两家,而武清、宝坻、静海、蓟县、宁河这 5 个远郊区县的家电维修点竟然都是空白!

采访(家电销售商杜君):一般情况下,郊县的用户他们也是住得比较分散,如果在那儿设立一个(维修点),确实有一定的困难。

画面:农民朋友的担忧还不仅如此,郝桂芬大姐就为我们算了笔账。

采访(北辰区王庄村村民郝桂芬):我想买这台(热水器),补助(补贴)200 块钱,(但要是坏了)拉到市里去修,光往返的路费也得差不多 200 块钱,所以我不想买了,就是怕折腾。

画面:其实,产品的售后服务不单包括维修,由于大多数农民是第一次购买新家电,还存在着不会使用、不会保养的问题,因此,普及家电知识也应成为服务的一个重点。毕竟,售后服务不下乡,即使补贴再多,也难以让农民朋友满意,"远水难解近渴"——这项旨在"农民得实惠,企业得市场,政府得民心"的惠民政策就会大打折扣。

采访(南开大学商学院教授李桂华):家电下乡表面上我们看,最初的起步是为了应对经济危机,作为一个刺激消费的政策;但是从现实和长远来看,它也是(关系到)国计民生的一个重要问题。政府应该将这项工作看作是改善民生、提高(农民)生活质量的一个高度,企业应该站在为消费者负责,特别是为农民消费者负责这样一个角度来认真对待。

画面:据了解,今年为配合家电下乡工作,天津电力将投资 20 亿元进行农村电气化建设,解决农村中低电网"卡脖子"的问题。截至目前,宁河完成改造低压线路 140 多千米,增容变压器 78 台,这就是最近建成的一座 110 千伏的变电站,总共增加了 5 万千伏安的主变容量。

【同期】国家电网天津宁河供电有限公司副总经理杨福君:可以满足80个自然村大约10万人口的用电需求。即使百姓家买更多的电器,我们也能满足供电的需求。

记者:家电下乡的确是一个支农惠农的好政策,但是家电产品从商场走入农户的家里并不是一个终点,通过今天的采访我们了解到,电力部门已经在家电下乡配套服务方面先行了一步,我们也希望有更多的职能部门能够参与其中,让我们的农民朋友买家电的时候是买着放心,用着更舒心。

【后导语】家电下乡是一个系统工程,为使农民朋友买好电器、用好电器,需要很多部门协同努力,我们也希望各方能够增强对农村消费者的服务意识,家电下乡的同时还要送知识、送技能、送服务、夯设施,最终让农民得到实惠,企业得到市场,政府得到人心。

最后一段的评论不仅体现了广播电视新闻评论鲜明的新闻性,及时、有针对性地就新近发生的、重要的社会事件和问题进行了分析和评论,而且更重要的是注意到评论的内容和方式,不是单纯地就事论事,而是深入到事件的真相和本质,做到新鲜而有见地,简明而不失深刻。

2)鲜明的政论性

广播电视新闻评论将新闻性和政论性结合在一起,新闻性关系着评论内容的选取,政论性关系着评论内容的表达。相对新闻性而言,政论性对于广播电视新闻评论特点和表现形式的影响更直接,也更有力。政论性,主要以说理为手段,运用概念、判断、推理等逻辑思维方法,着重从思想、政治或伦理的角度阐释对于事件的看法,带有一定程度的抽象性与概括性。[①]广播电视新闻评论的这种政论性特征大大加深了广播电视新闻评论的思想深度。如浙江电视台的经典评论《桐乡粪桶事件留给我们的启示》,从粪桶畅销这一具体事件切入,通过细致的分析运用抽象与概括性的语言,最终得出事件的实质:

"事实上,农民们已经开始追求高档消费品,但他们迫切需要的,还是那些登不了大雅之堂但急用、实在如粪桶之类的商品。

应该说,经过10年改革的努力,拥有全国人口80%的广大农村经济面貌已今非昔比。据有关部门提供的资料,目前全国社会50%以上的购买力在农村,市场货币存量的60%在农民手里。

农村市场疲软的症结在于供给与需求错位,所以启动农村市场的关键也在于有的放矢地调整产品结构,这前提是我们必须实实在在去了解和理解我们的农民……"

从上面的例子可以看出,广播电视新闻评论不仅仅局限于对于事件的阐释,更重要的是通过对事件的分析、抽象与概括,挖掘出新闻事件或社会问题的实质。不过,在实际的运行过程中,对于事件的分析、抽象和概括要把握住度。因为广播电视的受众层次是多样的,受众的阅历多少和文化层

---

① 王振业.广播电视新闻评论.北京:中国传媒大学出版社,2009:107。

次高低也直接影响他们对于广播电视新闻评论的理解与领悟。这也是广播电视新闻评论政论性特点本身存在的两面性:一方面,内涵丰富;另一方面,不易理解。因此,如何在新闻评论中既适应广大受众的接受能力,同时又很好地触及事件或问题的本质,体现新闻评论的政论特征是一个非常重要的课题。

3) 强烈的思想性

在新闻实践中,新闻评论通常被视为新闻宣传的旗帜和灵魂。在新闻传播的过程中,新闻评论与新闻报道相辅相成,发挥着引导社会舆论的作用。将新闻评论作为新闻宣传的旗帜和灵魂的根本原因就在于新闻评论具有强烈的思想性。广播电视新闻评论通常针对重要的新闻事件或重大的社会问题,直接阐明思想观点,进行实事求是的议论与分析。这些评论大多是从思想方面着眼,而不是简单地就事论事。这就使得新闻评论得以与新闻事实分开,有了思想性与深刻性,也才称得上是新闻宣传的"旗帜和灵魂"。

例如,荣获 2010 年中国新闻奖二等奖作品——天津人民广播电台评论《建设小城镇,走活城乡发展一盘棋》。

临近年终岁末,中央经济工作会议召开,今年中央经济工作会议把城镇化放了调整经济结构的重要地位上,突出了城镇化对未来经济发展的战略意义。

本市从 2005 年开始,以华明镇作为农村城镇化的试点,以宅基地换房的方式建设示范小城镇,这一模式取得了成功,并产生了意义深远的影响。更多的农民盼望能住进小城镇,使自己的生活环境得到彻底改善,生活质量得到提升。由此,本市加大小城镇建设,推出三批共"二十三镇六村"的农村示范镇建设,涉及 268 个行政村。

从已经建成并运行 2 年多的华明镇来看,推动农村城镇化就像是一把钥匙,解决了当前农村发展中的诸多难题。

首先,用"宅基地换房"建设小城镇方式,是政府主导用较低的成本走活城乡统筹发展的一着妙棋。南开大学经济研究所王秀佳教授认为,这是市委、市政府为农村发展寻找出路和农民热盼提升生活质量的期待,两种愿望叠加在一起碰撞出的大智慧。

【录音】多年来我们一直在试图推动农村城镇化,但城镇化需要雄厚的经济实力,靠乡镇农村自身力量很难取得实质性突破。

本市"宅基地换房"方式,创新了农村土地流转改革,解决小城镇建设巨大资金缺口,它的核心就是农民搬入小城镇,腾迁出宅基地。原村庄宅基地进行复耕,补偿所占用的土地,而节约下来的土地整合后出售,用土地收益弥补小城镇建设资金缺口。

农民入住小城镇不仅圆了多少代人的梦想,而且村民搬入的是带有土地证、房屋产权证的房屋,所谓的"大产权",可以自由上市交易,这使农民家庭增加了一笔资产。东丽区区委书记张有会说:

【录音】宅基地换房后,农民搬进了人均面积 30 平方米的楼房,原来居住的 3 间平房不过四五万元钱,置换后农民财产增值 40 万元。

其次,城镇化是解决"三农"问题的重要出路。自实行联产承包责任制以来,我国农村发展遇到的一大门槛是千家万户分散经营与规模经营之间的矛盾。千家万户分散经营,解决了农民吃饭问题,但却很难解决致富问题,同时制约了农业的现代化步伐。这些年来我们探讨了各种形式的农业产业化,使土地实现了各种形式的规模化经营,但终究没能发展起真正意义上的规模化。而农村城镇化恰恰能解决这个问题。华明镇党委书记张长河介绍说,搬入华明镇的共有 12 个村,这些村子腾迁后的宅基地将有 426 公顷的土地进行复耕,复耕的土地发展规模化蔬菜大棚,过去一亩地只有六七百元的收益,现在一亩地收益达到一万多元。

【录音】我们的农业园区,华明示范镇搞宅基地换房,我们置换出了要复耕,是 426 公顷土地,这个复耕啊,要打破原有的传统耕种模式。因为过去的华明的土地比较贫瘠,可以说是广种薄收,经济效益不大。这次我们复垦搞设施农业,现在已经做了 2000 多亩地的设施农业,后面还要建 5 个农业设施园区,大概总的面积是搞 1 万亩,1 万亩的设施农业,这 1 万亩的设施农业的产出,过去我们 10 万亩耕地的总产值、净收益还要大。

三是农村城镇化有利于培育本地区支柱产业和特色产业,把城镇经济建立在坚实的产业基础之上。多年来,城市扩张、道路建设等使部分农民得到了土地补偿金,脱离了农业生产,由于没有技术又不善经营,从而出现了"农民失地又失业"的现象。

而农村城镇化建设是规划先行,城镇经济的发展支撑、产业发展定位、如何保证农民收入获得稳步持续的增长成为首要研究课题。像华明镇规划了 7.33 平方公里的工业园区,依托临近空港产业区的优势,重点发展航空零部件、整车制造等现代制造业基地,华明工业园招商部主任王胜春介绍说:

【录音】目前已经引进了包括中国兵器仪器集团、四川海特集团、上海九川、山东鲁电等40 余个项目,总投资额超过 100 亿元。整个的 7.33 平方公里建成以后,预计我们产值能达到400 亿元,能解决 4 ~ 5 万人在园区就业。

四是农村城镇化可以扩大内需,引发消费需求,培育新的消费群体。当前我国经济最大的问题是消费,尤其是居民消费不足。从今年前三季度我国经济数据上看,投资的贡献率达到 94.8%,消费仅为 51.9%,消费依然是国民经济的短板。

城镇化在培育消费需求,使农民变为市民,扩大中等收入人群的比例方面扮演非常重要的角色。在华明镇很多村民都有两份工作,永和村村民王如海承包了 100 亩的水池,养殖南美白对虾和鲫鱼等,从春天到秋天搞水产养殖,秋天收获之后,进入冬闲期。过去,他就在家里没事干了,现在示范镇里的农业园、工业园、商业都创造了很多工作机会,冬闲时他就到华明农业示范园上班,岗位是种植管理员,月收入在 2 千元以上。

华明镇党委书记张长河说,伴随着城镇化和非农化,村民总收入 5 年内将有显著变化:

【录音】农民纯收入,5 年之内我们要达到现在的 2 倍,我们现在是 12650 元,到 2014 年呢,我们要达到 26000 元,是现在的 2 倍多。

农民收入的增加,能够推动华明镇内商贸、餐饮、旅游等消费,增加教育、医疗等投入。据麦肯锡全球研究院预测,按照目前中国城镇化的发展趋势,到 2025 年中国城镇化率将达到66%,城镇人口将超过 9 亿,城镇化带来的城市消费增量足以创造相当于 2007 年德国市场总规模的新市场。

可以说,本市以"宅基地换房"建设小城镇的模式,在中国农村发展史具有深远影响。土地是农民沉睡的资本,通过"宅基地换房"盘活农村土地,充分利用土地资本化,解决城镇化发展过程中"钱从哪里来"的问题,加速小城镇建设,目前,本市"二十三镇六村"同时推进小城镇建设,这在以前是不敢想的事情。

"宅基地换房"加速了农村城镇化,城镇化又走活了城乡统筹发展的一盘棋。城镇化不仅使农民变成社区居民,还极大吸纳农村富余劳动力,吸引大量投资投入工商企业,形成新的经济增长点。可以说,新农村建设核心就是城镇化,它是激活一个点,辐射一大片。离开城镇化建设新农村,只能是舍本求末。农村城镇化将是中国经济的新奇迹,它将创造出新的富足和繁荣,创造出一个人人向往的新农村。

由上面这段评论可以看出,新闻评论与政治关系密切,新闻评论无法离开政治。但是新闻评论不仅仅是政论,新闻评论的思想性也不等于政治性。在实际新闻实践中,重大的政治思想评论毕竟是少数,现今的新闻评论已经不再局限于对于国际国内政治事件的讨论,而是将关注点扩展到现实生活的各个领域,如社会、教育、家庭、财经、证券、房产乃至影视、体坛、娱乐等。广播电视新闻评论几乎无所不评、无所不论。

4) 广泛的群众性

广播电视新闻评论所评论的内容是重要的新闻事件与社会问题,这些新闻事件或者是与广大受众的利益息息相关的问题,如民生问题;或者是广大受众迫切需要了解真相的问题,如甬温动车事故;或者是广大受众赖以生存的社会环境中存在的典型问题,如多少类似的"彭宇案"发生后,广播电视新闻媒体对于社会公德等问题的大讨论。然而,广播电视新闻评论不止局限于给广大受众提供一个了解事件真相的平台,更重要的目的是影响大众的观念、态度和行为,正确引导社会舆论。中央广播电台《新闻纵横》栏目曾就国庆之后河北省石家庄市部分市民哄抢公关花草这一事件制作了一期节目。首先,其所探讨的话题是与群众密切相关。其次,该节目评论的目的是为了引导市民爱护公关财产、遵纪守法,在节目录制中又借各方之口(干部、学生、工人、专家)对事件进行了评论和分析。这是体现广播电视新闻评论广泛群众性的典型案例。

第二节　广播电视新闻评论的作用

在美国,CNN 是一家24小时不停地报道新闻的电视机构,每天有无数人在收看来自 CNN 的新闻报道。但是,真正在美国公众心目中占有最重要的地位的,却是传统的三大广播公司 CBS、ABC、NBC。因为人们在 CNN 只能看到新闻报道,但在三大广播公司的节目中,却可以看到人们对世界上发生的新事件的评论和分析。① 随着信息技术的进步,大众传媒的发展,公众参与意识、民主意识的不断加强,广播电视新闻评论作为广播电视媒体的一种意见性信息传播方式,正发挥着日益重要的作用。那么,广播电视新闻评论有哪些重要的功能呢?它对于我们每个公民,对于我们赖以生存的社会环境又有怎样的作用呢?将在下面进行具体阐述。

1. 深化环境认知

从李普曼开始,人们就产生了一种共识:人们在认识世界的过程中,需要那种所谓的"简化"模式,即"锲入在人和环境之间的虚拟环境"。② 大众传媒产生之后,人们的环境认知很大程度上依赖于大众传媒所提示的"拟态环境"。在复杂的社会生活中,社会环境不断发生着变化,许多新的政策措施需要人们去理解,许多新的社会现象需要人们去认识,许多新的思想需要人们去判断、选择。广播电视新闻评论的一个重要功能就是依托新闻报道中的重要事件与社会现实问题进行深入的分析,力求从思想的高度、理论的高度进行抽象与概括,把人们对社会环境的认知深化为对于社会现实的理性的思考。

2. 彰显媒体价值

在我国,媒体是党和人民的喉舌,是社会的公器,是公众参与社会讨论的公共平台。但是,这并不意味着媒体没有自己的价值取向。实际上,每个媒体都有自己的价值倾向。媒体不可能事无巨细将信息全部传达给受众,它必然会根据自身的价值取向,对各种意见进行取舍,在尽可能保持多种声音意见的基础上,选择符合自己观点的意见。此外,媒体还会通过对新闻事件或社会现象直接表达自己的观点、意见,发表相应的评论来突出自己的声音。在媒体对信息的选取和对事件的评论中,媒体的价值取向得到了很好的彰显。

3. 引导社会舆论

沉默的螺旋理论认为,舆论从双重意义上是"社会的皮肤":它是个人感知社会"意见气候"的变化、调整自己的环境适应行为的"皮肤";在维持社会整合方面就像"容器"的皮肤一样,防止由于意见过度分裂而引起社会解体。新闻评论对舆论的形成有着重要的影响。

首先,新闻评论以其鲜明的思想性直接介入大众媒介设置社会"议题"的过程中,在引导大众去关注什么、讨论什么方面发挥了重要作用。例如,人们倾向于对媒体认为重要的事情首先采取行动。

其次,大众传媒可以通过营造"意见环境"来影响舆论,而新闻评论作为

① 杨新敏. 当代广播电视新闻评论. 北京:中国广播电视出版社,2005:20。
② [美]沃尔特·李普曼. 公众舆论. 阎克文,江红,译. 上海:上海人民出版社,2002:12。

媒体的"旗帜和灵魂",显然也是大众传媒影响受众意见的"旗帜和灵魂"。一件重大事情发生之后,人们势必会有各种各样的态度和看法,然而由于人们对受到孤立的惧怕和迫于群体压力产生的趋同心理,弱势意见倾向于沉默或附和,弱势意见的沉默导致了强势意见的增势,沉默的螺旋会使某种错误的认识在一个阶段越来越占上风。一旦错误的观点成为舆论,则将对社会的和谐稳定造成不良的后果。因此,广播电视新闻评论必须发挥其应有的引导作用,透过现象看本质,对当前一些容易误导视听的问题做出理性的分析,引导民众在对各种声音的选择和评判中作出理性选择,使得积极、健康、理性的舆论成为社会的公意。

例如,2004年9月22日的一则中国广播电台评论《夺冠后的飘飘然是奥运冠军的最大敌人》。这段评论旗帜鲜明地指出,"作为运动员,夺冠后的飘飘然是自己最大的敌人,看轻和抵制体育之外的虚名浮利,向着更高更强的目标进发,应该是自己矢志不渝的追求"。① 这一评论在一片对奥运冠军的狂热追捧中发出了独特的声音,不仅对于奥运冠军来说是防止其骄傲懈怠的有益教诲,而且对于一些炒作奥运冠军的单位、盲目追捧奥运冠军光环的人来说也起到了有效的警醒、引导作用,是广播电视新闻评论引导舆论向正确方向发展的成功典范。

4. 净化社会风气

在社会转型的过程中,一些人信仰崩塌、道德滑坡,做出危害公共利益的行为,这种行为如果没有得到有效的揭露和批判,就会产生连锁反应,败坏整个社会的道德风气。新闻评论就是要监控社会,对不正常的社会现象加以抨击,起到净化社会风气的作用。例如,继中央电视台《每周质量报告》揭露"达芬奇家居造假"事件之后,各媒体纷纷跟进调查报道,连续进行新闻评论,强调诚信是一个企业的无形财富,用"达芬奇家居造假"的教训警醒企业增强诚信意识。广播电视新闻媒体有力的新闻评论在社会形成了广泛而强大的舆论影响力,工商部门、质检部门、相关法律部门相继介入调查,有效地打击了造假行为。这对于规范市场规则、净化社会风气意义重大。江苏电视台的《零距离》也是广播电视新闻评论做得较好的一个新闻栏目。它植根于民生,不仅对老百姓身边的新闻事件和社会问题进行分析和探讨,惩恶扬善,同时也开辟了一个专门的读报环节,结合社会现状,对新近发生的社会事件进行深入解读和评析。这使得媒体成为了受众自我教育和自我完善的舆论阵地,也在潜移默化中为良好社会风气的形成贡献着力量。

① 杨新敏.当代广播电视新闻评论.北京:中国广播电视出版社,2005:15。

第三节 广播电视新闻评论的类型

随着广播电视媒体的发展,广播电视新闻评论的表现形式也变得丰富起来。目前的广播电视新闻评论形式,具体可以划分为以下几个类型:①本台评论;②新闻述评;③谈话类评论。形式总是为内容服务的,广播电视新闻评论的具体形式也是以能否有效地表达内容为基础的。下面就对广播电视新闻评论的具体类型逐一阐述。

1. 本台评论

本台评论是代表广播电台、电视台等媒体编辑部就当前重要新闻事件或重大社会问题发表的权威性言论,地位相当于报纸上的社论。与报纸社论相似,一方面,本台评论是表明广播电台、电视台政治面目的旗帜,另一方面,本台评论也具有鲜明的针对性、政策性和指导性。但是,考虑到广播电视传播受众广泛的特点,广播电视新闻评论除了要保证自身的新闻性、思想性、政论性,还要注重评论内容的通俗、生动、口语化,以贴近民心。在广播电视节目中,本台评论主要出现在本台最重要的新闻节目中,如中央电视台的《新闻联播》、中央人民广播电台的《新闻和报纸摘要》。

2. 新闻述评

新闻述评是融新闻和评论于一体的评论形式。它既报道新闻事实,又对新闻事实作出相应的分析和评价。新闻述评的特点非常鲜明,即评述结合,以评为本。一方面,新闻述评要对新闻事实进行全面的介绍,包括具体事件、概括情况以及事件发生的背景材料;另一方面,新闻述评要以新闻事实为基础,对事实进行细致的分析,以揭示真相或阐明本质。一般来说,虽然述的篇幅往往多于评,但述评的重点在于评,目的是为了评,述是为评服务的。述和评的有机结合,体现了由个别到一般、由具体到抽象、由感性到理性的认识规律,[①]容易被人们所理解和接受。

1) 广播述评

广播述评分为口播的广播述评和运用音响的音响述评。下面以浙江人民广播电台1991年3月24日的《警钟,在千里铁道线上长鸣》为例进行具体阐述。

警钟,在千里铁道线上长鸣

俞良训　海娟

(出汽笛声,由弱至强,三四秒)

---

① 许颖.广播电视新闻实务.大连:东北财经大学出版社,2007:202。

（压低混播）

记者：各位听众，我们是浙江电台记者海娟和俞良训，现在位于杭州闸口的杭州铁路分局机务段作现场采访。今天是 3 月 24 日——它对铁路职工来说，是个永远难忘的日子——3 年前的今天，因司机失职，在上海匡巷发生了震惊中外的旅客列车正面相撞事故，损失惨重。为了不让历史悲剧重演，杭州铁路分局 3 万多名干部职工从 2 月 24 日起，开展了为期一个月的"让历史铭记这一天"安全系列教育活动，今天是这一活动的最后一天。当时针指向 14 点 19 分，也就是 3 年前列车在匡巷撞车时间，杭州铁路分局近千公里的铁路干、支线上同时拉响了高亢而沉重的救援汽笛，时间长达 1 分钟。

（混播止。出汽笛声，二三秒）

记者：汽笛声，在空中久久回荡。记者看到，在场的不论是分局领导还是司机、检修工，都神情肃穆。在检修车间，记者找到了当年的事故责任者之一、被判刑 3 年、已于去年 3 月得到假释的原机车副司机刘国隆，请他谈点感受。

（出刘国隆讲话录音）

【录音】一想起 3 年前的事故惨状，心就颤抖。如果我不混充内行替司机试风的话，如果我们能在进站前进行试闸的话，如果我们没有关闭无线电话的话，如果我能立岗瞭望、确认信号、警惕呼唤的话，事故就不会出了，可是我偏偏没有做到，这个教训刻骨铭心。我犯罪进了监狱以后，领导和师傅们没有忘记我，还很关心我。回到段里，看到全段干部职工为了雪耻、卧薪尝胆，奋力拼搏，深深地感到对不起领导、对不起师傅们。我希望还在开车的师傅们，要记住我的沉痛教训，千万要把安全放在首位，千万别再出这样的事故了。到今天零点，我已经刑满了。我要用自己的双手，用自己的汗水继续洗刷自己的罪行。

记者："对于安全行车，火车司机的感受一定会特别多，我们请王福根师傅也来谈谈。"

（出王福根音响）

音响：作为一名铁路职工，不做安全的局外人，要做事故的防范人。如果为昨天的失职而痛苦的话，倒不如用今天的尽职去弥补。

记者：记者发现杭州铁路分局的党政工团主要领导今天都在机务段，我们找到了分局长王厚道，请他为大家说几句。

记者：王局长，杭州铁路分局从 2 月 24 日开始搞了一个月的"让历史铭记这一天"安全系列教育活动，你能不能谈谈你们当时搞这个活动的初衷？

（出王局长音响）

音响：就是要大家能够牢记这一天，它是一座雪耻碑，一条卧薪尝胆、向安全高峰攀登的起跑线，一口长鸣不息的警钟，我们想用它时时刻刻、分分秒秒提醒我们 32600 多名职工。

记者：是的，这是长鸣不息的警钟。现在，杭州铁路分局干部、职工的安全意识比过去更加强了。我们想，这警钟，对各行各业来说，也应该是长鸣不息的。

（出汽笛声。渐隐）

这篇报道篇幅不长，其中音响就包括了记者口述、新闻现场音响和人物讲话几种不同的形式，它们交替出现，相得益彰。

报道的第一部分是长鸣的汽笛和记者口述混播。记者的语言主要是充当叙述的角色，简练地为听众介绍新闻事件的概况，汽笛这一背景音响加强了记者口述的现场感。两种音响在开篇相互配合,交待了事件的原因经过,并且直接引出报道主题。

第二部分记者在现场选取了采访对象。第一,是三年前事故责任人的讲话,其忏悔之情通过实况录音真实流露,有很强的感染力。这一典型性音响引发了听众的联想,让那震惊中外的列车相撞的惨烈一幕又浮现于眼前,从而迅速形成了一个报道所需要的小高潮。第二,记者采访了普通职工和领导,从不同角度了解有关人物对活动的看法,进一步深化了安全行车这一主题。通过大量的同期声,广大听众在潜移默化中接受了新闻传递出的无形意见。

在报道的最后一部分,记者借助被访者讲话中的"警钟"一词为全篇做了一个短小有力的评论,转接自然流畅,水到渠成。在记者话音未落之时汽笛声再次响起,发人深省,给人回味,这时汽笛声不仅是现场音响,而且更带有强烈的主观感情色彩,很好地配合了记者的评论,呼应了开篇。

全文整体结构严密,记者口述与汽笛声环环相扣,过渡巧妙,各种音响选择恰当,运用灵活,丰富了广播语言的表现空间。

2)电视述评

电视述评是综合运用画面、音响、文字、解说及论述性语言来报道及评析新闻事件的评论形式。目前,我国电视述评的表现形式已经得到了较为完善的发展。以中央电视台《焦点访谈》为典型代表,电视述评栏目主要以当前的重大新闻事件或者重要社会问题为报道和评析的对象,借助画面、音响等表现手段,并配以字幕,以记者或主持人的解说及评析为主,也插入当事人采访及权威人士、专家学者的分析,必要时伴有解说词。节目结尾,主持人对事件进行总结和观点的提炼,使节目事理交融,满足受众对于事件性信息和观点性信息的共同需要。

电视述评涉及的内容丰富,可以是具体的新闻事件、普遍的社会现状,也可以是典型的新闻人物、国际政治经济形势,乃至人们的思想观念。电视述评的范围也很广泛,包括经济、政治、文化、思想、外交等各种领域。同时,电视述评的表现形式也很多样,包括调查性、解释性、分析性、论辩性等述评形式。[①]

3. 谈话类评论

谈话类评论是听、说双方处于平等交流的位置,以谈话的方式展开的新闻评论形式。在谈话类评论节目中,形成了类似直接交换意见、商讨问题的说理氛围,带有交流的特点,容易唤起受众的参与感,促使受众进入主动收听收看、主动思考的状态。同时,多种意见的交流与探讨,增强了信息的含量,也开阔了人们的思路。

谈话类评论一般分为漫谈式谈话节目、对话式谈话节目、讨论式谈话节目和

---

① 许颖. 广播电视新闻实务. 大连:东北财经大学出版社,2007:203。

现场参与式谈话节目。漫谈式谈话节目主要在广播媒介中使用,是指播音员既把听众作为收听者,又作为交谈者,在"自问自答""自说自话"中融入交谈、对话因素,营造一种与听众进行拟态交流的氛围。对话式谈话评论节目在广播领域中指变一人播报为两人对播,通过一问一答、探讨切磋的方式,使谈话形成交流和互动;在电视领域指主持人采用访谈的形式与访问对象就某一问题进行交谈,主持人以提问为主,采访对象以回答问题为主,使谈话形成交流和互动,不仅可以活跃评论的气氛,而且可以调动听众的思维,使其置身于对话与交流之中,自然而然地了解评论的主旨和意图。讨论式谈话节目是指主持人邀请有关方面的政府官员、专家学者或各界代表人士围绕某一事件或问题进行的座谈式谈话节目。凤凰卫视的《锵锵三人行》就是这类节目的典型。现场参与式谈话节目是指由主持人主持、由特邀嘉宾和演播室受众直接参与、就新闻事件或社会生活中群众关心及感兴趣的话题展开讨论或争鸣的评论形式,对于节目谈话过程的直接参与,使节目的现场感与参与感大幅度增强,人际交流的特点也更为显著。国外将这类节目称为"脱口秀",我国比较有代表性的此类节目有中央电视台的《实话实说》。

第四节　广播电视新闻评论案例分析

在了解了广播电视新闻评论的涵义、特点、功能以及类型后,本节给出一些经典的广播电视新闻评论案例,加深对广播电视新闻评论的认识与理解。

文本一:《沙尘暴的警告》

【主持人】各位观众晚上好,欢迎收看《焦点评说》,今年的5月29号到30号,我省著名的旅游城市敦煌市遭受到一场罕见的沙尘暴的袭击,给当地的工农业生产和人民生活造成了严重的损失,也给敦煌旅游蒙上了一层阴影,这是我省自1993年5月5日金昌沙暴以来,遭受的又一次特大沙尘暴袭击。

【解说】这场特大的沙尘暴是从5月29号傍晚19时35分开始刮起的,沙尘暴到来之际,《焦点评说》节目组的记者正在敦煌市采访,从记者发现沙尘暴前兆到沙尘暴到来的短短2分钟时间里,黑风暴就遮住了夕阳的余晖和晴朗的天空,等我们拿起摄像机时整个敦煌市已经天昏地暗,能见度小于10米,汽车和骑自行车的人无法行走。

【同期】

记者:你是上自习回来?

敦煌市学生:对。

记者:以前你见过比这更厉害的沙尘暴天气吗?

学生:没有。

【同期】

敦煌市民:风沙来了,我就过来接人来了。

记者:风沙来了,你知道是沙尘暴天气吗?

市民:不知道,光看到西面的一片云。

记者:你开车有多快速度?

市民:也就是个五码左右吧。

记者:五码左右?

市民:慢慢的。

【同期】

敦煌市民:感觉又是迷眼睛,又是呼吸困难呛人。

【同期】

记者:以前你见过这种沙暴天气吗?

敦煌市民:反正是一般五六年一次,一般就是黄风,不会黑。

记者:今年跟往年相比哪次更严重一些?

市民:今年当然严重,一般就是有半个小时,持续半个小时 1 个小时。

记者:今天已经过半个小时了。

市民:今天已经 1 个小时了。

【同期】

旅游者:作为一个旅游者的话这是一个很壮观的景象,但是作为一个人,觉得沙暴对人的侵害是非常大的,我估计饭店和各家各户针对这个沙暴要做几天的善后工作,也说明我们国家这个绿化啊、生态啊、环境保护的工作还要更进一步加强。你看我的头发,在街上呆了十几分钟就这个样子的,你看见了吗?

解说:据气象部门提供的资料,这次沙尘暴最大风力 10 级,平均风力 8 级,沙尘暴天气持续 7 小时 40 分钟,大风天气持续 11 小时。沙尘暴过后出现了降水、降温天气。沙尘暴还使邻近的甘肃肃北县、安西县、玉门市、金塔县不同程度地受灾。从 5 月 30 日到 6 月 2 日,河西走廊大部分地区出现了浮沉天气,民航和公路运输受到严重影响。

棉花种植是敦煌市近 10 万农民的主要经济来源,1995 年,全市农民人均纯收入 2000 多元,跨上了小康的台阶,其中的 1700 元收入来自棉花,沙尘暴使正在生长旺季的棉田受灾最为严重,全市棉花受灾 9 成以上的近 17800 亩 ,受灾 5 ~ 7 成有 17900 多亩,还有 1000 多亩小麦、一批塑料大棚、农电线路、树木、渠道受到损坏。沙尘暴还使 800 多只羊畜丢失,黄渠乡的 5 名小学生在放学回家的途中被风沙卷入正在流水的渠道中淹死。灾害造成的损失达 2273 万元。

【同期】

记者:大爷,像昨天这么大的沙暴天气以前您见过吗?

敦煌市农民:没见过,以前从来没见过。

记者:像昨天的天气给你家造成的要买塑料薄膜这些经济上的损失有多大呢?

农民:可能要 3000 以上呢!

记者:就这两亩大棚造成的损失就有 3000 左右?

农民:3000 多了。

解说:5 月 30 日上午,沙尘暴过后,敦煌市负责同志立即分赴各乡镇了解灾情,并组织人力物力投入了紧张的救治工作。我们在采访中看到,在大部分棉田遭受了灭顶之灾的同时,被农田林网和大片防护林带包围起来的棉田没有受到任何损失。

【同期】

敦煌市吕家堡乡副乡长谢崇斌:在这个地方的棉花没有受到什么危害,主要是防护林带起了相当重要的保护作用。据我们现在的情况来看,防护林带范围内的棉田都没有受到自然灾害的冲击,没有什么影响,主要是边缘的没有防风林带的区域受到了严重的、可以说是绝收的损失。

记者:那你这些树都是什么时候种的呢?

谢崇斌:这些树都是在70年代初大搞农田建设的时候种的,在80年代就开始受益了,这些防护林带都按照当时的条田建设,按照林带和条田的走向搞的。

【同期】

敦煌市委副书记赵兴明:这些年,咱们全市坚持植树造林,像防风林带比较好的地方受灾程度相对轻一些,边缘村队受灾很严重,像棉花绝收的部分,大概占到30%到40%。

【同期】

记者:您好,曾局长!请您介绍一下昨天敦煌的沙暴天气气象部门掌握的数据和资料。

敦煌市气象局局长曾万寿:昨天下午7点35分,敦煌市出现了强的大风天气和沙暴过程,这个在历史上来看也是属于比较大的一个过程,从历史角度看,60年代到1995年,总共出现大约23秒/米的天气过程是24次,大约26秒/米的过程是4次。从持续时间上来看,最长的大风持续的时间是16.2小时,从大风的强度看,最大的风力也是10级,但是29秒/米。

【同期】

中科院兰州沙漠所教授董光荣:沙尘暴形成有两个条件,第一个条件就是要有地面含沙尘量很丰富的地面物质。第二个条件就是必须要有大风,我国西北沙漠地区沙物质是非常丰富的,包括敦煌这次沙尘暴在内,我国西北地区是沙尘暴的频发地区。

记者:从历史上来看,沙尘暴的发展趋势是什么样的?

董光荣:总的来说沙尘暴爆发的次数是越来越频繁,也就是频率越来越大,而且规模一次比一次大一些。

记者:这种越来越频繁的趋势的原因是什么呢?

董光荣:根据我们现在的初步研究,总共有两方面,一个方面可能跟最近一段时期以来气候的暖干化有关,另外一个原因也跟人类破坏有关,就是说,我们大概统计了一下,从公元前1世纪到现在,人口增长是惊人的,就是在中国西部地区,公元前大概300来万,到解放初是2000多万,那么到现在已经上升到6000多万了,在绿色边缘大量开垦放牧,滥削滥采,使地表这边有很大的破坏,这种破坏使得风对地表的作用加剧了。

记者:怎么样来防御这种自然灾害呢?

董光荣:应该加强或者进一步完善沙漠绿洲地区的生态环境建设,要保护植被,特别是要加强绿洲内部和外围防风林带的建设,我们现在可以很明显地看到,如果有防护带的地方特别是有林网的地方,风就比较小,风吹起来的沙尘暴量也是比较小的,所以对农田、对房屋、对工厂所造成的危害自然也就消了,加强对冷锋过境的预报,我们就可以知道可能要产生沙尘暴天气,事先就可以采取防范措施,加强对沙尘暴防护的知识,当沙尘暴来的时候不要惊慌,马上就地趴下,这样至少不被风刮走,越刮越远,最后落到水渠里去。

主持人:作为这场特大沙尘暴的现场目击者,在狂风怒吼沙尘蔽日的那一时刻,我深深感觉到人类是多么的渺小,一份调查资料显示,在本世纪初,敦煌市的绿洲外围,有天然沙生植被 354 万亩,它们构成了保护敦煌农区的天然绿色屏障,随着人类活动的频繁,这些绿色屏障惨遭破坏,到 1979 年时,敦煌市天然林面积仅残存 9 万亩。从 80 年代以来,经过三北防护林建设这 20 年的努力,虽然敦煌市新增人工造林面积 5 万亩,风沙育林 61 万亩,但是这区区的 60 余万亩与本世纪初的 354 万亩相比较,再加上越来越频繁的沙尘暴灾害,我们就会对人类自身的行为感到惭愧。人类要生存要发展就不可避免地要破坏大自然,但因此而付出的代价是昂贵的,在晴空万里的时候,我们可别忘了沙尘暴的警告。

感谢收看《焦点评说》,再见!

【评析】

自 20 世纪 90 年代中期以来,中国北方沙尘暴频发,这篇新闻稿件成为关于沙尘暴报道的开山之作,被广为转载播发,并成为多所院校的电视评论教材;该作品的播发还引起了社会各界对沙尘暴的广泛而深刻的关注。

1996 年 5 月 29 日,甘肃电视台记者在敦煌采访,恰逢历史上最强烈沙尘暴,在水、电、交通中断一周的情况下,记者克服困难,作了大量深入细致的采访,拍到了大量沙尘暴的现场画面,天昏地暗、黄沙漫天、害怕惶恐的人们,这些画面给了观众以震撼的观感,让观众真切感受到了沙尘暴的危害,用事实说话、用画面说话,恐怕比空洞的说教更能让人警醒、印象深刻。

但是单纯的直观感受和感性认识是不够的,这种认识会流于肤浅和表面,必须把感性认识上升到理性的角度,去解读、去分析,让观众对沙尘暴有更全面、彻底的了解。因此,节目在细致描述沙尘暴骇人场景的同时,探讨了沙尘暴的生成机理,分析了它对人类生存的危害,探究了以甘肃河西走廊为代表的中国北方荒漠半荒漠地区生态环境保护的出路。在对沙尘暴危害的论证上,采用了对比和列数字的论证方法。

《沙尘暴的警告》以形象化的语言和有思辨性的说理,提出了一个作品电视手段丰富、文字叙述以及画面组接逻辑性强、新闻事件重大、主题深刻,采编播都由记者本人完成。作品先后获甘肃省优秀电视节目一等奖、中国广播电视新闻奖二等奖和中国新闻奖二等奖。

文本二:天安门广场竖起"中国对香港恢复行使主权"倒计时牌

记者现场报道:

解说词:

观众朋友们,今天 12 月 19 日是中英两国政府签署关于香港问题联合声明 10 周年的纪念日。现在我是在北京的天安门广场,纷纷扬扬的大雪将这里银装素裹。来自全国及首都各界的数百家单位群众集会在天安门广场东侧的中国革命历史博物馆门前,"中国对香港恢复行使主权"倒计时牌的揭幕仪式今天上午在这里举行。

"再有925天香港将回到祖国的怀抱"，随着红绸徐徐落下，一幅长方形、巨型倒计时牌显示出"中国政府对香港恢复行使主权倒计时"。10年前的今天，中英两国政府的首脑在北京正式签署了关于香港问题的联合声明，宣布中华人民共和国政府将于1997年7月1日对香港恢复行使主权。10年后的今天，倒计时牌告诉我们，距1997年7月1日香港回归祖国还有925天。

现场采访同期声：

全国人大常委会副委员长王光英：

"你看今天这么大雪，大伙热情很高，就是为了回归祖国的事情。从群众中就可以看出来，这是大势所趋，人心所向。"

香港中华总商会会长曾宪梓：

"我们香港同胞盼望已久的时刻已经逐步到来。香港的稳定繁荣一定要有所保证，这保证包括香港同胞的团结，加上祖国政府的大力支持，还有全中国人民的支持，香港回归指日可待。"

中国南方航空动力机械公司总经理陶光孟：

"我觉得在这925天里，咱们中国人都很激动，因为在一百多年历史里咱们忍受了屈辱。虽然1949年10月1日毛泽东主席在天安门上宣布了：中国人民从此站起来了，但毕竟有个阴影摆在那里。还有925天，这一天到来的时候，这个阴影将从中国历史上铲掉。"

（采访小学生）

知道香港什么时候回归祖国吗？

"1997年7月1日。"

现在距离香港回归祖国还有925天，作为小朋友，你有什么心情和愿望？

"特高兴，香港回归祖国很自豪。"

英国路透社摄影记者伯杰斯：

"我认为应该让每个人都知道中国什么时间对香港恢复行使主权，树立倒计时牌是个好主意。"

记者现场报道：

从今天开始，我身后这个倒计时牌开始进入读秒计时的状态，900多天，7000多万秒，在历史的长河中是短暂的，1997年7月1日，中国人民翘首以待。

【评析】

这则电视消息是中央电视台1994年的作品，获得了全国电视新闻一等奖。究其原因，在于记者熟练地运用了电视语言，声画并茂，准确表达了新闻主题，但是简明扼要，丝毫不拖泥带水。

报道中，记者充分运用了电视媒介的特点，将背景介绍、现场描述、人物同期声很好地结合在了一起。表达现场感的图像、充满感情的人物声音和记者介绍的文字做到了有机统一，声画并茂。

在天安门前竖起中国对香港恢复行使主权的倒计时牌，无疑是一个重大的历史事件，一个重要的历史时刻，记录这一事件，彰显了记者的责任感和使命感，而如何更好地记录,则体现了记者的职业操守和新闻素养。

导语部分,记者以简要的语言交待了时间、地点、事件、参加者、当天的天气状况,寥寥数语,将新闻的要素和盘托出,简明扼要。简短的开头部分,记者还运用了对比手法,"纷纷扬扬的大雪将这里银装素裹"和"来自全国及首都各界的数百家单位群众集会在天安门广场东侧的中国革命历史博物馆门前"这样的对比性画面,更反衬出了群众对这一重要历史事件参与的巨大热情。

主体部分,记者用"再有925天香港将回到祖国的怀抱","随着红绸徐徐落下,一幅长方形,巨型倒计时牌显示出'中国政府对香港恢复行使主权倒计时'"这样的一句话勾勒出现场的场景。接着交待新闻事件的背景资料,对新闻的内涵进行了解释,增加了新闻的深度。记者选取了5位采访对象,分别是全国人大常委会副委员长、香港中华总商会会长、中国南方航空动力机械公司总经理、小学生、英国路透社摄影记者,较有代表性,表达了社会各界对香港回归的期盼,同时这5位采访对都采用了现场同期声出镜的方式,声画互补,有较强的现场感。

结尾部分,透过英国路透社摄影记者伯杰斯的采访,对1997年香港回归进行了展望,升华了新闻主题。

文本三:发票期待"透明"

【主持人】晚上好! 观众朋友,欢迎收看《今晚10分》。提起发票,人们应该不会感到陌生。通常情况下,商家不会轻易为怎样开发票和开多少金额的事而宁愿失去到手的钱,毕竟商家永远追逐的是利润。而令人费解的是,最近德国商贸集团麦德龙入川两个月,就因为开发票的问题,而连续遭遇退货,损失销售收入上百万,这究竟是为什么?

【解说词】麦德龙成都市青羊商场老总们怎么也没有想到,进入四川两个月在销售旺季,竟然遇到大批量退货。而造成卖单损失的始作俑者,竟然是作为公司特色之一的透明发票。

【同期】记者:我现在手里拿的就是麦德龙的专制发票,我们发现这种发票的确很特殊,它的大小规格相当于一张A4的打印纸,所有的内容都由电脑填写,一张单子可以详细罗列几十多种商品在上面,每一种商品的单价、数量以及总额,都会在上面进行如实反映。正因为这种发票它的形式和内容都十分严格而清晰,所以有人也把它称为"透明发票"。

【解说】商店的经理朱军告诉记者,这种发票是麦德龙沿袭国际惯例,经国家税务总局批准之后,进入中国商品流通市场的。

【同期】麦德龙成都青羊商场朱军经理:这个发票,它的特点就是真实地记录了每一笔采购,就是说某家单位的采购员来我们这里采购东西,它没有一点变通的余地。因为我们不可能给他提供手写发票,使用这种清单式的正规发票,是由我们目标客户群决定的。我们客户是专业采购,而不是个人采购。

【同期】麦德龙督导杜达夫:首先我们在这里提供的发票,跟在欧洲的完全一致,一模一样。另外关于增值税的问题,凭这个发票,它能(体现出)增值税,(有关部门)对增值税能有所了解,一目了然。麦德龙针对的是专业客户,这是专业客户的基本需求,(像)这样的清单式发票是他们的基本要求。

【解说】然而这种符合国际商业流通惯例的透明发票,正是因为太清晰、太严格,让一些

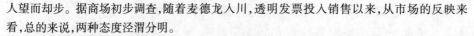

人望而却步。据商场初步调查,随着麦德龙入川,透明发票投入销售以来,从市场的反映来看,总的来说,两种态度泾渭分明。

【同期】麦德龙成都青羊商场客户部咨询部戴更生:根据客户的反映意见,基本上归纳为两种:第一种就是对我们这种发票非常支持,这种公司一般集中在一些大的企业,还有一些外资企业当中,他们就对我们这种清单式发票表示能够接受,而且非常拥护。但另外一种就是截然不同的一种观念,认为我们这种发票可能对他们来说不太适应。

【解说】不管怎样,透明的发票确实让麦德龙损失了不少收入,麦德龙的做法在时下的成都商界,显得有点特立独行。那么其他商家是怎么给顾客开发票的呢? 记者伪装成消费者,前往好又多、人民商场、家乐福等商场进行了暗访。

【同期】

记者:开几千块的东西啊。

成都人民商场黄河商业城营业员:你补税,你要开几千嘛?

记者:开个 7000 多,不到 8000 元。

成都人民商场黄河商业城营业员:你开划不着,你实在要多开,要补税,你要登记,要登记你的身份证号码。哦,登记的身份证号码,也就是说,不出事就算了,出了事要负法律责任。

记者:你给我现成办公用品,单位我自己来填。

成都人民商场黄河商业城营业员:先生,你买几万块钱或者几十万块钱,也是一样的,给你现成办公用品了。

【解说】在家乐福一个出租柜台的售货员向我们坦言,发票上开什么品名都行,至于金额开多少都是可以商量的。

【同期】

成都家乐福商场营业员:我给你说嘛,我们的商品样样都可以拿发票。

记者:你还不如撕张白的发票给我。

成都家乐福商场营业员:那我就要请示我们公司。

【解说】就这样,这些商品一下就变成了办公用品,而魔术师就是市面流行的与麦德龙透明发票截然相反的模糊发票。正是这种模糊发票成为某些人以公肥私的遮羞布,商家则可以半遮半掩地将其作为一种促销手段。那么,成都的商家对两种发票是怎么看的呢?

【同期】成都红旗连锁有限公司曹世如董事长:作为麦德龙使用"透明发票"目前来看,可能在开展经营活动中,还有一定的难度。但是作为我们依法经商的商家来说,我们是赞同麦德龙使用这种发票的这种做法。因为加入世贸,我们都会按照国际的惯例来运行。

【同期】记者:不知是何缘故,除了红旗连锁以外,几乎所有的商家都对发票的问题讳莫如深,有的甚至拒绝我们的采访。看来发票在经营者心中,确实是一个敏感的问题,大家都心领神会,而都不愿触及它。在采访中我们却发现,有一些消费者却表示它们更乐意接受的是"透明发票"。

【解说】方志庆是一家私人餐馆的老板,他得知麦德龙使用透明发票之后,便要求店里的人只能到麦德龙采购原料。

【同期】餐馆老板方志庆:它清楚地把每一项物品的重量、价格都反映在上面,很清楚。我们觉得非常适合我们的管理。原来在其他超市,都是一些很小的发票,名称很不详细,蔬菜类你就分不清楚哪个是哪个,我回去做账,半天都想不起来。现在它就很清楚地表现出来的话,我觉得这是麦德龙对客户的一种关心。

【解说】这位老太太更是把发票和道德联系起来。

【同期】成都市民:大家造假,结果每个人在伤害别人的同时,都在被别人所害,所以说形成了一种很不好的风气。所以我觉得麦德龙发票的透明度,恰恰就是针对社会上这些不良习惯来说,是一种挑战。

【解说】对于"透明"发票和"模糊"发票,专家是这样评论的:

【同期】西南财经大学会计学院陈苑红教授:国外的发票是这样,它普遍都是非常清楚,不管你买的品种、是数量、还是单价和总价,甚至包括你的价格所含的税收,都是很清楚地打印在你的发票上。这个对国家、对企业、对个人都有好处。从国家来讲的话,它当然从税收的征管上很清楚。从企业来讲的话它也是很透明的,也有利于它的存货的管理和它的税收的缴纳。那么从个人来讲的话,有这样的发票,对消费者的权益是一种保障。开发票的那种方式,我想从长远来看,应该也逐步要走向和国际接轨的形式。

【同期】四川省注册会计师协会黄友秘书长:会计人员不是全才,如果说要去审计原始凭证,是不是真实、合法、记载的内容是不是完整,应该是很艰难的过程。所以应该说是从源头上,要解决开具的发票,它必须是真实、完整、合法的。

【解说】在采访中我们还了解到,手写式发票往往容易造成的税款的流失。对此,国税部门表示要加强惩治力度,严格发票印刷、销售及使用管理,同时希望商家、消费者对发票要有一个全新的认识,让发票更快地透明起来。而作为世界第三大销售商的麦德龙,把发票透明到底,则是它们不可动摇的原则。

【同期】记者:作为在中国开设的第十四家分店来自德国的麦德龙,仍然要坚持他们的做法。按照国际惯例开展经营活动,甚至不惜牺牲一些眼前的经济利益,与其说麦德龙的发票在成都受到了冷遇,还不如说我们在商业经营活动当中,有一些行为及其准则,还应该尽快与国际惯例接轨。

【主持人】麦德龙通过发票,把国际商品流通领域的一些惯例带到了四川。短期看来,真有点水土不服,然而从长远来看,让发票透明起来,让一些买少开多、损公肥私的人,无投机的空子可钻,将是必然的趋势。从这个意义上讲,麦德龙给我们带来的不仅仅是一张小小的发票,而是一种全新的经营理念和能够与国际商业惯例并行不悖的诚信原则。

好,感谢您收看《今晚10分》,明晚再见。

【评析】

《发票:期待"透明"》于2001年11月10日在四川电视台《今晚10分》栏目中播出。节目播出后,社会反响强烈,获得了2001年中国广播电视新闻奖评论类一等奖。

这期节目的成功,原因很多,抓住时机、采访深入、论述有力,点评到位,现场感强,富有冲击力。

2001年11月4日,栏目的制片人和记者敏感地从当地的几家平面媒体对"麦德龙在成都遭遇退货"这样的新闻中发现了新闻线索,就此确定了新闻选题,并展开调查和深入采访,最终选择在中国成功加入世贸组织这天播出,具有强烈的时效性。

"退货"现象的背后有一个关键的因素,就是来自德国的麦德龙不愿苟合我们普遍使用的手写式发票;而是用像 A4 打印纸般大小的计算机出单发票,对采购的品种、数量都十分刻板地体现出来,让不少团购的经办人员望而却步。通常情况下,商家不会轻易为怎样开发票和开多少金额的事而宁愿失去到手的钱,毕竟商家永远追逐的是利润。而令人费解的是,最近德国商贸集团麦德龙入川两个月,就因为开发票的问题,而连续遭遇退货,损失销售收入上百万,这究竟是为什么?

在采访方式上,本片采用公开采访和隐性采访相结合的形式。公开采访,让观众了解了麦德龙超市的做法、主管的看法、顾客的态度和专家的评说。也就是说评论主体部分的关于什么是透明发票、为什么要使用透明发票等信息都是通过公开采访获取的。但同时记者联系的几家成都本地商场都拒绝了采访,对发票的管理都讳莫如深,因此栏目组决定采用伪装成消费者在人民商场等地暗访,获取了部分商家开具手写发票、模糊发票的做法。展现在镜头面前的是,手写式发票如同魔术师一样,把记者采购的剃须刀、色拉油等物品变成了可以报销的"办公用品",更让人费解的是,营业员狐疑地东瞅西看之后告诉记者,只要按 7% 的税额交给商场,可以开几千元的"办公用品费"发票。

由此,记者隐性采访的事实和公开采访的麦德龙超市的做法无疑形成了鲜明的对比,使得麦德龙的做法更显突出和特别。正是通过隐性采访,才将"发票上开什么品名都行,至于金额开多少都是可以商量的"这样的场景鲜活生动地展示给了观众,这些真实的镜头让观众不得不在受到震撼之余产生许多深思:手写式发票,这种国人普遍接受的东西,其背后带来的可能是国家税源的流失和社会诚信的泯灭!在本片的拍摄中,隐性采访成为公开采访的有益补充,两者相辅相成、相得益彰。

同时,记者也注意对画面语言的运用,将抽象的论述性语言转化为形象化的画面语言。例如,画面上直观展示了麦德龙超市的透明发票,"(记者)我现在手里拿的就是麦德龙的专制发票,我们发现这种发票的确很特殊,它的大小规格相当于一张 A4 的打印纸,所有的内容都由电脑填写,一张单子可以详细罗列几十种商品在上面,每一种商品的单价、数量以及总额,都会在上面进行如实反映"。

此外,记者对市民、消费者、超市负责人、专家等人物的大量采访采用了同期声的方式,全面、真实、可信,增加了论据的吸引力和说服力,避免主持人单一的点评,带给观众开放的视角和广阔的思维空间。显示了在与国际大市场接轨的大背景下,从一张发票上反映出来的企业运行规则、社会诚信等较深层面的问题,从而折射出中国入世之后,商家将面临的与国际商业流通惯例接轨的问题。

思考题

1. 何谓广播电视新闻评论? 广播电视新闻评论有哪些特点?

2. 广播电视新闻评论有哪些功能? 对人们的认知、态度、行为有哪些影响?

3. 广播电视新闻评论的表现形式有哪些分类?

4. 结合相关广电新闻作品实例,写一篇广播电视新闻评论。

推荐阅读书目

[1] 许颖. 广播电视新闻实务. 吉林:东北财经大学出版社,2007.

[2] 石长顺. 当代电视实务教程. 上海:复旦大学出版社,2009.

[3] 杨新敏. 当代广播电视新闻评论. 北京:中国广播电视出版社,2005.

[4] 张骏德. 广播电视新闻学实务教程. 上海:文汇出版社,2009.

[5] 王振业,李舒. 广播电视新闻评论. 北京:中国传媒大学出版社,2009.

第九章　广播电视新闻节目编辑与制作

在新闻传播活动中,新闻节目的编辑制作就是根据新闻内容的特点,将搜集的新闻音视频素材按照一定的规律和要求进行合理的编辑组接,再把它们编辑成一个能够生动准确传达新闻信息的整体。新闻编辑工作是对新闻节目的总体构思与设计,是新闻传播活动的把关,体现了新闻节目的风格和特征。

第一节　广播电视新闻节目编辑的主要职责

在广播电视新闻节目中,编辑的工作尤为重要,不可替代,编辑工作的优劣体现出新闻节目的质量与水平。广播电视新闻节目编辑的主要职责有以下几点。

1. 新闻信息的整合

将纷繁复杂的新闻信息加以整合,给信息以传播价值定位,使新闻的社会功能和舆论功能得到有效的发挥,是新闻编辑应该履行的职责。这就要求编辑部门对新闻信息与社会现实及信息背景有准确的把握,在具体的历史环境中为新闻信息准确定位。信息统合的关键在于准确,并在实践中保持新闻栏目定位。

2. 新闻信息的把关

"把关"就是按照一定标准对新闻信息进行的取舍。如果把信息统合作为编辑部门的宏观新闻信息控制的话,"把关"就是对新闻信息的具体控制。作为对新闻信息的选择过程,记者、编辑和责任编辑、编审、主编等各级编辑部领导者,都有对新闻信息的选汰施加了个人的影响,但从总体而言,"把关"所体现的是传媒组织的立场和方针,个人一般是从媒介组织的角度定位出发行使把关权的。编辑部新闻取舍标准的制定,是与其自身的定位直接相关的。这种把关既包括杜绝新闻报道在政治思想和政策上的差错,也包括其事实的技术性差错。对"把关"的影响主要有三个定位角度,即社会角色定位、专业角色定位和传播对象定位。社会角色的定位关注的是媒介的社会责任和政治责任,主要体现在对新闻的倾向性及其传播的社会效果上;专业角色定位关注的是业务水准,以及真实性、准确性、明晰性、时效性、组合性等,是其决定取舍的主要标准;传播对象定位的角度,关注的是新闻信息的服务性,它是从满足目标群体新闻需求和兴趣的角度出发对新闻信息的取舍。

3. 新闻信息的发布与发言

新闻编辑的职责不仅在组织报道新闻事实,而且要作为承担社会责任的主体,对新闻素材进行"再认识"与"再创造",并表达对新闻事实的评价。编辑部的发言,大量采用间接的方式,通过对新闻素材重新选择和组合,新闻传播内容及重点的选择,报道词及标题、提要的表达方式与风格的选择,音响图像摄录和编辑中和处理方式、节目的长短和播出时间的选择,节目编排中的位置和其他新闻的搭配等,直接或间接地表达自己具有倾向性的态度和立场,影响受众对新闻事实的理解与判断。需要注意的是,要处理好新闻真实性与倾向性的关系。此外,编辑部往往还要根据新闻报道内容撰写与之相配的议论,对新闻事件直接发言,阐明观点。

第二节　广播电视新闻节目编辑的基本要求

不同类型的节目在编辑上的要求是不一样的,在广播电视新闻节目的编辑过程中,要根据新闻类节目的特点,进行编辑。其基本要求如下:

(1) 真实性。真实性是一切新闻类节目的基本原则和要求。所以,在编辑广播电视新闻节目时,任何规则、规律的考量都不能作为违背真实性原则的理由。对新闻性节目而言,必须体现内容优先原则。一切传播规律与表现手段,都是为内容传播服务的。

(2) 客观性。在新闻性节目的具体叙述段落中,客观对象发展变化的自然顺序是不能随意改变的。应控制个人的主观意识不合理地过多表现在新闻中。

(3) 逻辑性。逻辑是人类在长期实践中形成地把握认识对象关系的思维范式。对以分析、概括等理性整合为节目构成方式的表达形态而言,逻辑性是传达、接受与理解的桥梁。

(4) 讲究效率。新闻节目讲究时效性,对于突发事件的新闻片往往制作时间很短,这就需要新闻编辑业务熟练,反应灵敏,高效、快速地编辑新闻节目。

(5) 控制蒙太奇的使用。在编辑新闻类节目时,要控制各构成要素结合时可能产生的蒙太奇效应,防止其可能产生的歧义、畸变,以保证信息的准确传达。

第三节　广播新闻节目编辑流程与技巧

广播新闻节目的编辑流程是广播新闻节目工作的基础,是每一位从事相关工作的人员必须熟知的,对其技巧的掌握关系到广播新闻节目的质量。

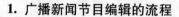

1. 广播新闻节目编辑的流程

流程指事物进行中的次序或顺序的布置和安排,广播新闻节目编辑的流程即广播新闻节目的工作顺序安排,分为以下几点:

(1) 根据本新闻栏目特点和节目的要求确定选题,开展策划,组织稿源。如有需要,编辑可撰写稿件。

(2) 在获得相关稿件的基础上,选择符合节目内容与风格需要的稿件,并对稿件进行必要的修改。

(3) 为稿件制作合乎规范的标题,撰写提要。

(4) 对经过修改的稿件进行编排,确定节目播出形式,按照不同的形态要求进行录播或直播。

(5) 节目播出后,及时收集受众反馈情况,继续联系稿源,及时调整、改进并完善栏目的内容编排,为下一次编辑工作做准备。

2. 广播新闻节目编辑技巧

广播新闻节目编辑的技巧即在广播新闻节目编辑中的一些经验和方法,对这些技巧的掌握是保证广播新闻节目编辑质量的有效途径。编辑技术包括以下几点。

1) 选稿的技巧

在广播新闻的选稿时,一是要把握正确的新闻舆论导向,这是社会主义新闻工作的基本要求。广播新闻编辑在选稿编稿过程中,要严把政治标准和新闻标准,正确地把握好新闻的舆论导向。二是要紧扣主题,满足受众的需求。新闻媒体在坚持正确舆论导向的前提下,要想方设法贴近受众,满足受众的要求。随着社会的进步和发展,人们的审美观念、视听兴趣、欣赏水平也发生变化,人们不仅有对衣食住行等物质生活的需要,还逐步加大了对经济、政治、文化等方面信息的需求。因此,贴近受众,满足受众需求,贴近受众所处的时代和社会环境,为受众提供与时代紧密联系的社会、政治、经济、文化等方面的信息,是广播新闻选稿的关键。三是要突出特点,发挥优势。在坚持正确的舆论导向的前提下,广播新闻编辑应突出广播特点,充分发挥广播的优势。树立本台新闻节目的个性,办出自己的特色。电台的新闻节目设置比较多,每一个时段都有不同的节目方针和内容要求。广播新闻编辑除了要根据本台宣传报道计划的要求去筛选稿件外,还要追踪社会热点,把住群众的思想脉搏,重视服务,关注民生,贴近生活,突出不同时段的新闻节目的特点,这样才能充分展现各个节目的特色。

此外,广播新闻编辑还应特别注意发挥广播电台的声音优势。尽量选用录音报道、现场报道等灵活多样的报道形式,通过运用各种典型声响实现新闻信息的最佳传播。

2）改稿的技巧

广播中最主要的表现形式是声音,广播的这一特征,要求广播新闻编辑必须成为一名熟悉并熟练使用声音符号的能手。教育家叶圣陶曾说过:"广播稿如果写得不清楚,不明白,就会为听众设置障碍,使听众一愣。如果一揣摩,下面的话就滑过去了,整个收听过程就乱了套。因此,广播稿不但要用眼用手写,还要用嘴用耳朵写,放在嘴上去读,去检验。"作为广播编辑,应当在改稿时"竖起自己的耳朵改稿",编辑出适合"听"的稿子。要做到这点,有以下几种方法。

（1）多用双音节词和通俗易懂的口语,方便听众收听。除非有特殊的需要,一般的广播稿尽量使用双音节词和口语为宜。双音节词读起来节奏感强,易于听觉辨认。相反,单音词的音波短,音感低,加之与双音节词的不易搭配,多数会影响声音的协调和可听性。另外,尽量少使用书面语,用口语代替,更方便观众的收听与理解。如"日益"可改为"越来越",更加适合广播新闻中的用语。

（2）把文言或半文言的词改成白话。文言或半文言的字词在广播稿中出现,让人听起来不舒服,如"分赴"改为"分别到",这样既好念,也易听。

（3）避免同音字词的出现。在汉语中,同音不同形不同义的字词有很多,为了避免让听众产生误解,应尽量避免在广播新闻中出现这样的字词。

（4）注意文字的简练,少用长句和倒装句。广播新闻首先为了让观众听清楚新闻的内容,所以不需要复杂的表达方式,一些长句、倒装句,不仅读起来拗口,听起来也不舒服,编辑在改稿时应注意改为陈述句或几个短句。

3）声音的使用技巧

音响是广播报道的重要组成部分,也是广播报道魅力的来源之一。只有选择那些最能说明、表现主题的音响,并进行合理的编辑,才能确保音响使用的准确到位。使用音响有如下技巧:一是在报道中,音响应尽量早出,以其丰富独特的声音形象吸引听众,增强报道的生动性;二是注意音响在广播新闻中的平衡,不能过于集中,报道中的现场音响尽量不要中断,声音可以持续,形成强烈的现场感;三是不能滥用音响,根据内容,把主要的音响效果放在最合适的位置,才能起到表现和烘托主题的作用。

合成又称为混合录音或合成录音,是指把两类以上的声音配合录制到一起的工作。经过剪辑后的音响要根据体裁内容的需要,对它们重新安排顺序,重新排列组合,还要与解说衔接,建立新的内容结构。合成的主要方法:一是切换,即将前一声音结束,然后即刻出现后一声音;二是淡入淡出,即时间的音量由小变大而入,取代前一声音,再由大变小而出,让位于后一声音;三是混播,即两种不同的声音,比如解说和音响同时播出,分出主次叠放在一起。各种声音混合复制的要求:各种音响比例合适、层次分明、音量平衡,声音清晰、平衡、丰满、不抖动,复制后不失真、无杂音,两段音响或音响与解说之间的衔接自然、和谐,没有复接的痕迹。

第四节　电视新闻节目编辑流程与技巧

1. 电视新闻节目编辑流程

电视新闻节目编辑的流程即电视新闻节目的工作顺序安排,在编辑过程中,应严格按照流程进行工作,随意地打乱流程会给编辑工作带来危害。电视新闻节目编辑流程分为以下几步。

1)确定选题

根据本新闻栏目特点和节目的要求,初拟选题;收集前期的声画资料,了解并熟悉选题的相关信息,进一步确定选题。

2)文本撰写

根据本新闻的特点,结合已有资料,确立文本的叙述脉络、模式、风格,撰写包括旁白、同期声语言、字幕等内容的文字稿本,为声画剪辑提供参考。

3)素材整理

编辑人员必须把已拍摄好的素材反复观看,进行选取与删改。

4)画面编辑

选择合适、精彩的镜头和片段用到节目中去。确定镜头的排列顺序,决定每一个画面的长短。

5)声音剪辑

声音剪辑包括同期声、配音等。编辑成功的一个标准就是必须达到声音与画面的和谐。加入各个声音元素的目的是使节目更加完美。

6)加入现成的视听材料

在一些新闻专题片的后期编辑中,可以加入一些现成的视听材料,如背景资料等。

7)审查与修改

在基本的编辑工作完成之后,编辑人员还必须从整体出发,对各部分进行检查与修改,以确保节目的质量。

2. 电视新闻节目编辑技巧

电视节目画面编辑技巧较多,且不同类型的电视节目画面编辑技巧有一定的差别,下面仅就与电视新闻画面编辑有关的技巧逐一阐述。

1)画面组接规律

一般来说,画面组接有以下规律:

(1)因果关系。分为先因后果和先果后因。前者为先用画面表现原因,再用画面表现结果,后者则相反。而这两种方式传达的目的是一样的,但效果不一样,如关于某个火灾的报道,按前一种方式为播音员播报某起火灾的原因或为与之相关的人物采访,再出现火灾现场的画面;后一种方式为先出现火灾现场,再以采访的形式探寻火灾的原因。明显在新闻中后一种方式用得较多,因为这样更有悬念,更容易引起观众的观看兴趣。

（2）并列关系。用多个画面表达一个主题。例如,2012 年 1 月 23 日的《新闻联播》中用一组画面表现了全国各地庆祝春节的新闻主题,见下图。

（3）对应关系。新闻采访中,主持人与被访者的对应,插入主持人的镜头和环境的空镜头,形成对应关系,见下图。

（4）对比关系。例如,某一则新闻中把某地的政府大楼与当地的失学儿童的画面剪辑在一起,反应了当地政府的腐败与人民生活的困苦。

（5）传统的组接与现代的组接。传统的组接方式是按景别大小依次递进,给观众一个慢慢递进的过程。而现代的组接则不考虑这个递进的过程,在新闻片中,现代的组接方式用得比较多,观众更多地观看画面内的内容,而不会太关心景别的联系。

2）镜头长度的选择

在新闻电视节目中,用多个镜头来组成一个完整的节目,因此必须要考虑到镜头的长短。素材中的镜头并不总是完全符合要求的,在编辑时常常需要根据实际情况做镜头长短的选择。

那么,如何判断一个镜头的长短呢?基本上可以分为四个层次:看清画面内容——领会画面表达的含义——接受画面传达的感情——产生共鸣。判断一个镜头的长短首先要有足够的时间保证观众能看清楚画面中的信息,如果不是为了表达特殊的效果和含义而剪辑时使用镜头过短,观众还没有看明白画面中的内容就切到下个画面,从视觉上,观众会感到不适;从心理上,观众会有受挫感,进而可能放弃观看。同时,镜头也不是时间越长越好,一个长时间没有明显变化的镜头会使观众失去兴趣,甚至失去耐心。

决定镜头长度应综合考虑内容长度和情绪长度两方面的因素。

（1）内容长度。指把画面主体内容展示清楚的镜头时间长度,受画面主体位置、运动状态、景别、明暗等因素的影响。

第一,因主体位置来判断时间长度。根据人类的视觉特征,对于近处的（或前面的）景物要比远处的（或后面的）景物看清楚所用的时间更短,因此,如果主体位于画面前部,镜头可短一些;如果主体位于画面后部,镜头则应该长一些。

第二,因主体运动状态来判断时间长度。同样根据人类的视觉习惯,画面中运动的主体能更快地吸引人的注意力,因此镜头可以短一些;而对于静止不动的主体,传达的是舒缓的情绪,人的视觉反应会迟钝一些,因此,镜头给的时间要相应长一些,使观众有足够的时间把注意力转移过来,领会其中含义。此外,如果同样是运动的主体,动作幅度大的、动作速度快的要比动作幅度小的、动作速度慢的更容易吸引观众的视线,因此镜头要相应短一些。

第三,因景别的不同而时间长度不同。远景、全景画面所包含的内容多,信息量大,观众要看清楚画面的内容,所费的时间长;近景、特写镜头包含内容少,画面相对单一且醒目、突出,观众观看时所花费的时间较少。景别不同的画面时间长度的参考数值是:全景8秒,中景4~6秒,近景3秒,特写1~2秒。当然,也要看需要给观众传达怎么样的信息或情感。例如一个人物特写的脸,如果是

1秒,那只是为了让观众看清楚性别,如果是3秒,是为了让观众分辨出这个人物的特征,如美或丑,如果是5秒或是更长,那可能是为了让群众看到这个人脸上的表情直至心理状态。

第四,根据画面亮度不同而决定时间长度。亮度饱满的画面,明快醒目,一目了然,时间长度可以短些;灰暗的画面,视觉反应相对迟钝,观众观看花费时间较长,画面相对应该长一些。如车祸现场的剪辑,如果发生在白天,镜头相对可以短一些,如果发生在晚上,则要放长一些,让观众有充足的时间了解事件发生的情况。

(2) 情绪长度。通过渲染气氛、营造氛围、抒发情感,让观众进一步感受并体会到镜头所传达的信息,并产生情绪上的共鸣。在选择情绪长度时应考虑镜头所表现的主体的情感和气氛发展所需的时间长度。内容长度主要由人们的视觉习惯来决定,而情绪长度则主要依据人们的心理特点决定。

3) 轴线规则

在电视画面中,被摄主体的方向不是由主体本身的方向决定的,而是由摄像机的拍摄方向决定的。意思是,被摄主体在画面中的方向与其现实的方向并不一致,它具有一定的假定性。在现实生活中,人们可以从任何一个角度观察一个物体的运动,而不会搞错运动方向,是因为人们可以从环境中找到参照物供参照,很容易把握物体运动的总方向。但是,在被限制的画框内,就不容易找到参照,例如,现实中,一个人从左向右走,如果摄像机在行走路线的一侧拍,方向是从左向右,如果摄像机在行走路线的另一侧拍摄,在画面中则是从右向左。在此,由于摄像机位置的不同,所拍摄出来的方向是不同的,如果不注意画面中的方向,而随意地拍摄和剪辑,这特别容易引起观众视觉上的混淆,并进一步引起意义上的混淆。因此,需要一个简单、可行的解决方案,于是就有了轴线和轴线规则。

轴线指被摄主体运动或交流所形成的假想线,是制约摄像机水平拍摄方向的界线。

在任何场景的拍摄中,摄像机的机位只能设在由轴线所确定的一个180°的工作区域里,由此得到的任何镜头中的屏幕方向与其他镜头都是一致的。因此轴线规则也被称为"180°规则""动作线规则"。

轴线分为关系轴线、运动轴线和方向轴线。

关系轴线是指在双人、三人或多人之间的假想线。摄像机的机位只能在这条假想线的一侧进行拍摄,这样拍摄的多个画面剪辑在一起,才符合关系轴线的轴线规则。

运动轴线是指主体向着某个方向运动时,这个运动的路线以及它的延长线。摄像机的机位只能在这条运动线的一侧进行拍摄,这样拍摄的多个画面剪辑在一起,才符合运动轴线的轴线规则。

方向轴线是指静止的单一主体到其对面支点间的虚拟线,以视线为主,因此也称视线轴线。同样,摄像机机位应设在人的视线轴线的一侧拍摄,所拍出的所有镜头中的视线方向是一致的,是可以剪辑在一起的。如果不在一侧拍摄,所拍摄的画面组接在一起,会出现视线的不一致,即人物一会往这边看,一会往那边看,引起观众观看的混淆。

造成越轴的原因一般有以下几种:

第一,前期拍摄时出错。在拍摄时,因为摄像师的疏忽,没有掌握好轴线规则,拍回的素材镜头内会出现拍摄方向不统一的情况。

第二,多机位拍摄造成混乱。在一些较大的场面,如运动会、游行活动等,因为多台摄像机多角度同时拍摄,如果事先没有计划和协调,很容易出现各个镜头组接在一起越轴的情况。

第三,编辑时剪辑错误。在编辑剪辑时,因为要将镜头重新排列组合,如果没有考虑方向性的问题,很容易出现越轴的错误。

第四,借用资料画面出错。在剪辑新闻片时,经常会借用资料画面,如果不注意资料画面和拍摄的画面方向统一问题,也容易发生越轴。

当前期拍摄时素材中出现错误的画面方向,产生错误的轴线时,可以在剪辑时加以修正,即用一些方法来合理越轴。合理越轴的方法有以下几种:

第一,插入中性方向镜头。中性方向镜头即为摄像机机位在轴线上,所拍出来的镜头没有明显的方向性,所以可以作为过渡镜头,插在两个主体运动方向相反镜头之间,减弱越轴造成的视觉冲突感。因此,在前期拍摄时应拍一些中性方向镜头,以便剪辑时使用。例如,前一个镜头是在汽车运动方向的一侧拍摄,第二个镜头是在另一侧拍摄,这两个镜头剪辑在一起,使人感觉汽车有开回去的意思,产生误解,如果插入一个中性方向镜头,结合前后镜头的含义,观众可以理解为汽车在行驶中转变了方向。

第二,插入与运动主体有关的事物的局部镜头或反应镜头。这样的方法一般被用在大的庆典活动中,如运动会或阅兵仪式,两个方向相反的镜头相接在一起,这时可以在中间插入与活动现场相关的镜头,即可实现合理越轴。

第三,借助景别的改变合理越轴在一些大场景中,用全景或远景能够交待运动的方向和人物之间的关系。因此可以弥补轴线上的错误,让观众了解正确的方向。例如,在下面的案例中,处于阅兵队伍之首的护旗手开始的运动方向是从左向右,而到了最后,阅兵队伍的运动方向是从右向左,因为在这中间,插入中性方向性镜头、全景镜头以及与活动现场相关的主席台的镜头,三种合理越轴的方法同时使用,实现了合理的越轴。

第四,用主体自身的运动的画面改变轴线。用一个镜头展现主体自身的运动方向,如车转弯或人转身。如一辆行驶中的汽车,第一个镜头是是车向右开,第二个镜头是车向左开,如果中间插入一个汽车在路中转弯的全景镜头,就形成了合理的越轴。

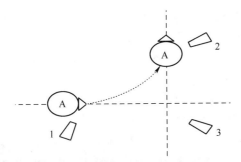

合理越轴的方式有很多,可以在具体剪辑时进行实践。合理越轴是为了解决错误的轴线问题,保证画面空间统一的方向性。只要遵循一个原则,即轴线是为了避免视觉上的混淆以至意义上的混淆。

4)蒙太奇

蒙太奇(montage)是法语音译词,原是建筑学上的构成、装配之意,借用到影视领域中则是形式与内容组合、构成的总称。影视制作中,按剧本所需要表现的主题思想,分别拍成许多镜头,然后再按照创作构思,把这些不同画面有机地、艺术地组接(剪辑)在一起,使之产生连贯、对比、联想、衬托、悬念、强弱、舒缓的节奏等作用,从而组成一部完整地反映生活、表达主题,为广大观众所理解的影视片。

日常生活中,人们观察事物时,总是不断地变换视点,即看看上面、看看下面、看看左面、看看右面、看看近处、看看远处等,这就形成了影视的不同景别及运动镜头。蒙太奇的原理就是人们观察事物的规律的经验建立起来,不同空间范围的视觉感受,始终是不间断地进行着,两个或多个镜头加以组接,发挥比它们原来单个存在时更大的作用。

蒙太奇分为叙事蒙太奇和表现蒙太奇两类。

第一,叙事蒙太奇,也称为连续的蒙太奇,以交待情节、展示事件为主旨。按照情节发展的时间流程、逻辑顺序、因果关系来分切镜头、场面和段落,表现动作的连续,推动情节的发展,引导观众理解所反映事情的内容。在电视新闻的剪辑大多用到叙事蒙太奇,叙事蒙太奇分为以下几种。

平行式蒙太奇:在影视片中,故事情节发展过程通过两三件事,在同时异地进展,互相有呼应,又有联系,花开两朵,各表一枝。

交叉式蒙太奇:影视片中常常出现的最后1分钟营救情节,用交叉式蒙太奇表现出紧张气氛和强烈的节奏感。

重复式(反复式)蒙太奇:反复出现的某些镜头,突出主题。

第二,表现蒙太奇,也称对列的蒙太奇,着重于内在的联系,通过人物形象和景物造型的对列造成一种概念或某种寓意,同时以镜头本身内容通过镜头的对列,产生一种联想和意义。表现蒙太奇的创造性大于叙事蒙太奇,表现蒙太奇分为以下几种。

象征蒙太奇:如一部表现教师的专题片中,会使用烛光的画面,这就是用了象征蒙太奇。

对照(对比)式蒙太奇:前面提到的某地豪华的政府大楼与破落的小学教室的画面剪辑在一起,形成对比蒙太奇的效果。

夹评夹叙式蒙太奇:旁白、对白与独白,人物时而作为角色与其他人物对话,时而发表内心的感受。旁白在新闻片中经常使用,是对新闻内容的补充。

联想式蒙太奇:用内容不同的一些镜头画面组接起来,造成一种意义,使人们对推测这个意义的本质。如表现旧社会农民的生活的资料片,经过重新剪辑,用一组农民在田地里不停耕耘的镜头,再用一组农民家中老小吃糠咽菜的镜头,交替组接,使人们联想到种田人吃不到粮食,联想到农民正在受到剥削和压迫。

需要指出的是,以上蒙太奇手法用在影视艺术片中比较多,而在电视新闻的剪辑中,使用最多的是声画蒙太奇。法国电影学者马赛尔·马尔丹在《电影语言》中说道:"画面和声音结合得如此紧密,以至彼此都无法通过对方发挥作用,眼见和耳闻融为一体,无法分割,而只有通过画面和声音结合造成的总体效果,才能使我们感受到什么,体验到什么。"[1]电视从一开始就以视听两种手段发挥其媒介功能,画面和声音相辅相成,以不同的形式结合在一起,为传达信息、表达情感带来完美的效果,这种组合关系称为声画蒙太奇。声画蒙太奇分为声画合一和声画对位。

声画合一也称声画同步或声画统一,声音与画面中的发声体同时出现,同时消失,画面中的视像和它所发出的声音(包括解说或画外音)是一致的、吻合的。

① [法]马赛尔·马尔丹. 电影语言. 北京:中国电影出版社,1980:87。

如果声音是以音乐的方式呈现,表现为音乐与画面紧密结合,音乐情绪与画面情绪基本一致,音乐节奏与画面节奏完全吻合。在新闻片中,同期声具有重要的作用,在拍摄人物讲话的现场同时录制下的讲话声和背景声,是一种声画合一的形态,声音代表了完整的现实,增强观众内心的真实感。

声画对位也称声画分离,也就是声音和画面不同步、不合一,是指从特定的创作目的出发,在同一时间让与画面作不同侧面的表现,以期更深刻地表达内容和主题。声画对位分为声画并行和声画对立。声画并行是指声音不是具体地解释画面内容,也不是与画面对于对立状态,而是以一种创造性的表现手法来揭示影视片的思想内容和人物的情绪。声画对位是指声音和画面之间在情绪、气氛、节奏以至内容等各方面相互对立,使声音具有象征性或暗示性,从而深化主题。

3. 消息类电视新闻编辑技巧

不同类型的电视新闻节目,其编辑技巧也有一定的差别,要根据该类型节目的特征,在剪辑时进行不同的调整。

1)消息类电视新闻特征

作为电视新闻节目中的主体和骨干,消息类新闻是电视媒体传播国内外要闻的主要形式,也是受众获知国内外新闻的的主要窗口。消息类电视新闻节目在电视媒体中占据重要的地位,其收视率的高低直接影响到电视媒体的影响力和口碑,通常也是衡量电视媒体节目质量的重要标准。可以说,消息类电视新闻节目的编辑制作水准在一定程度上可以反映出一家电视台的水平和实力。

与其他新闻节目一样,消息类电视新闻必须保证其内容的真实性与客观性,在此基础上,消息类电视新闻节目还具有以下基本特征。

第一,讲求报道速度的迅速性、及时性,即第一时间报道国内外最近发生或正在发生的事件。一般而言,所有的新闻节目均要求内容的"新",否则就失去了报道的价值,但消息类电视新闻节目与一般的新闻节目相比较,其报道速度的迅速性与及时性要求更高,消息类电视新闻采访要求"在新闻发生的同时电视记者应该在现场,否则形象信息稍纵即逝,电视采访缺乏进行时态的画面就只能依靠其他手段来弥补,而这些也将使电视采访失去应有的优势。因此,消息类新闻力求"第一时间"对发生的事件进行快速报道,以保证传播的时效性。

第二,内容的广泛性和简短性。消息类电视新闻节目既要对国内外发生的事件进行报道,又要对党的路线、方针、政策和立法机关颁布的法律法令进行宣传,还要对人民群众的呼声和要求进行反映,体现了消息类新闻的广泛性。消息类电视新闻区别于其他新闻节目的另一个重要特征就在于其篇幅的简短,消息类电视新闻必须短小精悍。按照中国新闻类电视节目奖评选标准的规定,消息类电视新闻节目的时长必须控制在4分钟之内。实际上,我国的消息类电视新闻节目的平均时长为2分钟左右,而根据一项统计表明,美国三大电视网(CBS、

NBC、ABC）的平均新闻时长大约为 1 分 30 秒。

2）消息类电视新闻编辑技巧

（1）镜头运用规则。电视新闻时间短，素材有限，编辑首要考虑的是画面内的信息是否饱和，是否真实，是否能准确地表现内容并传达给观众，因此，对于诸如艺术片中的剪辑方式往往不是新闻编辑所要过多考虑的。

第一，新闻特有的画面组接方式。传统的镜头组接规律中，讲究镜头之间的"景别"关系。例如，从全景镜头到特写镜头的组接，中间应用中景、近景镜头过渡，以免太突兀；再如，同一景别的镜头不宜相接，因为太平缓。这些艺术性的剪辑方法在新闻片中并不重要，只要能够真实、饱和、直接地传达新闻信息，这些规则都可以打破。

第二，强化细节。在编辑新闻片时，细节的运用往往能够带给观众更多的内容和想象的空间。因此在进行画面编辑时，要熟悉素材，总体把握，不要对某些珍贵的画面有所遗漏。在新闻片中，细节的合理使用是编辑创造力的体现。如2010 年 5 月 6 日的《面对面》栏目是关于七位中央电视台的实习主播，有一个镜头是其中一位实习主播在化妆时还不忘看看手中的稿子，其认真和紧张的心理通过这一细节镜头表现了出来。

第三，多选择固定镜头、少选择运动镜头。镜头外部运动方式分为两类：固定镜头和运动镜头。运动镜头在电影和电视剧中运用得较多。消息类新闻报道时间往往很短，在如此短的时间内要准确地传达信息，就需要内容信息量大且易于传达信息的固定画面，需要清晰、简练的镜头语言。如果过多地用运动镜头，会影响观众的观看效果，观众的注意力会不自觉地被镜头的运动所吸引，而减少对新闻事件本身的关注。

（2）声画蒙太奇的运用。正如文章的遣词造句要遵循一定的章法一样，电视新闻画面的组接也要有自己的规则，电视新闻画面编辑主要涉及到蒙太奇中的声画合成的具体技巧和技法，这在"蒙太奇"部分已有详细论述。

需要注意的是，要防止蒙太奇技巧的巨大的表现魅力对新闻真实性的影响与伤害。画面是一种语言符号，按照一定的规律进行组合排列，便可表达一种完整的含义。电视新闻的画面编辑，就是根据新闻内容的实际，运用画面的合理排列，客观、准确地反应某一新闻信息。因此，编辑一定要遵从真实性原则，以新闻的客观事实为依据组接，使剪接出的画面在最大程度上反映客观事实的真实情况，任何可能给观众造成误解的剪辑方式都不可行。朴实无华的画面、流畅的剪辑、真实客观的效果是电视新闻画面编辑所必须做到的。

（3）声音的剪辑——同期声的运用。同期声是指在拍摄人物讲话的同时录下讲话声和背景声，包括现场效果同期声和现场采访同期声。现场效果同期声是在新闻事件环境中的各种声响，包括大自然中的各种声音以及人类社会中的各种声音，如人群之间嘈杂的说话声、动作声。现场采访同期声是新闻现场被采访对象说话的声音。

同期声的使用能增强新闻的准确性和权威性，同期声不是一种点缀，同时，不是所有的同期声都是必需的。例如一些冗长的发言讲话或词不达意的现场采访的同期声，编辑完全可以不用，而用言简意赅的旁白来代替。

4. 专题类电视新闻编辑技巧

专题类的电视新闻是对重大的新闻题材进行深入、具体、详尽的报道。对新闻事实在发展中的状况,也可做比较全面的展现。与消息类新闻相比,它更强调新闻事实的典型意义、指导意义及与社会大众的关系,注重报道内容的丰富性以及表现手法的多样化。

1) 专题类电视新闻特征

(1) 大容量。与消息类新闻相比,电视新闻专题具有容量大的优势。一般来说,专题类电视新闻时长 10 ~ 20 分钟。在此类新闻中,可以更详细地交代事实,介绍更多的背景材料和相关知识,对新闻事实进行深入的分析,同时也可以运用更多的电视表现手法。

(2) 立体化。立体化是专题类电视新闻的一个重要特征,指专题报道多层次,多角度和多侧面地展现有关新闻事实及相关的背景材料,说明事件发生的时间地点,发展的来龙去脉,前因后果,并分析其现象和本质,内在因素和外在条件之间的相互关系,从而揭示一定的社会意义。与消息类新闻相比,电视新闻专题的着眼点不是一个具体的新闻事件,而是一个为社会和老百姓普遍关注的现实问题。

(3) 思辨性。消息类的新闻一般只是报道所发生的事件,而专题类的新闻中越来越多地阐述观点和见解,这在分析较复杂的社会问题和事件时是必需的。

(4) 多样性。在专题类新闻中,充裕的时间长度使电视画面叙述功能得以发挥,可以展示更多的情节和细节。同期声和长镜头的大量使用,使现场采访和现场纪实更好地体现了新闻的魅力,增强了报道的真实感,增大了报道的信息量。在画面和声音完美结合的同时,可采用屏幕文字、特技、动画及少量的配乐等,增加节目的信息量和感染力。专题报道的形式多样,有记者现场报道、采访、演播室点评等,多种方式相结合,形成一种丰富的新闻类型。

2) 专题类电视新闻编辑技巧

(1) 前期策划的重要性。与消息类新闻相比,专业题类新闻更需要在前期有一定量的调研策划工作,因为专题类的新闻更加深入地反映一些新闻问题、社会事件,以及人物的内心,不像消息类新闻注重的是事件的报道。因此,前期的准备工作非常重要,也是将专题类新闻深入下去的前提条件。

(2) 同期声的合理运用。同期声是新闻现场的重要素材,包含了大量的信息,是新闻内容的主要组成部分,编辑时,要尽量采用同期声,对画面内容进行补充说明,增强电视新闻的真实性,让观众身临其境的感受。在编辑同期声时,要注意和旁白相配合,内容上不能重复,也不能冲突,要尽量做到条理清晰,自然流畅。

(3) 字幕的作用。由于专题类新闻内容多,时间长,信息量大,字幕的运用必不可少。一般来说,字幕有两种功能:一是补充信息,一些画面、声音没能表现出,或没法表现出的信息内容,可以用字幕的形式告之观众;二是传达情感,同样,在某些情况下,画面和声音不适合用来表达某种情感,反而用几句字幕,让观众心领神会。当然,使用字幕忌复杂,应尽量简单,并且准确地表达。

(4) 音乐的作用。在专题类新闻中,适当地配一些音乐,可以更好地表情达意,深化主题和刻画人物的情绪。

(5) 控制节奏。因为专题类新闻容量大,时间长,所以在编辑时,要注意控制节奏,不能过于冗长,让观众不耐烦,也不能过于快速,让观众目不暇接,有起有伏,有舒缓有紧张的节奏,才能吸引观众。

第五节 广播电视新闻节目编排

新闻事实的发生不以节目制播者的意志为转移,即便是预先安排好的活动或预发性新闻事件,也可能出现意料不到的,甚至导致报道主题改变的新闻事实。怎么把多来源、多内容、多形式的一条条新闻,组织成井然有序的有机整体呢? 关键的一环,就是对摆在面前的形形色色的新闻进行有序化梳理,让无序存在的新闻变为有序的排列,这就需要对这些新闻进行编排。新闻节目的编排往往是"急就章",没有多少时间可以从容考虑。因此,明确新闻节目有序化编排的依据和原则就显得格外重要。

1. 广播电视新闻节目编排的思想

编排思想是指决定某一新闻播出与否以及安排各条新闻顺序时所表现出来的思想倾向。编排思想是新闻节目思想的具体体现。

1) 树立全局观念

全局观念是指编辑在编排节目时要把握时代的特征和社会发展的基本规律,能够站在时代的高度和人民大众的立场给具体新闻以准确的社会传播价值。一般情况下,新闻编排应首先遵循政治性新闻优先原则,如国家领导人的国事活动,地方领导人的政务活动,中央和地方的重要决策、部署和方针、政策的出台等,通常这类新闻应置于显著的地位,然后在这个基础上安排其他领域的新闻。

2) 贴近性原则

贴近性原则是指从电台、电视台所处的地位出发,由近而远地安排新闻。如中央人民广播电台和中央电视台,通常按先国内后国际、先中央后地方、先全国性新闻后地区性新闻或部门性新闻的次序编排新闻;而地方台除对重要全国性新闻做出安排以外,一般按当地新闻、邻近地区新闻、其他国内新闻、国际新闻顺序安排播出内容。

3）遵循节目的特点

新闻节目的编排不可能是固定不变的,不同节目因节目的定位、风格、受众、播出时段等不同,其编排的次序和传播风格也各具特色。因此,节目编辑在编排新闻时应根据节目的定位和宗旨,研究节目的内容规律、基本特征、表现风格等,并确立其编排方式。编排一次新闻节目要有重点、有目的性,要研究新闻的配置和优化组合,要注意新闻之间的内在联系,充分挖掘其中的新闻价值,并达到最佳的传播效果。以《新闻联播》和《新闻30分》作比较,《新闻联播》的政治性较强,整体风格较为严肃,因而在编排时,政治新闻往往是第一位的;而《新闻30分》是作为对《新闻联播》的补充和平衡,风格相对轻松,中间不乏能引起观众兴趣的社会新闻,因而在编排时,更多地考虑新闻价值的大或收视特征来决定。

4）特别策划编排

在碰到某些重大主题时,可以不拘泥于固有的编排形式,而为这些主题,进行特别的编排策划。

以获得2001年中国广播电视新闻奖电视节目编排一等奖的《新闻联播》(2001年7月14日)为例:

内容提要:

北京获得2008年夏季奥运会主办权

首都各界欢庆北京申奥成功 江泽民等党和国家领导人参加群众联欢活动

新闻特写:获胜瞬间

新闻特写:北京不眠夜

新闻特写:北京迎奥运 神州喜若狂

各地共庆北京申奥成功

新闻特写:五星红旗 我为你喝彩

海外华人华侨同贺北京申奥成功

江泽民主席致信国际奥委会主席萨马兰奇

普京就北京获得2008年夏季奥运会主办权向江泽民表示祝贺

美国前总统布什电贺北京申奥

李岚清出席我国驻俄罗斯大使馆兴趣行的庆祝北京申奥成功招待会

李岚清参加北京申奥成功庆祝活动并发表贺词

贾庆林接受中央电视台记者专访

社会各界表示以申奥获胜为契机努力实现中华民族伟大复兴

首都各大新闻媒体争先报道北京申奥成功

国外各大媒体纷纷报道北京申办奥运会成功

国际社会祝贺北京申奥成功

《焦点访谈》预告

整档节目编排围绕申奥成功这一历史事件,打破以往以党和国家领导人政治事件为主体的传统模式,发挥组合报道的优势,突出重点,层次分明,生动活泼,全方位、立体化地将这一重大事件的报道组合成一个整体。

5）关注受众接受

受众是电视新闻节目的传播对象,要使受众有较高的关注水平,引起其对节目内容的兴趣,节目编排起着重要作用。要调动观众的收视兴趣,提高收视率,在编排的顺序上就要综合考虑新闻价值的大小和对观众吸引力的大小。新闻节目编排应从受众的角度出发,贴近实际,贴近群众,贴近生活,不断研究受众的收视兴趣,收视习惯,满足受众的收视需求。

2. 电视新闻的编排程序

1）选准头条

选准头条也就是要符合广播电视新闻编排的重要性原则,根据新闻题材的重要性程度,或它提供的信息本身的价值,安排每一则新闻在节目中的播出次序。头条新闻不仅要求思想性、指导性,还需要考虑是否能引起观众的兴趣。获2005年中国广播电视新闻编排奖的《直播南京》以"南京地铁一号线轨道全线贯通"为头条,并配以新闻链接"地铁一号线将给南京带来什么",选择了一件关注南京市民民生的大事,分析地铁通行对南京市民的出行带来的变化。这样的头条新闻既具有关注民生的思想性,又引起了观众的兴趣,因此反响很大。

2）注重结构

一档新闻是否内容丰富、题材广泛,结构安排非常重要,一般会以版块式组成,如"国内新闻""国际新闻""地方新闻"等子栏目。新闻的组配就是将几条从不同侧面,不同角度,但有一定内在联系的新闻集中编排,或组合、或对比、或关联,互作补充,使一档新闻节目更有深度和力度。黑龙江电视台获2005年中国广播电视新闻奖电视节目编排一等奖的《新闻夜航》(2004年3月24日),其编排结构精巧,主题突出。

(节目宣传版)不幸落井的小徐冰被找到。《新闻夜航》,请您关注。

小徐冰"找到了"

井盖敲响警钟

劣质井盖有多少

(节目宣传版)女记者临危不惧,七楼顶救人一命。《新闻夜航》,请您关注。

两车相撞人重伤 武警战士解危困

女记者临危不惧 生死线上救人命

真情感化少年犯 浪子回头金不换

信息闭塞五十年 一遭开通眼界宽

到网吧不上网 设圈套偷手机

存折丢失以后

(节目宣传版)好妻子有情,植物人苏醒。《新闻夜航》,请您关注。

艰难困苦随他去 让我和你在一起

真爱无敌撼心灵 六年相濡鉴真情

热心老外做台历 传播爱心送情谊

(节目宣传版)春季滑雪仍热闹,背上媳妇试比高。《新闻夜航》,请您关注。

背上媳妇来滑雪

"老鼠怕猫"那是谣传

黑熊出山,树上打盹

小猪本是同窝生 衣着颜色各不同

(结尾资讯)

博物馆等文化场所将免费向未成年人开放

我国的报警电话将合并成一个

3)峰谷技巧

在新闻编排时,还应遵循"峰谷技巧"。峰谷技巧是美国电视新闻制作人提出的概念,他们认为电视新闻编排要遵循三个重要概念:峰谷、节奏和分段。在一档新闻节目中,不可能每一条新闻都能引起观众的兴趣,所以,通过交错式的编排,可以把节目设计成一系列的波峰、波谷的起伏形状,错落有致的编排可以产生富有韵律的节奏,使新闻张弛有度,从而提高收看效果。

新闻编排中的节奏可以用不同的方式来实现:一是可以使用不同报道方式的转换,比如现场报道与演播室报道,同期声采访和画面配解说等形式交替进行;二是可以采用长短新闻、软硬新闻的穿插,使节奏起伏、流畅;三是可以利用串联词或小栏目制造能激发收视兴趣的高峰。越来越多的新闻节目注重栏目的节奏这既是节目本身编排的需要,也与当前社会节奏的变化有着密切的关联。

第六节 广播电视新闻节目编排与制作案例分析

【案例】

第二十五届中国新闻奖评选特别奖　　"新春走基层·家风是什么"

2014年春节期间,中央电视台《新春走基层》栏目推出《家风是什么》特别节目,在《新闻联播》栏目中以头条、提要的方式,连续8天挂标播出,节目中,对4000多人次有关家风的采访回答进行了精心编辑,并配发了编后语和短评。与此同时,节目还在《朝闻天下》《共同关注》等黄金时段播出了加长版,在"央视新闻"微博、微信、客户端上及时与网友展开互动,形成了强大的报道声势。

作为新春走基层新闻报道的组成部分,《家风是什么》是中央电视台精心策划、主动创新、全力打造的一档电视新闻节目。2014年春节,中央电视台调动31个国内记者站、13家海外记者站以及北京本部记者,组成95路采访小组,深入全国各地和10多个国家与地区的海外华人社区,围绕"家风是什么"进行街头随机采访。老百姓们在田间地头、工厂校园,车站庙会……说老祖宗代代相传的家训、谈父母谆谆教诲的家风、回忆从小耳濡目染的家规。

节目片头色调温馨,解说词道出主题:"过年是家的团聚,家是血脉的延续,家风是家庭的气质,家规是家风的注脚……"

接着的解说词让观众了解到该节目的表现形式"农历马年初一到初七,央视记者走到您面前说说话,来到您家里唠唠嗑,问问您家的家风是什么,听听您家的家规有哪些……"

在采访内容前,一段主持人在演播室内关于节目主题的导入语,是对节目内容的一个概述和播出情况介绍。

    在采访对象选择中,节目组考虑了多方面的因素,在编辑中,选择了解 12 位(组)具有代表性的人物。在年龄层次上,有老中青幼,有白发的老人,也有幼儿园的小朋友;在身份上,既有文化名人、艺术家,也有普通的工人、农民、退体职工、小商人。在地域性上,也考虑到了不同的地域,祖国各地,甚至台胞,海外华人,都有涉及,使"家风"这个主题能够全面并深入进行下去。

在采访中,还插入了相关的镜头画面:

1. 空镜头

如在采访中国台湾资深杂志出版人何飞鹏时,插入了图书展示的镜头。

2. 资料画面

如采访京剧表演艺术家梅葆玖时,插入了其父梅兰芳"蓄须明志"的资料画面。

这些镜头的插入,使节目画面更加丰富,增强了节目内容的深度。

最后一段编后话:家风纯,社风正。是有感而发的一段评论性文字,是对节目的一个总结和深入,起到画龙点睛的作用。

"家",去掉了主题本身的宣传意味,选择在中国人对"家"情感浓度最高的春节期间,在采访过程中,无论是平常百姓,还是名门之后,不管是国内观众,还是海外同胞,面对这个既让人感到意外又在情理之中的话题,侃侃而谈,有感而发,甚至为之动容生情,让亿万观众在分享他们祖训家规的同时,也见证着他们成长的历程与人生的感悟。《家风是什么》流淌着中国人"家"的基因,它让传统文化、让主流价值观"活"了起来。

《家风是什么》向海内外观众生动展示了中国社会主流价值观,展示了普通百姓的"家国情怀",也展示了主流媒体强烈的社会责任感,展示了央视新闻人的敬业精神和专业水准,为中央电视台今后做好践行社会主义核心价值观的正面宣传报道,奠定了扎实的舆论基础,摸索出了一条切实可行的报道途径。

节目播出后,在海内外产生极大反响,引发了公众对传统家教和"家国情怀"的强烈关注与思想共鸣。《人民日报》《光明日报》、人民网、新华网、中国新闻网等主流媒体纷纷刊发大量评论文章,予以跟进报道。新浪、搜狐、腾讯等众多门户网站,则在首页和醒目位置上载和链接央视相关节目视频,网民点击和转发量数以亿计,仅在"央视新闻"微博中,网民的点赞就达60多万条,跟帖评论成千上万。这个节目是弘扬社会主义核心价值观的成功案例,有利于爱家爱国风气的形成,在整个社会中弘扬中国传统文化,传递正能量。

中国新闻奖系列(连续、组合)报道作品完整目录

作品标题		【新春走基层·家风是什么】			
序号	单篇作品标题	刊播日期	版面名称及版次频率(道)及栏目	字数或时长	备注
1	【新春走基层·家风是什么】编后话:家风纯社风正	1月31日	央视新闻频道新闻联播	8分13秒	代表作
2	【新春走基层·家风是什么】老实做人认真做事	2月1日	央视新闻频道新闻联播	6分12秒	代表作
3	【新春走基层·家风是什么】家有家规	2月2日	央视新闻频道新闻联播	5分17秒	
4	【新春走基层·家风是什么】小事也要认真做	2月3日	央视新闻频道新闻联播	5分20秒	
5	【新春走基层·家风是什么】父母言大智慧	2月4日	央视新闻频道新闻联播	6分28秒	代表作
6	【新春走基层·家风是什么】有好家才能走得远编后话:有好家才能走得远	2月5日	央视新闻频道新闻联播	9分47秒	
7	【新春走基层·家风是什么】好传统要代代相传【本台评论】——家风是中国传统的现代传承——家风体现中国社会的核心价值	2月6日	央视新闻频道新闻联播	7分11秒	
8	【新春走基层·家风是什么】让民族信仰在家风中传承[本台短评]有好家风才有好公民	2月7日	央视新闻频道新闻联播	4分55秒	

思考题

1. 广播电视新闻节目编辑的主要职责是什么?

2. 广播电视新闻节目编辑的基本要求是什么?

3. 广播与电视新闻节目编辑流程与技巧分别是什么？

4. 专题类电视新闻节目编辑技巧是什么？

5. 广播电视新闻节目编排的思想是什么？

推荐参考书目

［1］傅正义. 电影电视剪辑学. 北京:中国传媒大学出版社,2002.

［2］黄匡宇. 电视节目编辑技巧. 北京:中国广播电视出版社,2002.

［3］张晓锋. 当代电视编辑教程. 上海:复旦大学出版社,2007.

［4］李晋林. 电视节目制作技艺. 北京:中国广播电视出版社,2002.

第十章　广播电视新闻受众调查

本章在略述了我国大陆广播电视新闻受众调查的发展现状、主要问题、基本形式的基础上,重点就文献分析法、观察法、小组座谈会、个案研究法、抽样调查法、互联网调查研究等受众调查常用手段进行了分析,主要内容包括基本思路、操作流程、注意事项、利弊得失等。最后,就"大数据"背景下的受众研究新动向进行了简要介绍。

中国社会已大步进入"媒介富余""资讯过剩"的阶段,这就使得我们迫切需要更加密切关注受众,以更为优质的资讯服务在激烈的竞争中立于不败之地。因此,建立在受众需求基础上的市场分析与调研应该成为广播电视系统产品开发、市场竞逐的基本手段。

所谓广播电视新闻受众调查,即指广播电视新闻传播机构围绕栏目设置与调整针对视听众进行的社会调查。该调查通常采取两种方式:一是定期或经常举行的基本项目调查,如栏目视听率调查;二是不定期或一次性的专题调查,如某档栏目的设置与调整等。

第一节　我国大陆广播电视系统受众调查简史

30多年来,从运用经验分析到开展现代科学方法调查,从研究对象外显性行为研究到内在观念性研究,中国广播电视受众调查经历了一个复杂化、专业化、规范化的过程。

传统受众调查一般采取个案分析、观众来信、听众座谈等方法,随意性大、调查面窄,主观性强,科学性低。

1982年,由北京新闻学会发起,中国社会科学院新闻研究所、《人民日报》《工人日报》《中国青年报》、北京广播学院参加,联合调查组(组长陈崇山)运用现代科学研究方法,通过电子计算机对北京市民读报、听广播、看电视的情况进行抽样调查、统计分析。作为中国运用现代科学方法调查受众的起点,此次调查具有重大里程碑意义。

1983年10月、11月,浙江、江苏两省广播电视系统的受众调查研究开启了受众调研在地方的推广。调查显示:1985年,我国大陆电视人口覆盖率首次超过广播,并成为居民获取信息的第一渠道。媒介竞争格局的重大变化逼迫中央人民广播电台对节目进行重新调整,这一结果再次证明了受众调研工作的价值和意义。

此后,影响较大的调查还包括:1987 年 5 月中央电视台会同各地电视台进行的"全国电视观众调查";1987 年 6 月中国人民大学奥论研究所进行的"中央人民广播电台全国听众调查";1987 年 7 月中宣部和广播电视部联合举行的"中国不发达农村地区广播电视事业发展状况的调查"等。这些调查在研究方法、调查范围、数据获取、人才培养、成果水准、政策推进等方面都取得了长足的提升和发展。

20 世纪 90 年代,受众调研开始更为注重受众思想观念研究,其标志性事件便是亚运会广播电视宣传效果调查。该项目意在探求受北京政治风波影响反应冷淡的北京人能否因广播电视的宣传而改变对亚运会的态度。

1991 年 4 月 2 日,中国广播电视学会受众研究委员会在广州宣告成立。这是我国第一个专门研究广播电视受众的学术团体,标志着我国广播电视受众研究由零星、分散的阶段过渡到有组织、有计划的研究阶段。

期间,为了摸清产业格局、受众深层特点、受众需求、改版期待,中央电视台、中央人民广播电台、中国国际广播电台等定期展开了大范围的受众调查,推动了受众研究新的突破。

20 世纪 90 年代中期,我国受众调研开始朝向专业化、市场化转型。1995 年 6 月,央视调查咨询中心成立,接管全国电视观众调查网的日常管理和收视率数据的经营活动,电视观众调查开始面向市场。

时至今日,中国大陆最为知名的广播电视受众调查咨询公司包括中央电视台索福瑞媒介研究有限公司(CSM)和北京美兰德信息有限公司。前者专门从事电视收视率的调查研究及相关软件、业务系统的研制开发,独家使用并管理世界最大的电视收视率调查网络;后者隶属国家统计局系统,其几次大规模调查已经在市场上颇有影响。

第二节　广播电视新闻受众调查存在的问题

当然,蓬勃发展的受众调查事业,也存在着一些共性问题,值得研究者警醒。

1. 调查目的单一,不利水准提升

众多调研过分追求市场占有率、视(听)率等浅层指标,淡化新闻传播过程中其他问题,例如:受众选择动机是什么? 特点是什么? 深层需求有哪些? ……这些更具考察价值和意义的内容很难用简单数据来回答。

2. 市场缺乏监督,调查易失公正

同行竞争、市场压力、制约匮乏、监管失效,受众调查很容易扭曲变形,不但没能成为媒介组织改进服务的参考,反而成为根据客户授意,任由调查者删改,将视听率、市场占有率"洗白"的利器。

3. 专业研发不足,无序竞争严重

受众调查具有较强的技术性和专业性,融合了统计学、社会学、传播学、心理学、计算机科学等多门学科的理论和知识。几十年来,受众调查已经形成了一整套科学规范的操作程序,需要一丝不苟,任何一个环节的失误都会使研究结果失真、偏离,这就给调查者提出了严峻挑战。然而在监管不足的市场环境下,部分调查公司不但不按规范进行,而且在投机心理的作用下,阻碍了专业研发的进步。

4. 调查统计缺乏沟通,数据研发利用滞后

广播电视受众调查往往只关注本媒体的情况,缺乏对其他媒体相关方面的了解,陷入了"只见树木不见森林"的误区。因此,有必要构筑起受众信息资源共享平台,以利于综合式、全方位、多角度、全媒体的研究。

第三节 受众调查新闻的主要形式

1. 根据范围分类

1)基础调查

从广播电视机构全局和长远目标进行的基本情况调查,如基本受众构成和分布,节目覆盖率、视听率,由受众视听意愿所涉及的节目结构、设置与编排等。该类调查周期长、范围广、成本高,但对于机构摸清"家底"、盘活资源来说非常重要。因此,有必要定期进行,资料备存,以作研究,推进工作,助力改革。

2)综合调查

用系统方法对视听众进行综合调查,用定量分析做对比研究,结合定性方法进行系统论证。该种调查范围较广、内容较多、能掌握大量相关情况,进行横向对比,以分析问题、剖析优劣、明辨利弊、作出科学判断。

3)专题调查

根据广播电视新闻栏目专项任务或专门问题而做的受众调查。一般要求在全面了解的基础上,抓住重点,突出专项,进行科学分析,为某项决策服务。如节目的设置,频道结构的调整,受众对广电新闻部门某一具体决策的批评、建议等。

4)个案调查

针对受众中的典型人和事做调查,通过持续、深入、系统的剖析来推断一般,作出猜想。该类调查是掌握第一手材料的重要手段,也是各地广播电视新闻工

作者传统的受众调查方法,累积了不少经验。

受众调查中,抽样调查是普遍采用的方法,但为限制此方法的不足之处,要充分结合其他不同研究方法,如与控制实验、个案分析、焦点小组座谈等相配合,并在受众传播效果研究中与内容分析相结合,以综合利用各方优势与资源,进行更为深入的受众研究,奠定开发受众价值的基础。

2. 根据研究对象分类

定性研究方法是借助理论范式,建立一套概念体系,通过逻辑推演描述、解释假设的命题,进而得出结论;定量研究方法,是在占有大量量化事实基础上,描述、解释和预测研究对象,通过逻辑推论提出理论观点。

尽管在哲学观上,两种研究方法一致认为求得事物间的因果关系或相关关系乃是研究的最终目的,但在具体操作方面却出现了分歧。定量研究认为,在主观的个体之外存在着一个客观的社会环境,因此社会现象能够借用自然科学的研究方法达到对经验事实的了解;而定性研究认为,各种社会现象中,所谓"真相"是通过个体的经验与主观建构得来的。所以,真相多元而非唯一,社会现象与自然现象有着本质的区别,只能通过长期观察的方式,近距离探求社会运作方式,摸清规律,作出解释,给出预测。

操作层面上,定性分析讲主观、重理解,以假设演绎为主。而定量研究讲规范、遵规则、重客观,以归纳分析为主;在调研过程中,定性研究重视与被访者的互动,因此多在自然环境中进行体验式观察或访谈。定量研究排斥与受访者的互动,因此多在人工控制环境中开展非体验式的调查和实验。

然而,定量研究与定性研究各有利弊,因此最佳的方式是相互借鉴,不宜绝然对立:一般说来,面对一个主题不大明了的新课题,研究者可多采用包括文献分析法、焦点小组座谈法、观察法等定性分析、探索性等方法;当研究者提出假设时,则可通过问卷调查法、实验法等定量研究对假设进行证实或证伪,或发展出新的假设;当研究进入数据分析、理论总结阶段时,则需要运用定性研究,最终从数据中分析出更为本真的东西。

第四节　广播电视受众调查基本操作方法

1. 受众调查基本模式与流程

受众调查所运用的各种操作方法基本上都是按照相同的程序进行的。尽管根据具体情境可以有所调整,但其基本思想贯彻其中,从未改变。

1) 规定问题

选择一个研究题目,通常是媒介组织亟待解决或非常感兴趣的某一领域。

2）复阅文献

搜集有关这个问题的现有资料、数据与文献,为研究提供背景情况、理论见解,通过对已知与未知的甄别,避免重复劳动,降低调查成本。

3）假说陈述

研究的问题必须用一种能够被实际验证的方法进行陈述。这就要求系统地陈述一种假说,即预测变量之间的某种关系的一种暂时的声明。

例如,假说可以是"针对乙肝病毒携带者反歧视新闻宣传能减少实验对象对该群体的态度"。然后,必须规定每个术语的操作定义:"接触"可能是指在三周内,每周一次,每次 10 分钟集中接触;"对该群体的态度"可能是用某种专门的测验来测量;"实验对象"可能是志愿参加实验的大学生或对广播电视新闻受众进行随机抽样的样本。

4）选择研究方案

这个阶段非常重要,调查者必须悉心权衡各种研究方法的利弊,最终确定用一种还是不同方法相结合,以及哪个阶段用哪种方法等。

5）收集资料

研究方案制定得再精妙,如果得不到很好地贯彻与实施也会导致调查的失败。所以,调查者必须非常认真地收集、整理相关的数据。

6）分析结果

待数据凑齐之后,调查者就可以将事实分类,澄清各种不同的倾向和关系,进而验证假说中提出的理论。此阶段,研究者必须尽量保持客观公允的态度,否则见仁见智的主观臆断会形成障碍。

7）得出结论

在这个报告撰写阶段,研究者需要详细描述整个操作流程,并对研究结果加以论证。通过理论联系实际,现有结论与已有理论的联系与区别,对当前假设进行验证。

2. 受众调查操作方法

1）文献分析法

有时,研究者可以不通过实验、调查或观察研究来获取信息,因为有关资料可能已经具备,只需要对其进行收集和分析即可。大量有用的信息是可以获取的,有的是已经公开发表的,有的是尚未发表的。

例如,对于广播电视受众调查来说,最重要的信息来源之一就是国家统计局每隔十余年展开一次的人口普查报告,从出生率、死亡率到收入、性别比例和城市化趋势等大量详细材料值得重视。而其他政府机关每年也都公布有关统计资料,这些资料涉及面很宽。

再如,由中国社会科学院新闻与传播研究所主办、反映我国新闻事业发展基本情况和发展变化的大型资料性工具书《中国新闻年鉴》；由国家广播电影电视总局主管、中国传媒大学主办的《中国广播电视年鉴》，全面反映了我国广播电视事业基本情况和发展变化风貌，分门别类地客观记述上一年度全国广播电视事业各方面新情况、新资料……

还有一个重要的信息来源是累积的受众调查研究材料。这些资料见诸于一些商业咨询机构的行业发展研究报告、各级广播电视管理机构编撰的年鉴、各大研究院及商业机构的广播电视受众调查报告等。

通过对这些文献的分析，可以了解以往的研究成果，以保证研究的连续性、继承性，避免盲目性和重复性；还可以了解与研究课题相关的各种理论观点和研究方法，帮助确立本课题的指导思想和理论假设。况且，一位研究者为解决某一问题而收集的资料常常可以被另一位研究者用来解答另一个问题。

文献研究方法分为结构式和非结构式两种。前者是从文献语句产生定量数据的、有结构的分析方法，如内容分析法；后者是无结构的、定性研究的方法。

文献研究的优点在于：①成本较低，研究对象不受研究过程影响；②能够介入时间跨度较长的课题；③能接触到其他研究方法无法接触的研究对象，如已经逝去的人、事、物等。文献研究的缺陷在于：①有些文献获取较难，尤其那些非公开数据；②有些文献本身存在错误、不完整等问题；③对同一文献资料存在见仁见智的情况，对多元表达的数据进行编录分析也是一大障碍。

2）观察法

观察研究通常要对某一群体、事件或社会过程进行深入细致的考察。受众调查中，观察法可以用来分析受众接触和使用媒介内容时，是什么样的经验知识和解释框架在发生作用，媒介在受众生活中扮演着什么样的角色等。

例如，地震灾区中，当报纸、电视、互联网等资讯传输系统都不起作用的情况下，可以观察灾民是如何利用无线电广播获取外界信息、增进相互联系、寻求可能帮助的。在这个过程中，研究者并不想以任何方式去影响发生的情况，而只想对发生的事情作出准确的描述和分析。这种方法通常可以找出因果关系，并对社会行为给予精辟的见解。

根据场所不同，观察法可以分为实验室观察和实地观察两种。前者要么在设备齐全（如单向镜、摄像机、录音设备等）的实验室中进行，要么在某些设置好观察工具的自然场所中进行，如会议室、教室、客厅等。后者则是深入到现实社会生活中对实际发生的现象进行观察，这种方法在民族志研究中得到广泛应用。

根据观察者角色不同，观察法可以分为非参与式观察和参与式观察两种。前者置身观察对象之外，如实验室观察，后者置身于观察对象之中。根据观察者在观察中进入角色程度不同，这种观察法又分为公开的参与式观察、公开的非参与式观察，以及隐蔽的参与式观察、隐蔽的非参与式观察。

　　根据观察程序不同,观察法又分为结构式观察和非结构式观察。前者严格规定观察范畴、程序以及各项内容观察、记录方法,以使最终观察结果可以进行数量统计;而非结构式观察则没有这类要求,该方法只需将各种行为全面记录下来,从定性的角度进行分析。

　　观察法的优点:①实地观察可以与被研究团体建立互信关系,进而说服他们完成问卷;②研究费用低廉,一支笔、一个笔记本、一个录音笔就可以完成一项任务;③作为探索性研究的重要方法,观察法有助于帮助完成理论假设,界定重要变量,例如,对于受众新闻栏目选择决定过程的研究,可以通过观察数个受众的节目选择过程来厘清其中一些影响变量;④有助于调查者得到系统详尽的资料。

　　观察法的缺点:①如何选择具有足够典型性、代表性的观察对象依靠调查者个人的经验视野和理论功底;②在公开身份的观察中,调查者可能成为影响调查对象的一个变量,进而使得结论失真;③在整个过程中,观察法都要依赖于研究者本人的既有倾向、价值体系、分析框架、感情因素,因而公正、客观很容易成为问题。

　　3) 小组座谈会

　　小组座谈(焦点小组)由一名经过训练的主持人引导 6~12 人组成的小组围绕特定议题进行的集体讨论,常用于了解人们的看法、态度、行为。作为普遍使用的、最重要的定性研究方法,小组座谈常用于广告、栏目,或新节目概念创意的测试与诊断,还可作为探索性研究为更进一步的大型研究做好铺垫。

　　小组座谈人数控制在 6~12 人的原因:如果人数过少,很难形成成员间相互激荡的热场效应;人数过多,则不易形成具有凝聚力的讨论;座谈者遴选应该遵循同质化原则,即对访谈主题有着基本了解和把握,有一定的语言表达能力,且在人口构成状况和社会经济特征方面具有一致性;环境营造方面,座谈会应努力形成放松、非正式的氛围,以促使参与者自由发表意见;时间上,小组座谈一般控制在 1~3 小时内。从相互了解到和睦关系的形成,再到探讨深层问题,1.5~2小时应该是必需的;同观察法类似,在内容记录方面,除了安排必要的人员外,可适当安排摄录设备、单向镜等,以备更为细致的观察、记录、整理、分析(图 10-1);小组座谈体现了团体动力学原理,不仅主持人与被访者之间要进行互动,被访成员间也存在相互的影响和作用。因此,主持人起着非常关键的作用,其控制水平、驾驭能力直接影响着该种调查方法的成败。

　　小组座谈的优点在于能够较好地发挥 1+1>2 的效应,通过群体参与,增强参加者的安全感;通过群体讨论,提升参加者的参与感;通过观点碰撞,激发讨论者的灵感;通过环境营造,让被访者倾吐真情实感——这就有助于调查者获得真实、广泛、深入、丰富的信息,甚至出现打破常规、激发创意的效果。此外,可控性强、灵活度高、数据回收整理快等都是其优点。

图 10-1

小组座谈的缺点在于:对座谈主持者在专业知识、组织技巧、沟通能力等方面的高要求决定了这个环节如果出现问题,整个调查质量就会受到影响;受访者也需要精挑细选,其典型性、代表性如何? 是否适合于团队讨论? 这些都是需要认真考察的因素;而在分析阶段,如何处理凌乱的、无法量化的信息,如何应对样本的特殊性与调查需要了解的普遍性之间的矛盾……这些对于操作者来说都是一种挑战。

4) 个案研究法

个案研究方法是医学、心理学常用的研究方法,后借鉴到传播研究当中。该方法系统研究个人、团体、组织或事件,以获取与课题相关的、丰富的资料的一种定性研究方法。个案研究的价值在于详细、深入、全面地占有资料,从中发现影响事物的主要因素及作用,进而作出假设,为后续研究做好铺垫。

个案研究方法的优点在于其探索性的研究价值。通过提供详细的资料,发现线索和概念,为假设提供灵感,提供素材。此外,如果个案选择典型,理论解释到位,本身就具有很高的学术价值和指导意义。个案研究方法的问题在于:个案选择是否典型? 得出的结论是否以偏概全? 更糟糕的是,有时个案研究需要花费大量时间,结果却不尽如人意。

5) 抽样调查法

(1) 抽样调查法的基本思想。抽样调查法把新闻学、统计学、社会学、计算机科学等多门学科有机结合在一起,运用现代科学方法对受众进行综合考察和研究。抽样在调查法中至关重要,它也代表了该种研究方法的基本思路,即从总体中选出若干样本,使样本结构及成分与总体结构及成分保持一致或近似,从而使成为总体缩影的样本折射出总体的特性与规律。

在搜集样本相关数据的基础上,通过计算机统计分析,把握变化规律,找寻变量间的关系。最后,结合产生这些规律的条件、背景,进行定性分析,得出比较科学的结论。

抽样调查是受众研究的常用方法,或是单是为了收集事实(如节目收视率,受众视听意见），或是为了找出事实之间的关系（如性别、年龄、社会阶层等如何影响受众的新闻视听喜好）。

某一课题所涉及的受众研究整个群体称为总体。组成总体的可以是观看《新闻30分》的全体观众，也可以是收听《新闻和报纸摘要》节目的50岁以上年龄段的听众。有些时候，调查总体人数不多，因此可以将全体成员作为研究对象。但在多数情况下，没有那么多时间和费用进行全面调查。所以，通常做法是从总体中抽出少数人作为样本。问题在于，所抽样本能否准确地代表总体情况。

（2）抽样调查法的取样原则。通常的做法是从有关总体中随机选择调查对象，即使总体中每个人都有同样机会入选。实际操作中，可以从总体中有规律地抽取样本，例如，每数到11或31，便将其抽出作为样本。这样做的时候必须要注意样本的代表性，例如，需要调查某知名高校学生对《新闻联播》的接触状况及栏目评价，就不能将自习室中的每7个人中找出第7个人作为随机样本。如果这样，得到的只是使用自习室和在调查中正好使用自习室的学生的随机样本量。为了使样本具有代表性，必须从全校学生名单中抽样。还有一种随机抽样的办法，即给总体中每个成员编号，然后通过计算机提出随机号码选择样本，该方法能在很大程度上避免人工取样所致失误带来的误差。有时总体规模庞大，情况复杂，需要进行分层随机抽样，即按照年龄、种族、性别或者被某种理论认为可能有关系的其他变量分类，然后在每一类中随机抽样。该种分类方法保证了样本中各种类型的样本的比例与其在总体中所占比例完全相同。例如，《新闻联播》的受众抽样调查中，如果男性观众在观众总体中占到75%，那么需要保证他们在样本中也要占到75%。

（3）问卷设计与调查访问。问卷法、访问法或者二者兼用是受众调查的惯常做法。问卷法需要调查者通过当面投放或邮寄投放的方式将问卷投放至被调查者那里，由其填好交还。访问法中，研究者通过电话、面谈等方式，直接向被访者提问。访问分为结构式和非结构式两种。在结构式访谈中，研究者根据事先准备的问题单，以完全相同的形式和顺序向每一位回答者提出列在上面的问题。通常问卷以李克特量表的方式要求被访者在几个选项中作出选择，表10-1为对《法治在线》受众态度的调查。

表10-1

对《法制在线》的种种说法，您持什么态度？（每题限选一项）	非常同意	同意	说不准	不同意	很不同意
1. 有助于提升公众法治素养，有利于安定团结	1	2	3	4	5
2. 内容有时过于血腥暴力，会对社会产生不良影响	1	2	3	4	5

　　尽管这种方法较为枯燥,但它方便调查者将受众作答进行量化。如果把回答者的其他情况也包括进来(如收入、年龄、性别等),将这些数据输入计算机,便能在瞬间找出受众人口统计学特征与收视倾向、价值判断之间的关系。

　　而非结构式访谈就相对灵活了。研究者的问题更具开放性、概括性,且允许被访者自由作答。该方法能够深入了解受众内心深处的想法,弥补结构式访谈的不足。但问题在于,非结构式访谈所提问题被访者有时难以回答,例如:"你会与同事谈论当天的新闻话题吗?"他们的回答可以多种多样:"也许""若是高兴的话我会的""那要看什么新闻了""我想我会的"……而这类回答也难以进行量化处理。

　　提问设计也非常重要。受众调查中所使用的语言必须客观、直截了当,避免因为措辞不当而出现对同一问题在理解上的分歧。提出的问题应该是中性的,例如一个问题的开头是"你同意……吗?"就会比"你认为……吗?"得到更多肯定的回答。问题应该尽量避免使用"不"字,例如,"面对重大灾难事件,你认为主持人不应该泪流满面不能自已吗?"许多人在读的时候可能看不到"不"字,从而错误理解这个问题。再如,"如果您想看某个节目而您的配偶想看另一个,而且你们两人都强烈地坚持己见,那么您会怎样解决?"这样的提问非常复杂拗口,不利于被访者迅速精准作答,所以这样的复合结构长句在设计中应当尽量避免。该问改成"如果您和您的配偶在选节目时发生很大分歧,您会怎样解决?"更为恰当。

　　当然,问卷调查是个系统复杂的工程。完成了前期的研究设计,问卷设置,剩下的工作也并非可以掉以轻心。例如,访问时,如何通过正确的开场白打消被访者的疑虑,获取对方信赖及配合?期间如何提问、追问和记录?如何控制现场调查的实施质量?如何对调查实施队伍进行监督管理?问卷回收后,如何清除无效数据?如何展开报告撰写?等等。每一步骤与环节都会影响到最终的调查结果。

　　(4) 抽样调查法的优缺点。调查法的优点:正确的调查法所获取的数据能够对总体特征与规律进行合理的估计及推断;调查法的数据来自真实环境,而非人为控制的场所,所以其数据较为可靠;借助计算机,调查法海量数据的搜集与处理是其他一些研究方法难以望其项背的。

　　调查法的缺点:部分被访者可能拒绝回答,或有意、无意提供不正确答案;问卷设计难度较大,其中措辞、顺序等任一环节的不当安排就可能使结果产生偏差;结构性问题限制了被访者的回答范围,可能影响数据的有效性;现实中复杂多变的环境对人们行为与态度会产生这样那样的影响,这就导致研究者很难确定各种因素之间是否存在以及存在怎样的因果关系。

6) 互联网调查研究方法

自互联科技诞生以来,互联网以席卷宇内之势在全球得以普及,并深刻地改变着人类社会。一方面,广播电视媒体在应对互联网带来的冲击的同时,充分借助这一媒体"新贵"拓展自己的生存空间,媒介融合成为大势所趋;另一方面,现代都市中,传统调查方式(如电话调查、邮寄调查、面访调查等)正面临着前所未有的挑战,调查遭拒,访问受阻,越发成为普遍现象。这就需要改变思路,寻找新的调查方法,在这种情况下,网络调查研究正凸显出其价值和意义。

互联网调查有两层含义:

第一,指以互联网作为技术手段的调查,其研究目的、研究内容与前面介绍的诸种研究方法在原则上并无大的区别,只不过将研究范围从现实社会转移到虚拟空间,作为面访、邮寄访问、电话访问等手段之外的又一种手段。这样,即时通信工具、电子邮件、网络论坛等都成为可以借助的渠道。例如,许多广播电视节目都把受众调查搬到了互联网上。

第二,互联网使用情况调查。以中国广播网、国际在线(图 10-2)①、中国网络电视台为代表的传统媒体创办的网站也需要对受众网络使用状况进行测量。其研究内容主要包括网站访问量、页面浏览量、浏览时数、到达率、忠诚度、购买率等。

图 10-2

大体而言,网络调查的基本方法包括以下几种方式:

(1) 网站问卷调查。一种方式是将设计好的问卷放在网站某个页面上,吸

---

① http://gb.cri.cn/other/survey/s53.htm。

引网民来做填答。该方式类似于传统调查中将问卷刊登在报刊杂志上。该方法的难点在于如何锁定目标受众,提高调查邀请的成功率及样本的代表性,并防止一人回答多次。另一种方式为弹出式调查,该方法类似于街头拦截调查。由于经常上网的访问者被拦截抽中的可能性要大于偶尔访问者,因此得到不是真正意义上的随机样本。该调查更适合了解网站使用情况调查。

(2)电子邮件调查。类似于传统调查方法中的邮寄问卷调查。该方法将问卷直接发放到被调查者的邮箱当中,引起被访者的注意和兴趣,主动填答并发回问卷。该方法调查面广、成本低、速度快,但如何有效收集目标群体的电子邮箱以及提高问卷回收率是难点。

(3)网上一对一访谈。类似于传统的深层访谈,要么通过电子邮件进行访问,要么利用即时通信软件进行。该方法更多地是关注研究目的的需要而不是样本的代表性,特别是难于征募的有某种经验或特性且愿意接受调查的对象。

(4)网上观察。网上观察调查法将重点放在语言行为上,通过对网络言语(包括语言符号和非语言符号)的观察(隐蔽式观察或公开身份观察)对目标群体进行分析。

除此之外,还有网上焦点小组调查、文献资料分析等多种方法。

网络调查的优点在于方便快速、成本低廉且数据质量相对较高;缺点在于网络世界的虚拟性使得样本代表性的确定成为问题。此外,网络安全性和个人资料的保密也是阻碍目标群体配合调查的重要原因。

第五节 "大数据"与受众研究新动向

1. "大数据"概念及特点

早在 20 世纪 80 年代,有关大数据的构想就已提出,但当时的科技应用并未给其提供充分的支持。在此之后,通信技术与网络技术进一步结合,创新发展出包括物联网、移动互联终端、社交网络等一系列新的应用。各种以电子形式存储的数据,如媒体生产与消费数据、企业经营交易数据、政府部门数据、物联网数据、金融系统数据、个体留存数据等,呈几何级数爆炸式增长。不同行业、领域之间数据的交换与利用进一步加剧了数据构成的复杂度。由此,人类对于数据的计量单位已经从位(bit)、字节(Byte)、千字节(KB)、……升级到了泽字节(ZB),甚至尧字节(YB)。[1]

---

[1] 数据换算关系:1MB = 1024KB;1GB = 1024MB;1TG = 1024GB;1PB = 1024TB;1EB = 1024PB;1ZB = 1024EB;1YB = 1024ZB。

根据国际数据公司(IDC)的监测,预计到 2020 年,全球将拥有 35ZB 的数据量。如果把 35ZB 的数据全部刻录到容量为 9GB 的光盘上,其叠加的高度将达到 233 万千米,相当于在地球与月球之间往返三次。①

中国工程院院士邬贺铨教授曾这样定义大数据:"大数据是指没有办法在容许的时间内用常规软件工具对其内容进行抓取、管理和处理的数据集合。"②

当然,海量并非是大数据的唯一特征。这一新生事物还意味着数据的多样来源、分析者的快速挖掘,以及数据挖掘的社会效用与价值。业界将其归纳为"4V"特征,即 Volume(容量)、Variety(多样)、Velocity(速度)、Value(价值)。大数据中单位数据的价值是比较低的,所以,该技术解决的主要问题在于如何将遍布存在的微小数据迅速聚合起来,从中挖掘出有效信息,提升数据价值;抑或通过对海量的低价值密度的数据进行整合,对事物发展态势及时作出判断。

2. 受众研究的转型

大数据时代人类的行为无时无刻不处于被记录的状态,在服务商面前,个体隐私基本消失殆尽。例如,只要掌握了个体通信记录、银行账户资金流动以及汽车导航数据,再辅之相关数据支持,就可以轻易获取事主的行为轨迹。群体数据的获取、挖掘与分析,亦同此理。于是,受众任何无意识的的媒介生产(如新闻爆料、百度问答、电商买家评价等)与消费行为最终都以大量数据的方式呈现。

数据的海量迅速增长,非结构化的表现形式,再加上全球一体化进程中世界各组成部分间联系与影响的多样与复杂,如若非要等到摸清事物运作规律再来应对当下发生的种种,非得等到完满解释了受众媒介使用行为再来解决问题,决策者势必错过许多良机。

新环境下,传统的从复杂变量间的"相关"找出背后的"因果",进而对现象进行解释、对事态进行预测的研究方法已经很难跟上时代节拍。根据已经掌握的部分迹象迅速对事态发展作出预测与回应,即从因果分析走向相关分析,就成为大数据时代的核心精神。

实际上这种思维方式并不新鲜:几千年来,中国农民累积了大量农谚,包括农作物栽培、畜牧养殖、经营管理、自然灾害等,它们对保证农业生产起到了很好的指导作用。"麻雀囤食要落雪,蚂蚁垒窝要落雨,鱼跳水有雨来,燕子低飞要落雨……"我们的祖先无需知道背后科学原理,却依然能够通过动物行为与天气变化之间的相关性成功应对自然与社会的挑战。

营销界早已通过分析数据相关性来洞察消费者行为规律了,例如"啤酒与

---

① 孟薇薇. 信息爆炸时代的新概念——大数据. 商品与质量. 2012(2):9.
② 邬贺铨. 大数据时代的机遇与挑战. http://www.dfdaily.com/html/8762/2012/12/18/912733.shtml.

尿布"的故事;20 世纪 90 年代,美国沃尔玛超市的管理人员在分析销售数据时发现了一个令人费解的现象:"啤酒"与"尿布"两件看上去毫无关系的商品会经常出现在同一个购物篮中。调查发现,这种现象多出现在年轻的父亲身上,因为在美国家庭中,一般是母亲照看婴儿,父亲去超市买尿布,同时,往往顺便为自己购买啤酒。研究还发现,如果该类顾客在超市只能买到两件商品之一,那么他很有可能会放弃购物而到另一家商店,直到可以一次同时买到啤酒与尿布为止。于是,沃尔玛管理者开始在卖场尝试将啤酒与尿布摆放在相同的区域,让年轻的父亲同时找到这两件商品,快速完成消费,最终带动了该类商品销量的大幅提升。

由此,大数据的功能显而易见:①前所未有地贴近受众,搜集大量第一手数据;②跳出抽样调查的局限性,实现全数据调查,提高调查的准确性;③从因果关系的束缚中超脱出来,通过快捷的相关性分析发现受众隐性需求,决策未来,提高效率;④原始数据方便易得,降低调研成本,提高竞争力。

所以,大数据不是某个新生行业,它是当今每一个不想被时代淘汰的行业、产业和企业都必须善加利用的技术和应用。

第六节 广播电视受众调查案例分析

1. 文献研究法

1997 年,复旦大学硕士研究生廖圣清在《新闻大学》夏季刊上发表了题为《中国受众与新闻媒介——从 15 年来受众调查看获取新闻主渠道和对传媒总体评价的变迁》①的文章。该文对"中国受众通过大众传媒获取新闻的主渠道和对传媒总体评价的变迁作一番考察,力求比较准确、客观地勾勒出受众的真实面貌,为新闻工作在市场经济下的高效运转提供参考"。

其采纳文献包括:《中国新闻年鉴》(1983—1995)、《中国广播电视年鉴》(1986—1992)、《中国广播效果透视》《中国报业结构总量效益调查》《中国人口年鉴》(1985—1992)、《中国人口统计年鉴》1955 等。

该文成为利用已有受众调查资料及相关信息,进行重新梳理与整合,从而挖掘出背后机理与规律的范本:

数据分析显示,从 1982—1996 年的 15 年间,我国受众获取新闻的主要渠道经历了三次大的变化:从 20 世纪 80 年代初的"广播→报纸→电视",到 80 年代中后期的"电视→广播→报纸",再到 90 年代以来的"电视→报纸→广播"。而

---

① 廖圣清.中国受众与新闻媒介——从 15 年来受众调查看获取新闻主渠道和对传媒总体评价的变迁.新闻大学,1997,2:18-25。

从综合影响力竞争的角度看,我国受众接受传媒新闻的模式为"报纸→电视→广播"。研究表明:"在激烈的竞争中,报纸新闻有长足进步。如加强深度报道,增大信息量等;电视新闻尚有许多不足之处。如信息量较小、会议新闻过多等。"

在对受众喜爱的主要新闻题材的研究中,文章分别对国际新闻、国内政治新闻、地方新闻、社会新闻等进行了分析。

例如,15 年来的数据显示,该部受众已经从 20 世纪 80 年代集中在文化程度较高的知识分子和城镇居民,转而到 90 年代延伸、扩大至很多农村受众。这从一个侧面反映了中国社会开放程度的增加,以及全球一体化进程对中国社会影响的逐层深入,导致受众信息需求面的扩大。

廖圣清的这一研究对于 20 世纪 90 年代末从中央到地方不同媒体找准自己的受众定位,摸清受众信息需求总体倾向有着较高的参考价值。其研究表明,把已有的孤立的调查数据以某种方式联系起来,进行二次加工,就能够获得新的启示。

2. 个案研究法/民族志调查

约翰逊博士的博士学位论文《电视与乡村社会变迁:对印度两村庄的民族志调查》①是近年来定性分析研究的典范。该研究是基于深度访谈和参与式观察法的民族志研究。通常以个案研究方式呈现的民族志又称人种志,它是"人类学的一种田野调查方法,研究者由此深入某个特殊群体的文化之中,'从其内部'提供有关意义与行为的解说。这种方法强调,研究者若使被研究的共同体或群体得到理解,就得打通文化距离。人种志学者广泛搜集材料以描绘一个社会群体的面貌,在'一段相当长的时期内介入人民的日常生活,观察情况,倾听一切,询问问题(Hamersley and Atkinson,1983)'"。②

约翰逊博士的调查主要在印度萨西亚德里山脉(Saharian)中一个名叫达瑙里(Danawli)的村庄进行。同时,他还选择了另外一个村庄进行对比观察。研究设计中,作者提出以下问题:电视在印度乡村的社会变迁中扮演了什么角色?它对性别、种姓和家族关系有什么影响?村民的追求、期望和所关心的事是什么?电视对这些有什么影响?村民们认为电视在地区社会和经济发展中扮演什么角色?……

在研究电视对村民生活影响时,约翰逊首先描述了一户典型家庭中成员在

---

① [美]约翰逊. 电视与乡村社会变迁:对印度两村庄的民族志调查. 展明辉、张金玺,译. 北京:中国人民大学出版社,2005。

② [美]约翰·菲斯克,等. 关键概念:传播与文化研究词典. 李彬,译. 北京:新华出版社,2003:98。

电视出现前的日常活动;然后选择了 5 户电视机家庭,通过一周时间的观察,描述电视机与家庭活动的关系;除此之外,他还从没有电视机的家庭中选择了 50 个男人、50 个女人和 50 个孩子做深度访谈。其中一些访谈对象会在村子其他有电视的家庭中收看电视节目,这就导致了新关系的产生或现有关系的加强。

例如,在谈到电视对家庭人际关系带来的变化时,作者这样描述:

"电视的出现为年轻人在可控环境下互相结识、共度时光提供了良机。在班杰加尼长大的我对'约会'很不熟悉。那里没有这种事情。如果你被别人看见和女孩子说话,你们俩就会被别人叫做'一对儿',人们拿你们开玩笑,于是,你再也不会去和女孩子说话了。在乡村,这种情况甚至更严重。年前男子和女子在任何环境下都互不接触。然而,电视的出现提供了一个可以让青年人在老人们的监督下交流的场所,无论是成年人还是十几岁的少年似乎都很喜欢这种形式。在看电视的时候,我多次注意到互不认识的男人和女人相互对视,微笑或者大笑;男人甚至可以轻拍女人的肩头,对电视里某一个画面或人物加以评论。如果没有电视,这些举动会被视为异常,不合规矩。另外,工作中的性别分工开始消减。按照传统,准备睡觉的毯子和被褥是女人们干的活。我却经常看到,在等待看电影或电视剧的时候,男人们帮着女人做完饭后的清洗工作,或帮忙在屋里铺放枕头毯子……"。

统观全书,作者的研究囊括了各类社会过程,包括消费主义、城市建模、人际关系重构、话语霸权、民工和信息穷人的出现等。尽管对这一过程,褒奖者有之,批判者亦有之。但作者认为农村受众在媒介使用中是活跃而积极的参与者,这对乡村乃至更高水平的"发展"具有影响:

(1) 农村受众使用电视首要功能是获得娱乐快感,其次才是信息接收。与此相伴的则是消费主义大行其道。

(2) 尽管种姓与等级观念依然坚实牢固,但平权观念下的阶层关系及两性关系正在发生改观。

(3) 电视所传递的民主与法制观念使得印度乡村传统精英权威地位受到威胁,政治意识开始萌发,传统权力发生转移。

3. 问卷调查法

《北京青年女性视野里的电视娱乐节目调查》①

1) 研究目的

长期的电视收视调查显示,电视女性受众多于男性。但女性受众是一个什么样的群体? 其收视特征、收视行为与男性受众有何不同? 他们有着怎样的细分群落、观看模式、女性意识、收视心理和审美情趣? 为呼应北京地区电视台频

---

① 张同道. 电视看客:调查中国电视受众. 合肥:安徽教育出版社,2003:256 - 299。

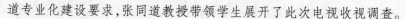

道专业化建设要求,张同道教授带领学生展开了此次电视收视调查。

2）研究对象

15～39 岁北京青年女性。

3）样本选取

调查集中在北京市主要街道、主要商业区、主要娱乐场所等公共场所及学校等地。通过随机抽样的方式,共发放问卷1156份,回收有效问卷1010份。受访者的基本情况见表10-2。

表 10-2　受访者基本情况

年龄	15～19 岁	20～24 岁	25～29 岁	30～34 岁	35～39 岁	合计	
	280	408	166	81	75	1010	
职业	在校学生	三资企业私企职员	国企职员	公务员	文教卫工作者	自由职业者	无职业者
	490	144	105	38	110	104	19
婚姻状况			已婚	未婚有男友	未婚无男友	单身或此倾向者	
			228	331	398	53	
教育情况	小学及以下	初中	高中	职高及中专技校	大学本专科	硕士及以上	
	3	41	128	192	588	88	
收入	500 元以下	500～1000 元	1000～2000 元	2000～3000 元	3000～5000 元	5000 以上	无正式收入
	86	174	213	80	28	14	415
收视环境	学校宿舍	单位宿舍	家庭,与父母同住	家庭,不与父母同住	其他		
	315	112	325	172	78		

4）分析内容及方法

（1）收视行为及动机调查。电视遥控器的掌控权研究,电视娱乐节目的伴随性研究,电视娱乐节目的收视动机研究。

例如,您家(或宿舍)里的遥控器经常掌握在_____。

A. 自己手里　　B. 女性朋友　　C. 男性朋友　　　D. 丈夫　　E. 孩子

F. 父母

（2）电视娱乐节目构成元素调查。包括女主持人印象(总体印象、衣着打扮、最喜欢的女主持人、最喜欢的影视剧作品中的女性形象),男主持人印象,娱乐节目中的性玩笑,娱乐节目的参与意愿及评价,电视征婚的印象看法与参与意愿,电视娱乐节目的影响(影响范围、对亲密关系、对日常消费等),电视娱乐节目的改进建议,新增女性娱乐栏目的建议意见。

例如,假设您和男友(丈夫)一起看电视娱乐节目时,您会(复选)_____。

A. 觉得跟一个人看没什么区别

B. 喜欢看更温情的节目,营造气氛

C. 电视节目成为两人交谈话题

D. 兴趣被爱人吸引,注意力不在电视上

E. 根据对方兴趣选择节目

F. 不管对方,根据自己喜好

5) 研究结论

研究对象可细分为不同的群落:

(1) 追求时尚、我心狂野的少女族。她们专心致志看电视,她们追逐时尚,着装风格、举止行为易于受电视影响,她们喜爱哭闹无常、"疯疯癫癫"的小燕子赵薇,时尚主持人李湘、何炅和亚宁,愿意参与电视节目并且为奖品而努力。

(2) 讲究品位、特立独行的独身族。她们具有一定的理性色彩,她们个性凸现、风格独具,教育程度与收入较高,文化品位与时尚获得一种内在融合,喜爱名牌,对流行文化有分析,并不一味附和,但往往张扬一种规范之外的风格。她们喜欢柯蓝、吴宗宪、SOS 姐妹和《将爱情进行到底》中的文慧,用北京人的话说"很洋气"。

(3) 脚踏实地、理性实际的婚姻族。既要为丈夫也要为孩子考虑,所以,与前两者相比,她们掌提遥控器的比例明显减少。她们专心看电视的机会越来越少,一边做事一边看电视是可能的最佳选择。她们喜欢的主持人是倪萍、赵忠祥、程前、刘孜这些四平八稳的老面孔,欣赏的电视剧人物是《贫嘴张大民的幸福生活》里的刘云芳——中国传统女性美德的化身:没有自我、只有他人、爱就是牺牲、新生代的女雷锋。

青年女性观众的"女性意识":

遥控器在现代家庭中被赋予权力象征。调查显示,随着年龄递增,女性意识减弱;随着收入和学历提高,女性意识增强;从单身向已婚过渡,女性意识减弱。这形成了弱势女性群体(低学历、低收入、已婚、大龄女青年)和强势女性群体(高学历、高收入、单身倾向、在校学生)对电视媒介所塑造的女性角色的不同选择与判断。

不能忽略大众媒介对女性的影响。电视媒介的女性意识淡薄,塑造一系列模式化的女性形象(在男性的视点下),温柔、美丽、软弱是她们的共性,在职业中经常扮演配角。同样,对女性参与者也存在性别歧视。大多数的女性观众在沉默中接受了关于性别角色的错误观点。在强调媒介多种社会职责时,媒介更应该建立平等的性别视点,为女性塑造正确的模仿对象。重建女性意识,电视媒体责无旁贷。

4. 焦点小组法

作为 20 世纪 90 年代最为经典的科幻电影之一,《终结者 2:审判日》在其每一部分的制作中都精益求精。其结尾的设计更是体现了对电影票房市场的充分了解和尊重。

该片的情节设计并不复杂:1997 年 7 月 3 日,全球高级计算机控制系统"天网"全面失控,大批机器人通过核弹杀死了几十亿人,幸存者在一个叫约翰·康纳的领导奋起反抗。为挽回败局,"天网"派出了机器人杀手 T-1000 回到 1997 年去杀死 13 岁的约翰·康纳及母亲康纳·莎拉,约翰·康纳得知后亦派出机器人 T-800 保护自己和母亲。经过殊死搏斗,T-1000 及天网资料被彻底销毁。为最终毁灭芯片,T-800 自沉钢水之中。

拍摄结束时,影片准备了三个结局:

(1) 时光流逝,核战争并未爆发。莎拉老了,约翰也成年了,并有了一个孩子。他们坐在莎拉梦到遭到核攻击的那片草地上,与孩子们嬉戏,享受着太平生活。约翰·康纳成年后并没有成为反抗军领袖,而是在参议院工作。

(2) 黑暗笼罩之中,镜头沿着一条有黄色条纹的大道快速前行,灯光仅能照到脚下的路。这时出现康纳·莎拉的旁白:

"The unknown future rolls toward us. I face it for the first time with a sense of hope, because if a machine, a Terminator, can learn the value of human life, maybe we can, too."

"未知的未来在我们面前驶过,我第一次怀着希望去面对它。因为如果一架机器,一个终结者,能够了解人类自身的价值,也许我们也可以……"

(3) 尽管莎拉等人尽了力,但天网还是失去控制并发动了核战,世界陷入死亡的火海之中。

制作完这三个结局后,导演詹姆斯·卡梅隆便是运用焦点小组座谈的方法随机抽取电影观众,在观看完影片后,就三个结局征询意见,进行讨论。结果,大家一致选择了第二个结局,理由:第一个太平凡,色调与影片整体色调不符;第三个太直白,没有韵味;第二个给人沉思和想象空间,效果最好。几经斟酌,詹姆斯·卡梅隆最终将第二个结局定为《终结者 2:审判日》的正式结局。而市场反响与焦点小组的看法如出一辙。

思考题

1. 什么叫定性研究?什么叫定量分析?二者是绝然对立的吗?为什么?

2. 受众调查的基本流程都有哪些?

3. 请简述广播电视受众调查已有文献来源渠道。

4. 为什么小组座谈人数最好控制在 6~12 人?其背后机理何在?

5. 请简述抽样调查的基本思想和取样原则。

6. 互联网的蓬勃发展给传统受众调查带来了怎样的冲击？

推荐阅读书目

［1］［美］艾尔·巴比. 社会研究方法 10. 邱泽奇, 译. 北京: 华夏出版社, 2005.

［2］［美］大卫·E·莫里森. 寻找方法——焦点小组和大众传播研究的发展. 柯惠新, 王宁, 译. 北京: 新华出版社, 2004.

［3］柯惠新, 等. 媒介与奥运: 一个传播效果的实证研究 (北京奥运篇). 北京: 中国传媒大学出版社, 2010.

［4］风笑天. 社会学研究方法. 北京: 中国人民大学出版社, 2005.

［5］陈阳. 大众传播学研究方法导论. 北京: 中国人民大学出版社, 2007.

［6］［美］约翰逊. 电视与乡村社会变迁: 对印度两村庄的民族志调查. 展明辉, 张金玺, 译. 北京: 中国人民大学出版社, 2005.

第十一章 广播电视数字化与新媒介融合

广播电视是 20 世纪最伟大的发明之一,也是当今重要的大众传播媒介。随着时代的发展,我们已经迈入了网络传播的时代,传统的广播电视遭遇到了新媒体根本性的挑战,与此同时,传统媒体的地位和价值也受到了质疑。而今,在网络环境下,受众有了更多选择的自由,实时性、互动性强的网络媒体受到了越来越多受众的青睐,他们习惯以互动的方式在网上观看节目、听广播及实时传播信息。本章从宏观与微观的视角,分别从广播电视数字化变革的发展状况、数字广播电视的特点与类别、网络电视节目制作与传播、广播电视与新媒介融合策略与广播电视与新媒介融合案例分析五个方面,勾勒出广播电视数字化与新媒介融合的脉络。

在人类信息的传播发展史上,经历过五次革命:语言、文字、印刷、电子以及网络。每一次信息传播的革新,都颠覆了世界的面貌。历史启示我们:广播电视传统媒体也应与时俱进,加强与新媒体资源的联系,探索其与网络新媒体充分融合的方式,让广播电视永葆魅力,也更加贴近受众的日常生活和行为习惯,为信息的互动交流提供更加有效的传播方式。

第一节 广播电视数字化变革

广播电视作为一种电子传播媒介,是通过无线电波或通过导线向广大地区播送音响、图像节目的传播媒介,统称为广播。只播送声音的,称为声音广播;播送图像和声音的,称为电视广播。狭义上讲,广播是利用无线电波和导线,只用声音传播内容的。广义上讲,广播包括我们平常认为的单有声音的广播及声音与图像并存的电视。

20 世纪 90 年代,广播电视数字化的风潮开始席卷全球。近年来,我国广播电视面临全面数字化的变革。广播电视的数字化就是在节目制作、传输、接受三个重要环节用数字字节信号取代模拟信号在这三个环节的流动。这一简单的技术革新带来了深刻的产业变化。数字化带来的主要变化:

(1)播出内容的广播向窄播的转变。以前的播出内容向越广泛、越大众的群体播出。到了数字化之后,我们将从过去的只播综合频道发展到全方位、多角度地向一些个体、群体提供多样化、专业化、个性化的服务和节目。例如,电视上有多样化的电视节目、广播节目,以及大量的付费节目,还能提供节目指南,指导大家在这么多的节目中选择自己喜欢的节目。所以,播出内容走向了既有广播又有窄播的立体方向发展。

(2)节目形态的转变。数字化后,不光提供频道,还提供方向的转变。例如,在有线电视网里面,除了按电视频道提供节目之外,还提供各种交互点播的节目,这样观众从被动收看变成了主动收看,观众可以按照自己的需求进行点播看节目。

(3)服务方式的转变。数字化使广播电视变成了一个多媒体服务平台。通过这个平台除了收看广播电视节目之外,还可以搭建一个城市现代服务业的信息服务平台。数字化可以提供节目、提供信息、提供各种游戏、娱乐、各种商业服务。

(4)接受方式的变化。过去传统的广播电视就是固定的接受,坐在客厅的沙发上看电视。数字化之后,观众可以拿着移动终端一边走一边看。这拓展了广播电视的地理范围。

(5)盈利模式的转变。过去大众传媒主要以广告为收入来源,近年来,广播电视广告的收入总体上是呈下降趋势。数字化后,不仅可以依靠广告,还可以对用户收取收视费,使盈利模式从单一走向多元。

此外,与传统模拟电视相比,数字电视拥有多项优势,如画质和音质更高,信号接收效果更好,能够为用户提供信息服务等。

无论是国内还是国外,广播电视数字化已经成为不可逆转的潮流和趋势。它被认为是广播电视有史以来最深刻的革命。它的全面实现不仅是广播电视在传播手段和节目质量方面的重大突破,更重要的是这一突破影响的范围将扩充到传媒产业领域商品形态的改变,某种程度上,这种改变意味着对从业者的重新定位。

1. 世界广播电视数字化的发展概况

从 20 世纪 80 年代末开始,美国、日本和一些欧洲国家竞相研究数字电视技术。随着数字电子技术的成熟,数字广播电视进入实用阶段。当前国际上数字电视的发展非常快,而且推动和普及的速度也大大提高。

美国国会于 2005 年末通过一项法案,正式批准将美国模拟电视信号转变为数字信号。美国市场上销售的电视机从最初配备模拟和数字双调谐器,逐步变为全面数字化。从 2007 年 3 月开始,美国商家售出的电视机中就已经没有模拟信号电视机的踪影了。美国也开始限制模拟信号电视机的进口。美国政府在 2009 年全面停播模拟电视信号,迎来了数字化电视时代。

在欧洲的计划表中,到 2008 年,法国、德国、意大利、西班牙的国家数字电视用户超过50%。2005年,法国在14个免费频道开播了数字电视节目,初期覆盖面达到了35%以上。法国视听委员会的计划,2006年扩大至65%的家庭享受数字电视节目,2007年覆盖85%的家庭。在2011年,法国完成了数字电视的转换;此外,芬兰在2007年全国停播所有模拟电视节目而改播数字电视节目,全面进入数字电视时代;目前,欧盟国家模拟电视已经全面停播,更新换代为数字电视。

此外,欧盟的演讲嘉宾Peter Seibert在全球未来广播电视高峰论坛FOBTV 2011中谈到,欧洲地面数字电视(DTT)目前是且将来也是广大受众获得娱乐和信息的重要相关平台。为了吸引更多未来的用户,DTT不得不推出更加高级的业务,包括高清和三维电视节目等。美国的演讲嘉宾Jim Kutzner在报告《北美广播系统的研究开发及最新进展》中说到,自2009年6月12日起,全美所有地面电视信号都转为数字信号。作为该项目进程的一部分,部分重要的广播频谱也因数字电视转换而被重新分配。日本的演讲嘉宾Takayuki Ito在《广播数字媒体的经济与社会角色—亚洲视角》中从两方面讨论数字时代广播的角色。一个是在日本东部地区大地震等灾害面前广播所起的作用。类似灾害在任何国家、任何地点都有可能发生。为及时向受灾国传递信息,广播商应拓宽业务面,覆盖全国。同时,应向所有民众提供服务。第二个谈到的是广播在迅速老年化社会中起的作用。强调广播应该为这样的老年社会研发新功能。①

西方主要的工业化国家广播电视数字化的进程已见成效,并处于高速发展期。目前,世界数字电视的发展已经从技术试验、政府推动进入了市场运营、商业服务的新阶段。随着技术的发展,除了传统无线、卫星、有线广播电视的数字化外,还出现了网络电视、IP电视、手机电视、平板电视、卫星移动电视等新形态,这些将成为广播电视发展的重要推动力量。

2. 我国广播电视数字化的发展概况

巨大的变化,将改变人的生活。② 世界广播电视也是如此。它已经进入了数字化时代。各国政府十分重视广播电视从模拟向数字的转换,并制定了一系列政策和措施推进数字化进程。美国已经在2009年全面关闭模拟电视;2007年,芬兰全面进入了数字化电视时代;2011年,日本关闭了模拟电视。

广播电视传输覆盖有有线、无线和卫星三种技术手段,由于我国幅员辽阔,地形复杂,需要靠多种技术手段混合覆盖。目前,在城市主要是有线方式,在广大农村地区主要靠无线方式覆盖。2003年广电总局就制定了数字化发展战略,

① http://www.nercdtv.org/fobtv2011/cn/patronsupport.aspx。
② Fengshu Liu. Urban Youth in China: Modernity, the Internet and the Self. New York: Routledge, 2010:1。

考虑到数字技术的发展和我国的实际,广播电视数字化从有线电视切入,再逐步推进全面电视数字化。具体来说,推进广播电视数字化,实行"三步走"战略:第一步是 2003 年有线数字电视全面启动,2004 年有线数字电视全面推开;第二步是在 2005 年底我国发射直播卫星后,开展卫星直播电视业务,同时在我国地面数字电视标准确定后,开始试播地面数字电视;第三步是 2008 年利用北京奥运会的有利时机推广地面数字电视,开展数字高清晰度电视业务,到 2015 年停止模拟广播电视的播出。根据我国各地发展不平衡的状况,我国政府制定了有线电视数字化过渡时间表,按照东部、中部、西部三个区域,分 2005 年、2008 年、2010 年、2015 年四个阶段,从直辖市、省会市和计划单列市到地级市和县分层次逐步推进,最终实现有线电视数字化。①

目前,我国广播电视数字化取得了阶段性的成果。2010 年,国务院办公厅关于印发第一批三网融合试点地区(城市)名单的通知,包括北京市、辽宁省大连市、黑龙江省哈尔滨市、上海市、江苏省南京市等 12 个城市。据国家广播电影电视总局网报道,截至 2011 年 11 月底,四川绵阳城区已全面完成全网数字化,网内传送数字节目 100 余套、高清节目 12 套;数字电视用户 23 万余户,其中付费用户 17 万余户,高清用户 1.1 万户,平均消费 22.4 元/户月;2011 年,江苏省广电系统按照国家和江苏省确定的三网融合试点工作目标,取得了阶段性成效。一是江苏省广电网络公司建成双核心、双归属结构的 IP/MPLS(网络互联协议/多协议标签交换)城域网和主、备传输中心,完成了南京主城区 85 万用户的宽带综合信息网双向化改造;二是江苏广电总台建成省级 IPTV(交互式网络电视)内容集成播控平台;三是江苏省广播电视监测台制定三网融合试点信息网络视听节目监管平台建设方案,目前正在加快推进 IPTV 和手机电视监管平台建设;四是江苏有线整合电视、广播、报刊、互联网四大媒体,自主研发出第三代数字电视云媒体电视;五是全省广电积极规范 IPTV 市场管理。② 第一批三网融合试点地区(城市)已经取得了显著成效。数字电视带来了丰富多彩的文化娱乐和信息服务,得到了各级地方政府、社会各界和广大人民群众的普遍欢迎。

通过广播方式,利用数字广播电视技术、通过地面或卫星广播电视覆盖网,向手机、PDA、MP3、MP4、数码相机、平板电脑以及在车船上的小型接收终端点对面提供广播电视节目,称为"移动多媒体广播"。下一代广播电视网(NGB)是以有线电视网数字化整体转换和移动多媒体广播电视(CMMB)的成果为基础,以自主创新的"高性能宽带信息网"核心技术为支撑,适合我国国情的、"三网融

---

① http://www.sarft.gov.cn/国家广播电视电影总局。
② 同上。

合"的、有线无线相结合的、全程全网的下一代广播电视网络。① 2011 年,上海 500 万户 NGB 项目列入智慧城市建设计划。上海计划在未来三年内完成 500 万户 NGB 建设,家庭平均接入宽带达到 30MB/s 以上,基本建成真正意义的宽带城市。同时,上海正加紧组织研究智慧城市建设与"基本建成公共文化服务体系"和"推动文化产业成为国民经济支柱性产业"的内在联系,带动文化信息、文化创意、文化旅游、特别是新媒体等现代文化服务产业发展。《数字电视演进技术与系统展望》的演讲嘉宾张文军提出了面向中国广播实际需求的下一代地面数字电视系统涵盖"可管可控、关联内容、无处不在、浸润式体验、社交应用及智能终端"特点在内的"导航电视 CRUISE TV"系统构架,并重点介绍了相应关键技术。

广播、电视、网络等电子媒体的出现,促使人们关注媒介形态的变化。随着人们接收信息的需求变化,便携终端看广播电视已成为发展趋势。而且,由于移动多媒体广播电视具有传输带宽大、图像质量高、覆盖面广、经济实用、接收终端广泛等优势,已经成为国际上的发展潮流。它们具有双向互动、点对点的特点,主要满足个性化的高端需求。数字电视的出现不仅意味着电视传播技术的变革,更是电视传媒业在内容生产、经营模式和消费方式上的变革。正如传播学者麦克卢汉的论断"媒介即信息"。从人类漫长的传播史这一宏观角度来看,真正有意义、有价值、能沉淀下来的信息,不是各个时代具体的传播内容,而是那个时代所使用的传播工具的性质、它所开创的可能性以及带来的社会变革。

第二节　数字广播电视的特点与类别

根据著名学者尼葛洛庞帝的观点,我们已经进入后信息时代。后信息时代是受众向媒介主动订购信息的时代,信息变得极端个人化,大众传播的受众往往只是单独的个人。数字广播电视具备了鲜明的特点与多种划分类别的方式。

1. 数字广播电视的特点

20 世纪 90 年代,广播电视数字化的风潮开始席卷全球。与现行的模拟电视相比,数字电视有以下特点。

1) 频道更丰富,选择更自由

利用数字压缩技术,提高频率资源的利用率。现有的一个模拟电视频道,可以用来传送 8～10 路标准清晰度的数字电视节目或一路高清晰度数字电视节目。通过对有线电视网络的改造,将模拟信号改为数字信号进行传输,原来传一

---

① http://www.sarft.gov.cn/下一代广播电视网(NGB)工作组工作章程(Bylaws of NGB Working Group)。

套模拟频道的空间现在可以传输6~8套数字电视节目。有线电视节目更加丰富多彩,选择的空间更大。如中央电视台新闻频道、中国教育电视台一套、江苏卫视、精英卡通、经典回顾、东方财经、足球风云、高尔夫网球、孕育指南等频道。

2)图像更清晰,迎接真高清

提高电视图像及声音的传输和接收质量。数字电视信号质量高、抗干扰能力强,声像保真度得到大幅度提高。原有的模拟电视受传输技术的限制,在图像上有时会出现雪花、条纹等干扰元素,而数字电视从节目获取、存储、传输到接收,整个过程都采用了全数字化技术,图像质量显著提高。同样得益于全数字化技术,数字电视可以传送4路以上的环绕立体声,可获得高保真伴音效果。形象地说,以后电视节目看起来有高清的视效、听起来有立体CD的音效,让人身临其境,感受震憾的家庭影院视听。通过机顶盒,用户就可以在家里享受真正高清带来的视听享受。

3)节目可互动,随心来点播

数字电视广播改变了观众收看节目的形式,由被动收看转变为交互方式。数字电视可实现即时、双向、互动传播,可以使电视由一对多的"广播"变为一对一的"窄播",用户可以自行点播节目和信息,并具有停止、倒卷、重放、快进功能。电视频道的增加可以使节目更加个性化,付费频道的开办也已成为可能。通过交互型机顶盒,用户可以直接点播电影、电视剧、专栏、热门音乐、精彩赛事等各类节目。如果错过了今晚的《新闻联播》《体育新闻》,可以进入数字电视《新闻》随时点播,还能快进快退;而且,通过交互型机顶盒,进入《家庭电影院》和《强档电视剧》,就像拥有影像店、租片店,各种好莱坞大片、奥斯卡经典、韩剧、港台剧、内地剧尽在掌握,尽情享受。

4)更多新应用,电视更多彩

数字广播技术除了能够提供广播电视和声音节目以外,还可以提供其他形式的数据广播。技术上的优势带来了经济上的好处。节目数量的增加、针对性的提高和丰富的互动服务,都能带动社会信息交流和经济发展,并为电子商务带来巨大的机遇。机顶盒就像一台专用的计算机,电视机就变成了显示器,在家里就可以浏览国内外的新闻资讯,了解当地的天气、交通、停电停水公告,了解政府办事指南,了解当地的美食、旅游、汽车、健康、教育资讯。让你足不出户万事通。如果想听广播,将音响系统接入机顶盒,在看大片的时候打开音响系统,可以获得更好的声音质量。电子节目指南(EPG)就像一张罗列清晰的"节目菜单",电子节目指南提供反复的节目预告信息、方便灵活的检索引擎,通过它可以方便地浏览、查询和预定节目。

2. 数字广播电视的类别

数字电视按不同的分类方式,可分为以下几种类别。

（1）按信号传输方式，可以分为地面无线传输（地面数字电视）、卫星传输（卫星数字电视）、有线传输（有线数字电视）三类。

（2）按产品类型，可以分为数字电视显示器、数字电视机顶盒、一体化数字电视接收机。

（3）按清晰度，可以分为低清晰度数字电视（图像水平清晰度大于 250 线）、标准清晰度数字电视（图像水平清晰度大于 500 线）、高清晰度数字电视（图像水平清晰度大于 800 线，即 HDTV）。VCD 的图像格式属于低清晰度数字电视（LDTV）水平，DVD 的图像格式属于标准清晰度数字电视（SDTV）水平。

（4）按显示屏幕幅型，可以分为 4:3 幅型比和 16:9 幅型比两种类型。

（5）按扫描线数（显示格式），可以分为 HDTV 扫描线数（大于 1000 线）和 SDTV 扫描线数（600 ~ 800 线）等。

第三节　网络电视节目制作与传播

随着数字技术在全球范围内的广泛应用，互联网正以一种不可阻挡的势头迅猛发展着，因其快捷迅速、实时传输、覆盖面广等特点，成为继报纸、广播、电视之后的第四大媒体。由于网络媒体几乎涵盖了前几种媒体的各种属性，它以一种前所未有的优势后来居上，对传统媒体发起挑战。在网络媒介对传统媒介构成巨大冲击的同时，传统媒介所具有的自身特点和优势，却不可能被互联网完全包容和取代。基于这种前提，不同媒介之间的交流和融合已经成为一个不可逆转的趋势，网络电视正是在这样一个大的背景下产生新的媒介传播形式。网络电视是网络媒介与电视媒介相互融合的产物，通过互联网传输声音和图像，具有便捷、个性和互动的传播优势，在我国媒介市场中占据无可争议的重要地位。

当今，网络电视的价值已经超过了电视直播。2012 年 5 月 2 日，Broadband TV News Chris – Dziadul 报道，根据 IMS Reserch 新的研究报告称，2016 年，互联网电视机将占电视机总出货量的的将近 70%。2011 年，互联网电视出货量的比例达到了 25%，"互联网电视性能已成为高端电视机的标配，并迅速扩展到中档电视机。该报道还指出专有操作系统在 5 年内仍然将是制造商使用的主要方式，尽管 Android OS 会有所增长并到 2014 年会达到一定的市场份额。报告还预计，到 2016 年，80% 的互联网电视机会内置 WIFI，而且将近 30% 会具备像移动、手势和语音控制等先进功能。

1. 网络电视的概述

1）网络电视的定义

网络电视（Interactive Personality TV，IPTV），中文名称是互联网协议电视，也

称交互式网络电视,它是近年出现的一种新型视频节目传输形态。IPTV利用互联网作为传输网络,以互动的方式向用户提供电影、电视、动漫等多种类型的视频节目。网络电视的接受终端目前主要有三种,一是计算机;二是视频手机;三是加装了IP机顶盒的电视机。上海文广和上海电信合作推出的IPTV就是网络电视的一种,采用的是"宽带互联网"+"机顶盒"+"电视机"的方式。

与传统电视相比,网络电视的优势主要体现在互动性、个性化与跨地域传播等几个方面。网络电视继承了互联网的传播特点,具有与生俱来的互动传播特性。用户计算机在接受网络电视节目的同时,也在适时地向网络电视平台反馈用户的信息。用户可以一边在互联网上欣赏电视节目,一边与其他的网民聊天、讨论问题。当然,也可以直接与媒体交流与互动。网络电视能为用户提供个性化的服务。用户可以根据自己的时间安排来点播节目,只要是节目库中有的,都可以随时观看。此外,网络电视不再像传统电视一样受到地域的限制,任何一个网络电视平台上的节目,都可以轻松地传播到全国乃至全世界。利用DV、摄像头、话筒、音像等设备,用户还可以将自己的计算机变成一个电视台,直接向外界播出自己的节目。虽然目前网络电视的发展态势非常好,但也存在一些问题,如网络电视节目内容的缺乏、技术发展的限制已成为影响受众收视、阻碍传播与自身发展的重要原因。

2)网络电视节目的分类

网络电视的内容与形式通过利用宽带网络,集互联网、多媒体、通信等技术于一体。作为提供电视内容服务的互联网新应用,网络电视已被业界公认得到快速、迅猛的发展。由于在网络电视发展的初期,以上各种节目形态的分类没有一个明确的标准,可以按受众接收方式、终端、媒介传播分类。

(1)按受众接收方式划分,可分为:①下载视频、受众自行下载视频内容,把视频内容下载存储到本地硬盘后观看;②在线点播,即在宽带环境下受众使用解码器在线播放视频节目内容;③循环滚动收视,即受众在规定的时间通过固定的节目频道循环收看既定的一组视频节目,包括电影、电视剧、体育娱乐视频等;④直播收视,由于直播是对节目内容进行实时采集压缩传输,借助网络实现对节目内容的同步播放,因此直播收视要求受众在某个时段收看固定的节目,节目内容一般为重大赛事和娱乐节目等;⑤视频搜索,受众通过视频搜索引擎精准寻找目标内容,并通过关键帧进行筛选。

(2)按根据终端分为三种形式:个人计算机平台;电视(机顶盒)平台;手机、平板电脑等移动网络平台。采用计算机收看,只需要接入互联网并安装相应的播放软件即可,通过个人计算机收看网络电视是当前网络电视收视的主要方式。而且基于个人计算机平台的系统解决方案和产品已经比较成熟,并逐步形成了部分产业标准,各厂商的产品和解决方案有较好的互通性和代替性。由于计算机及互联网络的普及,以及通过计算机收视的简易可操作性,所以通过个人计算机收看网络电视是当前网络电视收视的最主要方式。基于电视机顶盒平台的网络电视,以网络机顶盒为上网设备,利用电视作为显示终端。手机电视可以说是计算机网络的延伸,它是通过移动网络传输视频内容,全球 3G 网络的发展也为无线网络电视应用提供了极好的网络支持。

(3) 按媒介传播方式划分,可分为视频分享、流媒体软件、宽频影视三类。视频分享类主要采用网站传播形式,内容上以受众自创短片为主。流媒体软件类以软件形式传播,内容上以影视剧、体育、综艺为主。宽频影视类同样以网站形式传播,但视频内容上包括长短影视剧、动漫和新闻资讯等。

2. 网络电视节目的制作

网络电视作为新兴的电视节目传播方式,目前已经在国内不少的电视台、电台等广电单位,得到了积极的发展应用。网络电视借助 IP 宽带网络进行传播,这样不仅在传输通道上与传统电视存在着明显差异,同时也对节目制作提出了新的要求。

在分析网络电视节目的制作之前,首先来讨论两个密切相关的问题:一是网络电视节目内容来源及特征;二是网络电视节目的制作技术。

1) 网络电视节目内容的来源及特征

网络电视节目内容有广义和狭义之分。广义的节目内容较为宽泛,是一切节目内容形式的总称,包括网络视频以及相关的网络视频服务。网络视频是指内容格式以 Wmv、Rm、Rmvb、Flv 以及 Mov 等类型为主,可以在线通过 RealPlayer、Windows Media player、Flash、Quiektime 及 DivX 等主流播放器播放的文件内容。这种网络视频就是一般意义上的狭义节目内容。至于网络视频服务是指网络视频运营商为受众提供的各类视频免费或付费服务,如点播、直播、轮播,及在线录制上传、分享、搜索等。自 2005 年以来,网络电视发展非常迅猛,在节目内容的来源方面主要呈现出以下两个特征:

第一,节目内容来源渠道的多元化。目前网络电视的节目内容很大一部分来自传统电视台,例如,悠视网与中央电视台、上海文广集团、北京电视台、湖南电视台、广东电视台、江苏电视台、辽宁电视台等传统电视媒体进行合作,为受众提供近百个精彩的正版直播频道。此外,还有一部分来自专业影视公司、唱片公司等,内容制作机构制作的节目内容新颖丰富,具有创新性和针对性,这部分节目来源既可以使网络电视节省制作成本,同时借助网络电视平台,专业制作机构的节目内容可以实现节目内容的二次商品销售和产品增值,使双方实现互动。全媒体是世界优秀媒体追求的目标。初级意义上的全媒体是指媒体涉猎的范围广,囊括了广播、电视、平面、互联网等多种媒体。完全意义上的全媒体不但指媒体拥有了多种媒体形态,更意味着媒体通过资源搭配整合,使得旗下所有媒体相互补充,相互呼应。最后还有一部分是广大受众群体通过摄像头、OV、手机拍摄、制作的视频短片。以上供应渠道的扩展使网络电视在节目内容的丰富性方面得到很大程度的提升。

第二,节目内容由传统专业机构制作主导发展到 UGC(User Generated Content,受众个人生产制作的内容)的大量涌现,Web2.0 技术的应用以及个人影像器材和视频制作软件的普及,使个人制作上传的视频短片比例逐年上升。2006 年 10 月,Google 以 16.5 亿美元的天价收购了 YouTube,使得以 UGC 为重力核心的视频分享网站再次成为 Web2.0 应用中的一个热点。UGC 内容主要包括两部分:一是业余网络受众个性化的文章、日记、诗歌、图片、DV 自拍等,这部分内容不同于专业传媒制作单位和影视制作公司,它更具生活性、贴近性和亲近性的特点,也是网络电视媒介内容解决同质化的重要手段之一;二是专注于个人频道制作的较专业受众以及小型视频工作室,可以为网络电视在第一时间提供重要的新闻和信息。较之传统电视台和专业制作机构,UGC 也毫不逊色,有时来自受众却同样具有独特视角和制作质量的 UGC 内容,在点击量和传播速度等方面比起专业制作机构有过之而无不及。目前,UGC 的来源主要集中于一些小型视频工作室。如胡戈工作室制作的《一个馒头引发的血案》《鸟笼山剿匪记》《春运帝国》等短片在网络上大受欢迎。UGC 内容汇聚的巨大人气让传统的内容制造商开始对 UGC 内容形态有了重新的认识。总之,为了满足不同受众的个性化需求,来源于民间的有价值的视频内容与传统影视内容各具特色,并可以彼此互补,这也是未来网络电视实现差异化传播的主要途径。

2) 网络电视节目的制作技术

可以看到,目前网络电视还仅仅是传统电视传播渠道的补充,节目素材主要从传统电视制作的节目中获取,除了一些嘉宾访问类节目之外,专门为网络电视播出而拍摄的节目还不多。以下是网络电视节目制作采用的压缩编码方式。

网络电视节目是通过宽带 IP 网络传输的,根据网络传输的特点,要求其节目的编码必须采用不同与传统电视的编码方式。目前常见的网络电视编码格式包括微软 VC-1、MPEG4、H.264 等,业内人士通常认为 VC-1 和 H.264 将是今后最具竞争力的两种编码方式,而我国自主制定的 AVS 编码标准日前也取得了长足的发展。

现在大多数网络电视运营商都是采用微软 VC-1 编码方式,支持 WMV、WMA、ASF 等 Windows Media 文件格式,除了该技术非常成熟易用之外,还因为 Windows Media 播放器被微软的操作系统直接提供,用户在收看时无需再安装。所以,在网络电视节目的采集编码阶段,往往就直接采集为微软 Windows Media 格式的文件,也要求在后续的编辑制作环节,需要针对微软 Windows Media 格式进行编辑制作。

根据对编辑不同性质的要求,通常可以把编辑制作分为两类:一类是功能强大的专业非线性编辑系统,用来完成节目的精细编辑,如 Adobe Premiere、微软 Windows Movie Maker 等;另一类是轻量级的高效精巧的非线性系统,用于对素材进行剪辑和拼接等简单编辑,如方正流媒体剪辑系统、微软的 Window Media File Editor。

精编系统,或者叫精细编辑系统,针对的编辑内容通常是精品、专题这类需要充分包装的节目。精编系统强调功能的复杂,特技特效的丰富,能够将编辑人员的创意完全表现出来,完成添加字幕、过渡特技以及视音频效果等工作。目前市场上可以看到的此类软件包括 Adobe Premiere,微软的 Windows Movie Maker(图 11-1)等。

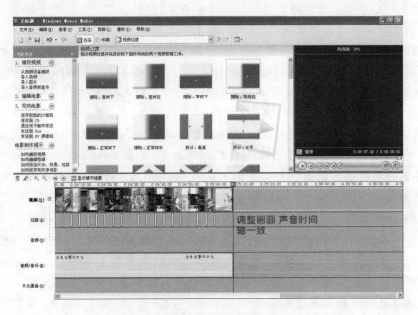

图 11-1　微软 Windows Movie Maker

目前,网络电视节目缺少原创内容,编辑工作往往就是将采集下来的电视节目重新剪切、拼接,完成广告删除、新闻节目拆条等简单操作,最后快速生成节目文件。所以编辑人员对精编系统的依赖性不是很强,更多的还是更强调编辑系统的快捷、易用。

相对与精编系统,简编系统是网络电视编辑环节需要更多用到的工具。类似传统电视中的对编系统,简编系统就是完成基本的剪切、合并等操作,不需要完成特技、特效等复杂的编辑要求。目前市场上可以看到的此类软件包括微软 Windows Media File Editor、方正流媒体剪辑系统(图 11-2)等。

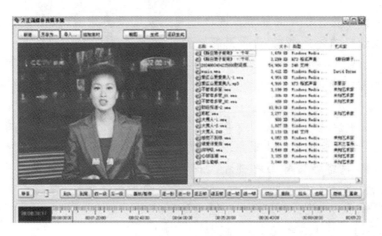

图 11-2　方正流媒体剪辑系统

　　方正网络电视整体解决方案中提供的流媒体剪辑系统,则是专门针对网络电视节目编辑制作的特点来进行开发的,它不仅实现了简编系统所需的全部功能,而且通过一些独有的技术,使工作效率得到了极大提高,解决了问题,成为网络电视节目编辑过程中不可或缺的工具。与精编相比,简编只需要实现简单的剪切和拼接即可,要求编辑软件拥有快速、高效、简洁的特点,其实这种高效除了表现在操作上,还突出反映在节目的最终生成上。

　　网络电视当前还处于蓬勃发展的初期阶段,相信随着相关应用的逐步开展,更新更有效的编辑理念和编辑工具也会随之不断涌现和发展。网络电视应该重新审视自身的职能,注重提高节目内容的定位,逐渐提升节目品牌影响力,努力吸引并拥有固定的"核心受众",构建和发展其"核心竞争力"。另外,将"以人为本"的节目形式融入网络电视的各个环节,节目与听众广泛互动,能为网络电视赢得受众的信赖。

3. 网络电视节目的传播

1）网络电视节目的传播特征

　　从目前的发展情况来看,网络媒体分流了传统媒体的受众。网络电视作为新型网络媒体,不仅在一定程度上改变了人们的生活方式,而且打破了过去不同类型媒体之间的传播模式,网络电视是互联网技术与电视技术结合的产物,主要有以下的特征:

　　(1) 互动性。网络电视最大的优势在于"互动性"和"按需观看",彻底改变了传统电视单向传播的特点。互动性是网络电视一个显著的特点,这种特点并不是网络电视本身所固有的,而是继承了网络的互动性特点。这种交互式信息传播模式彻底改变了传统电视线性传播的方式,也改变了人们的媒介消费方式。受众不仅仅是信息的接受者,而且成为信息的制造和传播者。

（2）按需观看与自主分享。网络电视是以受众为中心,按受众需求进行信息自主选择的传播方式,最大限度地满足受众,吸引受众。网络电视的优势还在于,它集计算机和电视功能于一体,用户可以根据自身的需求和爱好,点播自己喜欢的影视节目,也能通过网络电视浏览互联网、收发电子邮件、视频聊天等。

（3）服务性。网络电视的服务平台是传统电视所无法承载的服务内容。这些运营在网络电视上的增值服务,是互联网与电视结合而成的。增值服务可以是远程教育、网络游戏等,这些都可以搭载在网络电视平台上。网络电视以实现人们多元化、个性化的需要为目的,通过独具特色的综合服务网来满足受众对新闻、经济、娱乐、教育、体育等各种个性化需求。

2）不同类型网络电视节目的传播

（1）在线观赏和下载类。在线观赏和下载是目前网络电视最主流的节目形态,大部分提供网络电视服务的网站都首先推出这种节目形态,可供用户选择的主要是现成的电影、电视剧、新闻、资讯、比赛集锦和 DV 短片,这些是网络电视现在最大的卖点,正因为拥有如此庞大影视资源的中央电视台和上海文广集团一进入网络电视领域,就成为行业排头兵。

在线观赏及下载和电视最大的区别是播出平台的转换,这种节目形态结合了电视具有的音视频表现手段和网络具有的海量及时空异步性特点,也就是网络充当了音视频信号的存储器,使用户可以在自己需要的时候进行点播。

（2）网上视频直播类。网上视频直播也称为网上音视频直播,一般被称为网上视频直播。现在通行的网上视频直播主要有两种形式:一是"重大活动"的转播,这种形式类似电视的现场直播,只不过网络直播相对简单,有的直播只动用一台 DV、一台计算机即可完成,这样的装备对电视直播来说是不可想象的,此外"重大活动"也降格为一个虚词,只要是生活琐事都可以直播,日本、美国和欧洲都出现过在网上直播自己日常生活的事情;二是网友聊天会,这种形式不同的网站有不同的叫法,也有叫见面会、访谈等,其总体形式就是邀请一个或几个嘉宾通过 BBS 和网友进行聊天,并对嘉宾聊天现场进行音视频直播。网上视频直播是网络电视一个相对高级的形式,它使用了电视的最高表现形态直播,运用了网络最明显的特征交互,目前电视直播也借助网络和短信进行交流,极大地加强了自己的互动性,与电视观众只能部分了解或者干脆无法了解其他的观众、依然出于一个封闭或半封闭的状态相比,网络电视的用户可以看到其他用户的留言并展开小组讨论,例如,一边看欧洲冠军杯决赛的直播,一边通过网络搜集有关球队、教练、球员的资料和比赛现场的天气情况、比赛设施等,并且可以通过BBS、电子邮件、以及各种及时通信软件和朋友侃球,现在新的技术完全可以保证视频图像与网页图形、文字的叠加、半透或者全透的效果,而且,在网络电视的播出环境下,现场解说员可以和导播沟通,把评论球赛比较好的网友的图像直接切到播出线上,成为一个真正的全方位互动节目。

网络电视以互联网宽带为基础,以交互性、按需观看、服务性的传播方式为特征,以受众需求为出发点,不同类型的网络节目将成为人们获取新闻、信息和娱乐的一种重要方式。从意识形态的角度来讲,网络的内核是自由,而电视的内核是集中,网络电视的节目形态要想真正的吸引用户,必须在网络和电视之间做平衡,综合二者的优势可知,网络电视在传播过程中应该具强大的交互性。

第四节 广播电视与新媒介融合策略

纵观历史上的每一次媒介技术革新,都给原有的媒介带来了挑战,并打破了原有的媒介生态环境,所有的新旧媒体都在新的生态环境中重组、洗牌以期求得生存与发展。在新的数字传播时代,媒介生态环境的变化之大更是前所未有,并且呈现出与以往不同的态势。在更加残酷的竞争环境下,各种媒介变革与发展的道路也与以往有了不同,它们纷纷与新媒体进行融合发展,走向了各自的新媒体化生存的道路。作为第一大媒体的传统电视媒体,如何在这个变革与融合的大舞台上找到自己的正确发展方向,怎样努力抓住这个历史性的机遇来迎接挑战,就成了必须要解决的问题。当互联网的功能日益渗透到传统媒体的生产和传播的各个环节中时,当数字媒体逐渐取代传统媒体时,随着媒体全面实现数字化管理,诸多媒介高度融合的多维传播的时代将会到来。

按照保罗莱文森的媒介"三分法",媒体分为旧媒介、新媒介、新新媒介。旧媒介就是互联网以前的媒介,包括报纸广播电视电影杂志,其特征是自上而下的控制;新媒介是指互联网的第一代媒介,发端于20世纪90年代,如电子邮件、报刊的网络版;新新媒介是指互联网上的第二代媒介,发端于20世纪末,兴盛于21世纪,如博客、优视网、推特、聚友网、维基网等,其主要特征是没有自上而下的控制,信息的消费者也是生产者,用户产生内容等。[1] 在第二代媒介时代不仅消费者的身份发生了变化,而且表现出媒介融合的特征,如博客中既有文字、图片,又有视频音频,还有互动性的交流。

"媒介融合"(Media Convergence)一词最早见诸20世纪末的西方传播理论,美国马萨诸塞州理工大学的浦尔教授提出了这一新概念,即各种媒体呈现多功能一体化的趋势,它更多地加盟和集中于广播、电视报纸等传统媒介融合在一起。之后,美国新闻学会媒介研究中心主任纳切松(Andrew Nachison)根

---

① 〔美〕保罗·莱文森. 新新媒介. 何道宽,译. 上海:复旦大学出版社,2011:1-8。

据当今社会的高科技发展所带给媒体的变化,对"媒介融合"做出了明确的定义,即印刷的、音频的、视频的、互动性数字媒体组织之战略的、操作的、文化的联盟,这是一种战略合作联盟。我国的媒介研究学者在进入21世纪后,根据我国传媒业在新世纪发生的大整合、大分化的新格局,提出"媒介融合"就是将广播、电视、平面媒体、互联网的采编作业有效结合起来,资源共享,集中处理,衍生出不同形式的信息产品,然后通过不同的平台传播给受众。由此可见,媒介的融合是在当今社会科技高度发展的条件下,各个媒体与时俱进,从单一发展走向战略合作的必然结果。这是社会发展的必由之路,更是时代赋予媒体发展的必然选择。

1. 广播电视与新媒体融合发展现状

我国《新闻出版业"十一五"发展规划》中明确阐述:"随着信息、网络等技术的高速发展,各种媒体的界限越来越模糊,相互融合的速度越来越快,以高科技为手段和特征的现代内容产业的迅速产生和壮大已经成为不可逆转的社会发展趋势。"

1) 广播电视与新媒体融合发展的现状

SUN 微电子公司的老板杰尼尔森在《传统媒体的终结》一书中预判:"未来的 5~10 年间,大多数现在的媒体样式将寿终正寝,他们将被以综合为特征的网络媒体所取代。"[1]进入 21 世纪,随着现代通信技术、计算机和互联网的普及,以及感测技术的广泛应用,数字信息技术迅猛发展,互联网以不可抵挡的强势迅速覆盖市场,人类社会进入了以互联网为标志的新媒体时代,传统媒体受到严重挤压。就广播而言,年轻听众大量流失,老龄化程度越来越高。虽然广播是伴随性的,接受资讯轻松、便捷、快速、无处不在,但听众对其资讯缺乏自主选择性和随意性。电视能实况直播,声画同步;网络媒体上文字与音视频兼具,且联通全球的信息高速通路,受众的选择十分多样而随意;而广播却只有声音,稍纵即逝。现在的广播虽然也引入短信、博客等,但由于受时空限制,参与面也十分有限,与新媒体广阔的平台,无限的空间,不受地域、国界的制约等优势相比,弱势立现。

此外,在全球未来广播电视高峰论坛 FOBTV 2011 中,Jim Kutzner 在报告《北美广播系统的研究开发及最新进展》中说到,目前电视内容分配市场和各种无线业务市场都出现了竞争猛烈的发展态势。但目前业内和政府都纷纷施压,计划将更多广播频谱用于移动宽带等业务。未来广播商提供的业务必须展示其高消费价值和高频谱使用效率才能继续使用目前的频谱资产。未来数字电视标准需符合现代消费者对移动性,高质点播业务,大量节目选择和个性化互动媒体

① 李姝阳. 新世纪网络媒体与传统媒体的优势互补. 湖南社会科学,2001,2:122。

体验上的期望。演讲也将描述符合上述要求的北美电视广播标准的技术演进。① 在《传统媒体的终结》与《北美广播系统的研究开发及最新进展》中都指出了广播电视与新媒体融合的必然趋势,在此环境下,新媒体的融合更加关注技术的进步和人性化的服务。

虽然在新媒体的挤压下,广播生存步履维艰,但是新媒体全新的传播和互动方式和理念,也给了广播发展以极大的启发。这就是要充分享受新媒体带来的资讯传播的丰富内容和多样化手段,荟萃新媒体的时代精华,满足新兴受众群体的需求,创新广播节目的生产方式,通过高新技术手段,使传统的广播媒体和新媒体日益融合,重新做强广播、扩大影响。应该看到,近几年来,随着社会上移动人群的急剧增加,广播的收听市场被重新放大,份额逐渐增加,在受众市场上又拥有了一片天地,这是广播发展的又一机遇。在新媒体的强力冲击面前,广播媒体不甘弱势,在主动与之相融合的进程中实现优势互补,互为依存,从而催生广播媒体自身内在的发展动力。如上海第一财经是目前国内唯一的多媒体融合的专业财经传媒机构,它集广播、电视、报纸、杂志、网站、数字媒体中心为一体,以财经资讯产品为内容核心,以第一财经作为同一品牌,整合经营,通过协同传播的整体效应,迅速获得市场的影响力。第一财经旗下的电视、报纸等拥有丰富海量的全球财经资讯,大量第一财经记者自采的财经新闻,通过内部建立的文稿系统,广播频率就将这些具有垄断性的财经信息组合成有特色、有深度的专业化节目播出,在国内的广播中独树一帜,迅速做大影响,在上海的广播市场上独具优势,在全部的11套广播频率中稳居第三位。

近年来,有一个可喜的新现象,就是随着驾车族的剧增,广播获得了新的市场份额,而且听众的层次和质量都有了提升。这无疑是由于人们生活方式的转变给广播带来了新的人气。那么,被新媒体所牢牢吸引的更多的受众群,是否也可以成为广播的听众呢?这正是当前广播面临的新课题和新挑战。以前曾有人说,在网络上办广播还比较遥远,因为大量的广播节目已经被网络链接。而今,在媒介融合的新格局下,传统广播在做强原有的内容产业的同时,开始了新的裂变,网络广播已经面市,虽然尚属幼小,但已显现生机。新兴的网络广播不是先前意义上通过网站链接的在线收听,而是根据网络受众专门打造的广播新媒介。中央人民广播电台的新闻广播网、广东的香农网络广播、北京的青檬广播、中国国际台的银河网络广播、深圳的飞喻秀、上海音乐广播的"金蛋"等,都是为网络受众度身定制的网络广播节目。它们前卫时尚,声音、视频、文字三合一,风格特点都是迎合网络的特点而塑造的,不仅依托于网络,而且还通过网络参与互动,通过网络传递自己的评论。独特的的制作内容,很受年轻一代的欢迎。更重要

① http://www.nercdtv.org/fobtv2011/。

的是,网络广播通过互联网迅速传向全球,覆盖面之广、接收快捷便利,是传统广播无可比拟的。网络广播还和电信联网形成了手机广播,获得了又一个盈利空间巨大的市场。媒介融合的前期是以技术和内容资源的融合,现在已经发展到了传统媒体利用新媒体技术来创造自己的新未来,抢占新市场的时代了。而且,随着已有的成功经验的推广,这种新裂变的范围会越来越大,新媒体市场的竞争会愈加激烈,网络广播必将成为新媒体家族中的又一新的生力军。

2) 广播电视与新媒体融合发展的意义

随着时代的发展,计算机网络技术以及通信技术都在不断的提高,网络新媒体对于信息传播方式的改变发挥了非常巨大的作用,传统的广播、电视等媒体遭遇到了网络等新媒体的根本性的挑战。因此,探索广播电视媒体与新媒体的融合应对策略具有重要的理论意义及现实意义。

面对新媒体的冲击,广播、电视等传统媒体不应视之为洪水猛兽,闪躲避让,而应敞开大门与网络等新媒体进行融合发展。目前正是广播电视网深刻转型的关键时刻,而与互联网的融合又是其中关键的一步。我国传媒应该抓住有利契机,采取切实措施,紧跟媒介融合的步伐,更好地迎接媒介融合时代的到来,广播电视等传统媒体与网络等新媒体融合发展的好处显而易见,它们可以充分发挥各自的优势,取长补短,最大限度的满足人们的需求,拓展人们的思维。

3) 广播电视媒体与网络新媒体融合发展的策略

广播电视正处在一个深刻转型的时期,包括体制上、技术上等。具体到广播电视媒体与新媒介的融合,三网融合已经是必然的趋势,传统媒体趋向"大媒体"产业转变。主要是指高层业务以及应用的融合。网络层上互联互通,业务层上互相渗透和交叉,应用层上趋向于使用统一的 IP 协议,在经营上又互相竞争、互相合作,提供多样化的服务。因此,广播电视媒体的整体新媒体策略是,与新媒体在内容、盈利、传播、受众以及终端等各个方面全面合作。

(1) 内容方面。内容对于传统的广播电视媒体来说,始终是提高节目质量、吸引受众关注的最主要的手段。想要提高电视节目内容的质量,必须不断挖掘新的资源,目前国内虽然有一批专业从事内容开发节目制作的企业,但提供商和内容开发商获取素材的渠道单一,电视节目内容不够丰富,创新性显得尤为不足,宫斗剧、谍战剧,歌唱选秀节目泛滥,同质化现象严重,影响了电视节目的质量。

可以借助网络媒体的资源提高节目内容的质量。网络新媒体丰富的资源和内容恰好弥补了素材不足的缺陷,传统的广电媒体可以融入更多网络新媒体的内容,借助网络媒体的一些手段和形式,开发出更多、更精彩的节目内容。网络新媒体的出现,也给广电媒体带来了丰富的节目素材。如电视读网节目、播客节目、网络电台,将个人博客、微博以及网络上的一些信息搬到电视上,既是网络与电视内容上的融合,也体现了媒体多元化的发展。这些都是借助了网络媒体资源,开创了新的电视节目内容,为受众提供了更多的选择,深受大家的欢迎。

目前,已经有很多电视节目都积极融入了网络的内容,取得了不错的效果。例如金鹰网自制的节目在湖南卫视播出,以达到资源共享的效果。而湖南卫视每当有新引进的电视剧,或是自制的偶像剧要播出,金鹰网就会极力在网上宣传,建立讨论版供网友讨论,为新剧造势。这也是湖南台播出新剧总是会获得很大反响的原因之一。

此外,凤凰卫视中文频道的《网罗天下》就是一档融入了网络媒体的节目。它借助网络的平台,全面的整合网络资源,传递民生。每天都为观众搜索全球各地的论坛和网站的信息。其中包括一些网络的热点话题、BBS论坛上民众讨论的信息等。并且利用电视媒介的传统平台展示网络上的各种动态,如歌曲排行、动画视频分享等。让观众更加彻底、真实地了解了网络世界,以及大千世界的瞬息万变。

(2) 改变传播方式方面。由于传统媒体是线性传播,而网络媒体则是网状传播,因此当广播电视媒体把节目内容提供给网络媒体时,可以根据网络新媒体的特点改变一些编排方式,将广电节目进行重新的整合,使之更加适合网络媒体的使用。而电视台也可以利用新媒体传播手段的多样性,以及传播内容的时效性和互动性这些传统媒体所无法比拟的优势,扩大电视台的覆盖范围,提高节目的影响力与知名度。

新媒体的出现,增加了传统广播、电视节目播放的手段与方式、手机电视、手机收音机、网络视频、移动电视等新媒体终端,使人们可以更加方便地、随时随地地接收自己所喜欢的广播、电视节目。过去人们只能守在电视机前等待节目播出,而现在坐在地铁、公交上都可以随时收看车载移动电视,即使出门旅行,也可以通过手机上网,或使用移动电视接收无线信号来观看喜欢的节目。

另外,由于网络新媒体点对点传播的特点,使普通公民获得了从未有过的参与新闻传播的能力,他们借助手机、微博、BBS讨论版等,可以非常方便地发布新闻信息、表达观点。近几年网络媒体、广播电视媒体在与观众互动部分的融合做的比较突出,例如,很多热门的选秀节目,或是真人秀节目,都加入了网络投票环节,由于网络投票是全免费的,不像短信方式需要收取信息费用,这种方式受到了更多受众的喜爱,受众们的积极性被极大地调动起来,参与度也得到了最大的体现,这种网络媒体与电视媒体的融合方式越来越普遍,也是较为成功的一种融合方式。总体来说,可以通过以下两种方式增加广播电视与新媒体在传播方式和手段上的融合。

首先,利用新媒体的传播终端扩大电视节目的覆盖范围与影响力。在电视节目中可以充分运用电视、网站、手机视频、车载电视、论坛等传播平台进行实时的立体化传播。也利用网络达到了更高的覆盖率。现在很多节目都开办了自己的官方网站,如《非诚勿扰》在自己的官网上就可以在线直播,对栏目内容进行介绍和预告,还有主持人、大型活动、以及江苏卫视节目的收视指南等,满足观众对江苏卫视播出情况的信息需求。当然,如果观众漏掉哪一期没看,也可以进行节目点播,并且在网站上还可以浏览各种幕后花絮,选手和嘉宾的资料,精品点播,也可以在论坛讨论,支持自己所喜欢的选手。移动电视也是近年来比较流行的一种新的电视终端,它是以接收无线信号的形式收看电视节目的一种技术或应用,这种技术使得人们在拥挤的地铁或是公交车上都可以随时观看电视节目,最近海信也推出了一款手持移动电视,它可以自己接收电视信号,出差、旅游时都可以携带,使用非常方便,也可以用 USB 接线连接到计算机,下载影片到移动电视上播放,或者是把下载好的影片连接到大屏的液晶电视上观看,就像在家看电影一样。移动终端的出现,让人们可以随时随地看自己喜欢的节目,这也给生活带来了很多方便和乐趣。

　　其次,利用网络新媒体的特点,增强电视节目的互动性与实时性。传统的电视媒体是单向传播信息,新媒体有效的融合了网络互动传播的优势弥补了传统电视传播的缺陷。在电视节目中加入互动元素,已经成为现今许多电视节目,特别是综艺节目的新手段。广电媒体可以借助网络这个平台,提高互动,增强受众的积极性和参与度。例如在湖南卫视主办的《快乐女生》中就采用了手机参与投票、微博互动、开启网络投票等互动方式,湖南卫视的金鹰网和芒果 TV 承载了资讯发布、舆论引导、观众意见收集以及"快女""快男"的网络唱曲选拔、《我要拍电影》的网络赛区、粉丝节观众征集等大型台网互动项目,大大满足了观众深度参与电视节目的需求,而不再是一个演一个看的传统形式。另外,广播电视台的新闻频道也可以借鉴网络媒体实时滚动更新。在新闻类节目中运用这种编排方式,以简讯的方式滚动播出新闻,或在某个固定的时间段进行更新。目前,中央电视台和一些地方电视台都已经借鉴了这种方式,通过整点新闻,或是直播节目等方式,来增强节目内容的实时性,保证受众随时获取最新的新闻资讯。

　　(3) 打造品牌方面。进入媒介融合时代以后,广告商们已经不满足于传统的营销方式了,他们希望追求更高效、更精准、覆盖面更广的营销。他们主张运用统一的品牌形象作为统领,以消费者为核心的资源重组,组合使用各种传播方式去传递统一的产品信息,和消费者达到双向沟通,达到产品营销和广告传播的目的。

　　品牌经济已经在全球范围内成为主导经济,品牌就是影响力。目前,我国广电媒体的同质化日趋明显,节目和频道之间存在着不同程度的近似,然而,在网络媒体出现以后,受众往往能够接触到更多、更广泛的媒介内容。在这种复杂的形势下,树立起统一明确的品牌形象,以整合营销传播显得尤为重要。例如上海文广集团的"第一财经",最开始是东方广播电视台的财经频道和上海电视台财经频道合并而成的一个品牌。为了加强品牌的核心竞争力,它以品牌统领起一系列产业,包括第一财经电视、第一财经日报、第一财经广播、第一财经网站四大媒体平台,并提供大量财经数据产品和财经的公关服务等。致力于为中国的广大投资者和商界、经济界人士以及全球华人经济圈提供实时、严谨、高质量的财经新闻,打造具有公信力和强大影响力的全媒体金融与商业信息服务集团。通过多媒体,跨行业的经营,"第一财经"实现了资源以及人才的共享,成为一个比较成功的财经信息和财经服务的提供商。

又如湖南卫视也依托强大的卫视资源与品牌效应,不断完善着自己的网络平台。2008年上线的金鹰网、2009年上线的视频网站芒果TV,这些新媒体平台自开始运营,就一直发挥着进行台网融合的核心职能。自办的网络视频节目《金鹰访谈》,也实现了对湖南卫视节目所打造出的明星嘉宾的最大化利用。此外,湖南卫视很多刚播完的电视剧或精彩节目,在之后一周甚至是两三天内就会在金鹰网上形成关注热潮,使电视剧或节目得到了更广泛的关注,也使湖南卫视的品牌影响力得到了更大的延伸。台网互动确实为湖南卫视带来了不小的收益,湖南台每每推出自制剧都会掀起收视热潮以及网友热议,并带来巨大的产业效益,这与各大视频网站的合作是分不开的。无论是《宫》《新还珠格格》《步步惊心》等古装穿越剧,还是芒果台一向热爱播出的韩剧,这些大热的剧集无一不是湖南卫视与搜狐、优酷、奇艺等视频网站携手合作的结果。在这样的台网合作中,电视也成为了调动网络味蕾的主导方。

另外,网络媒体还具有全球性传播的优势,可以更加广泛地宣传广播电视的品牌形象以及节目内容等。网络新媒体的出现从一定意义上打破了时间和空间的传统概念,意识形态、语言、地域等一些障碍已经变得不是不可跨越。

(4)业务管理方面。传统媒体想要发展新媒体业务,就必须重视版权问题。电视媒介作为传统视频主要的生产者,在该领域是具有绝对优势的。随着网络新媒体的不断发展,尤其是大量的视频分享网站的出现,视频再也不是电视媒介所独有的资源,而成了一些网络新媒体网站获取关注的一种重要手段,甚至有些网站的视频,来自于盗版电视台的内容。虽然电视上的内容分享在网络上,这却给电视台带了利益损失。

很多电视台都面临这样的问题,特别是现在国内出现了不少视频网站,如酷6、土豆、优酷等视频网站,它们大量地使用电视台的视频节目资源,对传统的观众进行了分流,也导致了一些电视台节目收视率的下降。因此,电视媒体应加强对网络媒体视频产品的版权管理,出台相关规定限制网络媒体对于电视台视频节目的免费使用,维护电视台的利益以及电视节目的独创性优势。在这方面可以参考路透社、CNN等国外著名媒体的做法,如与网站签订相关的协议分享视频的盈利,也可以让网络媒体付费订购电视台的节目,这样既能够保证电视媒体的节目的版权,又可以实现经济利益的双赢。

此外,还可以通过业务范围进行融合。以往一个电视台就是拥有一个或者多个电视频道的媒体组织。如今,许多的电台、电视台为了媒介资源合理配置和有效利用,都在朝着多元化的方向发展,它们不仅拥有越来越多的电视频道,还创办了自己的官方网站,并且发行自己的刊物,业务范围早已跨出了电视圈,发展成了以台为核心的媒介集团。

电视台跨业务范围的经营,能够很好地实现资源的共享,如中央电视台与央视国际网站、中央人民广播电台与中国广播网以及中国网络电视台就是在同一传媒旗下的整合性媒介,它们之间能够实现很大程度上的资源共享与整合。依托中央电视台是中央电视台品牌、以及内容在新媒体领域的延伸和拓展,并且能够在新媒体领域中提升央视的影响力和引导力。

广播电视媒体应该利用网络媒体资源丰富的优势,在节目内容、形式、风格等方面积极创新,在电视节目中加入微博、博客、网络论坛中的元素,这样不仅使节目素材有所扩展,而且可以紧跟潮流形式,紧紧围绕受众的需求,分众定向从而制作出更多他们喜欢看的节目。

另外,在多媒体多元化传播中,可以将传统的广播电视节目内容在不同平台上进行延展,使受众可以通过不同的终端随时随地享受到这些内容,并且利用新媒体的优势,真正做到通过媒介的改革,改变人们的生活方式。当今社会生活节奏很快,很多人并没有大量的时间守在电视机前,传统电视节目不能按照观众的需要点播,时间也是固定的,而融合了新媒体播出平台就可以很好地克服这些缺陷。由于新技术的不断发展,移动电视、手机电视等技术已经越来越成熟,我们不用再守在电视机前,即使是在上班、上学甚至是等车的过程中,都可以随时观看电视节目。此外,一些广播电视台或是电视节目都可以创办自己的官方网站,观众可以随时点播自己喜欢的节目,更不用怕会错过哪一期节目。广播电视媒体不只是要利用网络播出平台,更应该好好利用网络即时性、互动性强多方面优势与受众进行互动,从而提高受众参与的积极性。

除此之外,打造品牌的媒体集团显得非常重要,媒体集团可以以广播电视台为核心,包括报纸、杂志、网络等新媒体,依靠品牌效应加强竞争力并且实现资源以及人才的重新整合,扩大覆盖范围以及影响力。最后,传统媒体想要发展新媒体业务,也必须重视版权问题,在大量免费视频网站出现的今天,电视台可以与相关的网络媒体签订一些协议分享利益,这样既保证了收益,扩大了影响力,制作团队也有了新的动力以创新更多、更好的节目。

综上所述,对于现今不断发展上升的新媒体产业,传统广播电视媒体应当正视这种危机,但同时也应当看到所面临的机遇,正是机遇和挑战并存。如何更好地利用网络新媒体的资源、及时互动、分众定向等优势,打造媒体集团的自身品牌形象,从而实现资源及人才的重新深度整合,都将是我国传统媒体革新的重要问题。

第五节 广播电视与新媒介融合案例分析

【案例一】 BBC 新媒体的融合

作为世界上最知名、历史最悠久的广播电台,BBC 一直走在新技术浪潮的前沿。从 20 世纪 90 年代中期开始,BBC 就一直在寻求广播电视与新媒体的融合,以实现传播效果的最大化。时至今日,BBC 的新媒体战略已经相对成熟。

当今,所有媒体都在关注两个趋势:传媒与新技术的捆绑越来越密切;跨媒介之间的整合越来越深入。而这两个趋势如今都指向了新媒体与全媒体。作为世界上最知名、历史最为悠久的广播电台,BBC 在这条道路上一直在进行着探索和尝试,并且取得了不少成果。BBC 的新媒体之路大致分为两个阶段:传统广播时代(1922—1989 年)和数字广播时代(1989 年至今)。

1. 传统广播时代(1922—1989 年)

1922 年 11 月 14 日,英国广播公司即 BBC 正式开始在英国播音。随着电子通信技术的勃兴,BBC 的影响力也在逐渐扩大。第二次世界大战中,BBC 充分发挥了自身的宣传与信息传递作用。在 1973 年,英国商业广播的出现,虽然打破了 BBC 在英国广播领域的垄断地位,但依然无法撼动 BBC 在英国以及世界范围内的重要地位。这一历史时期,BCC 所依托的依然是传统的模拟广播。

2. 数字广播时代(1989 年至今)

广播由模拟时代进入数字时代是一次巨大的技术变革。广播的数字化奠定了广播向新媒体发展的基础,网络化则是传播方式在数字化基础上的又一次重要变化,是广播数字技术与互联网结合的结果。需要说明的是,广播的数字化是广播在传输技术上的革新,而网络广播则是广播在传播方式上的革新。因此,数字化与网络化是一个相互结合的问题,而并不是谁取代谁的问题。广播的数字化与网络化是交织发展的。

1)数字广播初始阶段(1989—1997 年)

1989 年,BBC 第一次使用数字技术进行广播节目的制作。90 年代之后,英国的数字化广播走在了世界的前列。1995 年 9 月,BBC 的 5 套广播节目开始逐步改用数字技术播出。截至 2001 年 9 月,BBC 又增加了 5 套数字广播节目。至此,加上 BBC 国际广播,BBC 的广播节目全部实现了数字化。

2）网络广播阶段(1997—2007年)

在数字化方兴未艾之时，互联网技术开始突飞猛进，两者开始在广播中遭遇。BBC敏锐地意识到互联网将会为人类传播方式带来变革，开始酝酿将广播与互联网结合。早在1991年，BBC就在互联网上注册了BBC的域名www. bbc. co. uk。1994年，BBC开始筹建其网站，但一直都处在试用阶段。1997年，BBC的网站"BBC在线"获得英国政府批准正式对外发布并开始运行。"BBC在线"(图11-3)主要功能包括：宣传、介绍BBC，包括其各个电台、电视频道的站点；BBC的历史与现状及BBC新闻办公室发布的有关BBC的新闻；BBC近期的节目时间表；通过互联网以最快的速度发布新闻及体育、财经、天气等各方面信息。

图11-3　BBC官网

"BBC在线"的另一个亮点是，通过网站为受众提供与电台同步的广播电视音频在线收听。此后，BBC还增加了音频下载业务，听众可以选择自己喜欢的广播节目下载收听。BBC也在尝试网络电台、电视台，以期在自己的广播电视等传统节目之外为受众提供更有针对性的内容，吸引更多稳定的访问者。在这方面，BBC把教育内容作为一个突破口，整合了Open University及Learning Zone等一批精品教育节目，组成了一个庞大的教育站点——Learning Station。站内提供大量音视频教学文件，供学生、教师、家长下载，并提供专门区域进行交流。

3）新媒体、全媒体阶段(2007年之后)

2007年12月25日，BBC发布了iplayer播放器。利用iplayer播放器，英国的用户不但能够在线实时收听、收看BBC的广播电视节目，还能通过播放器直接检索自己需要的BBC的节目，同时还能在节目首播一周之后直接下载BBC广播台、电视台、网站上的所有音频、视频，值得一提的是，这其中包括了一些收视率很高的流行电视节目。然后使用收音机、电视机、电脑、手机或者其他移动终端观看。BBC的基本设想是让iplayer成为一种最为普遍的服务，即不但能在互联网上使用,而且还能有效应用于有线广播和电视平台,最终将普及到手机和智能掌上等设备。网络电视在国外的发展已经获得了骄人的成绩,取得了很大的进步。自此,BBC第一次从技术上融合了各个不同的媒介,实现了广播、电视、网站、移动终端等传播渠道的大融合。

优秀的广播电视媒体对新技术一直都孜孜以求。广播电视作为第二次工业革命的产物,从诞生之日起就对技术有着天然的依赖。新的技术手段对于广播电视来说就意味着全新的传播手段全新的受众体验和更有效的传播效果;新媒体是媒体发展的世界性趋势。从20世纪90年代后期开始,由于其海量的存储、传播速度的快捷及其对多媒体的兼容,在世界范围内无论广播电视、报纸杂志甚至图书出版都走上了与新媒体融合的道路效果的最大化。一般来说,全媒体资源的整合平台就是新媒体。

【案例二】 NGB三网融合下的中国网络电视台

2008年3月4日,国家广电总局王太华局长和科技部万刚部长共同签署了国家高性能宽带技术网和中国下一代广播电视网继续创新合作协议,这次协议中首次提出了中国下一代广播电视网(The Next Generation Broadcasting Network,NGB)的概念,这也标志着NGB的节目正式启航了。NGB的定义是:以有线电视数字化和移动多媒体广播(CMMB)的成果为基础,以自主创新的"高性能宽带信息网"核心技术为支撑,构建适合我国国情的、"三网融合"的、有线无线相结合的、全程全网的下一代广播电视网络。科技部和国家新闻出版广电总局计划联合组织开发和建设,通过自主研发与网络建设,攻坚相关核心技术,开发和制造成套装备,并且拉动相关电子产品市场,满足老百姓对现代数字媒体的需求和信息服务的需要。计划短期用三年左右的时间建设覆盖全国主要城市的示范网,预计长期用十年左右的时间建成中国NGB,使之成为以"三网融合"为基本特征的新一代国家信息基础设施。

中国网络电视台(China Network Television,CNTV)是中国国家网络电视播出机构,是以视听互动为核心、融网络特色与电视特色于一体的全球化、多语种、多终端的网络视频公共服务平台(图11-4)。中国网络电视台将既发挥电视平台的优势,又发挥网络平台的优势,运用双平台,建设我国具有公信力、具有权威性的网络视频传播互动平台。中国网络电视台对国际国内重大政治、经济、社会、文化、体育等活动和事件以网络视听的形式进行快速、真实的报道和传播。同时,着力为全球用户提供包括视频直播、点播、上传、搜索、分享等在内的,方便快捷的"全功能"式服务,成为深受用户喜爱的公共信息娱乐网络视频平台。中国网络电视台以"参与式电视体验"为理念,对传统电视节目资源再生产、再利用,着力打造网络原创品牌节目,鼓励一大批网友的原创和分享。

中国网络电视台非常注重用户的体验,不断完善自身服务体系,力争让网友在轻松体验高品质视听服务的同时,更多的参与到网络互动中来。中国网络电

图 11-4　国家网络电视台

视台自 2009 年 12 月 28 日正式开播以来,陆续上线的内容包括首页、客户端、新闻台、体育台、健康、及爱布谷(搜视台)、电影、电视剧、纪录片、财经、综艺台、探索、气象、家居、旅游、教育、民族、音乐等系列内容服务。中国网络电视台将建设我国规模最大的以网络视频为核心的多媒体数据库,深度挖掘中央电视台 45 万小时优秀历史影像资料,汇集全国电视机构每天播出的 1000 多个小时的视频节目,同时,将我国各个领域优秀的历史文化进行影像化、数字化保存,建立我国规模最大的以网络视频为核心的多媒体数据库,把中国网络电视台建成中国规模最大的网络视频正版传播机构。

国家网络电视台的定位:经过批准设立的国家综合网络视频公共平台,是以视听互动为核心、融网络特色与电视特色为一体的全球化、多语种、多终端的立体化传播平台。国家网络电视台收视终端除了计算机屏幕外,还包括手机、户外屏、楼宇电视,以及飞机、火车等交通工具的移动屏幕,都是国家网络电视台覆盖对象。借助中央电视台的资金、内容等优势,在 NGB 大背景下,CNTV 率先抢占先机。另外,建设开放合作的全球化、多语种、多终端的节目分发体系,打造多语种频道,通过部署全球镜像站点,覆盖北美、欧洲、东南亚、中东、非洲等近百个国家及地区的互联网用户。中国网络电视台秉承"开放、合作、共赢"的理念,通过与全球网络分发机构、移动运营商及互联网电视终端厂商等合作、联合运营、共同推动新媒体产业的发展。中国网络电视台将建设我国规模最大的网络视频节目数据库及全球化多语种多终端的内容分发体系,实现将最好的内容传播给最多用户的平台价值与目标,这两点也成为中国网络电视台区别于其他网络电视台的核心竞争力。

继 CNTV 开播之后,湖南广电金鹰网悄然上线,改名为芒果 TV,浙江广电旗下的网络电视台新蓝网也重装上阵,江苏网络电视台也于 2010 年底正式开通。对此有人戏称,传统媒体集体发疯"癫狂"了。传统媒体是纷纷都嗅到了机遇的味道,循着机遇,纷纷整装待发,预备开始集体行动。到目前为止,中央及各地网络电视台的内容大多是直播或者转播传统的电视节目,可以简单地理解为传统电视的网络升级版。但是,要发展网络电视台,仅此而已是远远不够的,网络电视台同样遵循"内容为王"的规律,在这一点上与传统媒体不谋而合。所以说,网络电视台的内容资源建设是其发展关键所在。

中国网络电视台(CNTV)是中央电视台在新媒体领域的延伸,内容不能照搬中央电视台的电视节目。虽然网络电视台以实体电视台为依托,在节目资源方面有强大的优势,但是电视与网络的协同效应并不是必然存在的。网络电视台受众对于网络视频的个人偏好和收视习惯与实体电视台的现有资源之间还有一定的差距。广大传统电视平台上的电视媒体资源,要进行大量的改造,还需要为用户找到最多最为优质的内容,才能更好地转化为网络电视节目。央视网副总经理问永刚在题为《引领视频潮流推进网络电视台建设》一文中指出:国家网络电视台在内容建设上,将通过聚合中国全社会优秀视频节目,尤其调动网民创作和上传的积极性,建成国内最大的视频节目数据库,向全球网民提供开放式平台服务,满足广大网民日益增长的精神文化需求;将反映中国历史文化与社会发展的影像节目进行数字化转换和存储,成为我国最大的正版内容的数据。国家网络电视台内容总体规划由台网捆绑、网络联盟、网民互动、原创节目及多语种建设五部分构成。既要海纳百川,提供多样化内容服务,又要弘扬主旋律,充分体现权威性和公信力。

"台网捆绑"模式的整合,为网友提供视频直播、上传、分享、搜索等全功能服务。现阶段,所有内容都是向网友免费提供的,等到内容逐步充实更加完善后,中国网络电视台(CNTV)将在合适时机考虑改革收费模式,通过此使业务更加良性的发展。另外,三网融合和三个界线将逐渐消失,广播电视、通信和互联网技术和网络的融合促进了三个界线逐步消失:业务界线将消失,趋向于全业务;设备界线的消失,趋向多功能;广播、通信和消费电子界线的消失,趋向于融合。

【案例三】 手机电视的发展及上海 SMG 东方龙

1. 手机电视的发展

手机、电视和网络的融合是公认的发展趋势和前景,而手机所扮演的角色是提供新型娱乐方式的移动性多媒体集成终端;手机电视、手机网络的市场潜力巨大,但随着 3G 技术的日臻成熟和智能手机的普及,这个市场的竞争将越来越激烈。

手机电视成为东西方媒体产业发展的热门。手机电视,简言之,是指以手机为终端设备,传输电视内容的一项技术和应用。手机看电视(图 11−5),较低端的接收模拟电视信号或数字电视信号;较高端的便是智能手机或 3G 手机。3G 手机是将无线通信和国际互联网等多媒体结合的新一代移动通信系统,它能够处理图像、音乐、视频流等多种媒体形式,提供包括可视电话、网页浏览、电视会议、电子商务等多种信息服务。手机电视不仅能够提供传统的音视频节目,利用手机网络还可以方便地完成交互功能,开展多媒体的各种增值业务。手机电视有两种基本类型的服务:一种是单向服务,服务厂商向用户发送商业视频;另一种则是双向服务,用户之间互相发送视频,两种类型都可以使用或不使用流媒体。目前,可以知道和可以预见的手机电视项目有视频博客、视频短信、视频提醒、可视电话、视频新闻提示、视频点播、视频监视、视频会议、立即视频消息应用以及移动网络游戏等。

图 11 – 5 手机电视

手机电视的价值不仅作为一种新媒介形态带来了传播的变革,更是为经营空间日益饱和的广电行业和业务增长渐趋乏力的电信产业带来了融合契机,也为国家"三网融合"战略的实施提供了历史性的机遇。

虽然手机电视业务发展前景美好,但其发展历程也一波三折。一般认为,我国手机电视大致经历四个发展阶段(图 11 –6),具体见表 11 –1。

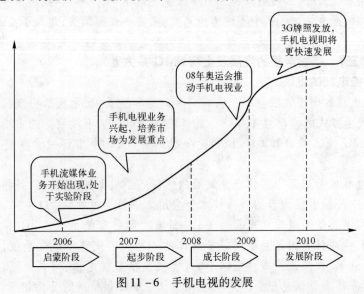

图 11 – 6 手机电视的发展

表 11－1　我国手机电视发展大事记

时　间	事　件
2003 年 10 月	博鳌亚洲论坛期间,海南电视台新闻中心通过移动、联通两大运营商,向用户发送了将近 70 条有关博鳌论坛的视频新闻
2004 年 5 月	广州移动正式推出"银色干线"视频数据业务
2004 年 5 月	中国联通配合湖南、南京、上海、北京等地公司开展"视讯新干线"视频数据业务
2004 年 6 月	上海文广集团联合上海移动、江苏移动共同签署战略合作框架协议,三方将共同开发移动流媒体及相关增值业务
2004 年 6 月	上海文广集团与贝尔阿尔特签署协议,共同开拓手机视频应用
2004 年 6 月	上海文广集团旗下的东方龙移动信息股份有限公司成立,开始筹备手机电视业务
2004 年 8 月	借助雅典奥运会的东风,中国移动和中国联通两大运营商各自推出了"烽火雅典""奥运直通车"等增值业务
2004 年 12 月	北广传媒集成电视有限公司成立,宣布将采用独立数字广播网开展手机电视业务
2004 年 12 月	天津联通开播 CDMA 网络的手机电视"GOGOTV"
2004 年 12 月 17 号	空中网进军手机电视领域,独家发布手机版电影《功夫》。随后又通过手机直播该片在北京和上海的首映式
2005 年 1 月 1 日	上海文广集团东方龙手机电视开始试运营
2005 年初	新华社与中国联通签署协议,在联通"视讯新干线"平台上设立全天候新闻频道—"新华视讯",内容全部由新华社提供
2005 年 3 月 22 日	上海文广集团获得了国内第一张手机电视牌照
2005 年 3 月	由北京乐视传媒投资 300 万、用胶片制作的中国首部手机连续剧《约定》开拍
2005 年 5 月 1 日	上海文广集团东方龙手机电视正式开始商用播出
2005 年 10 月	东方龙手机电视开始全网运营
2005 年 11 月	上海文广集团与上海东方明珠集团共同投资 2 亿元成立合资公司,运营 DMB 手机电视项目
2006 年 4 月	央视整合"央视国际",筹备全新的新媒体业务
2006 年 5 月	央视获得了 IPTV、手机电视、网络电视等基于三个终端的 9 张运营牌照,为全面进军新媒体领域打开通道
2006 年 6 月	上海文广集团斥资 1 亿多人民币购得德国世界杯中国地区的手机独家播映权,并在中国移动梦网平台上开设"掌上世界杯"视频栏目
2006 年 10、11 月	国家广电总局相继颁布了自主研发的手机电视行业标准 STiMi 的前两部分
2006 年 11 月	上海文广集团对旗下的手机业务进行了重组,将负责跨媒体互动增值服务的上海文广新媒体有限公司,并入专注运营移动多媒体业务的东方龙,成立了新的"上海东方龙新媒体有限公司"

(续)

时　　间	事　　件
2006 年 12 月 1 日	中央电视台联手中国移动和中国联通全面启动了手机电视业务,全方位报道多哈亚运会
2007 年 11 月 19 日	光线传媒与 SP 运营商华友世纪合并,宣布进军手机市场
2008 年	随着北京奥运会的到来,用户数量的不断增加以及用户对收视质量要求的逐步提高,3G 平台开始搭建,CDMAlxEV – DO 等第 3 代移动通信网络所支持的多播技术将可以被采用,面向较大的客户群开展点对多点的多播服务,以此减轻对移动通信网络大量重复的通信数据量的负荷,同时也降低了用户对通信费用的支出,为用户提供质优价廉的服务
2009 年 1 月	工业和信息化部为中国移动、中国电信和中国联通发放 3G 牌照,标志着我国正式进入。中国移动获得 TD – SCDMA 牌照,中国电信获得 CDMA2000 牌照,而中国联通则获得 WCDMA 牌照。其中,WCDMA 是目前国际主流了 3G 网络制式之一
2009 年 11 月	中国电信全国视讯运营中心正式落地上海,打造一个全新视讯战略平台——电视、手机和计算机的三屏融合
2010 年 3 月	中国移动与中广传播宣布 TD + CMMB 手机电视业务在全国正式商用。作为融合了两大自主知识产权以及两张网络的典型业务,TD—CMMB 业务被称为"一次有益尝试"
2010 年 4 月	国家手持电视运营机构中广传播集团、上海移动公司与上海东方明珠集团联合宣布上海地区正式启用 3G 手机电视业务。用户除了可以通过手机观看中央电视台新闻频道等 4 套全国节目外,还可以观看世博频道和第一财经频道
2010 年 5 月	南方广播影视传媒集团与广东联通合作运营基于 WCDMA3G 网络的手机电视平台——南广电视。该平台立足广东地区,为超过 50 万广东联通 3G 用户提供清晰流畅的视频内容,是国内领先的综合性手机电视平台。为了满足众多广东地区用户的收看需求,南广电视 2010 年 3 月下旬隆重推出四档自办节目——《恋爱季节》《港澳自由行》《娱眼睐睐》《超级秀场》。此外,2010 年 6 月 30 日前,广东联通 3G 用户在省内使用南广手机电视业务均免流量费、信息费
2010 年 6 月	南非世界杯期间,运营商大力推广手机电视业务。中国移动的 CMMB 手机提供了"手机电视"与"手机视频"两种手机观看世界杯的方法;中国联通通过 WCDMA 网络打造了手机世界杯专区
……	……

2. SMG 东方龙简介

东方龙新媒体有限公司(Shanghai Dragon NewMedia Co. , Ltd)成立于 2004 年 6 月,是 SMG 专门为手机电视而设的一个运营和服务的品牌。东方龙新媒体依托 SMG 在内容制作与集成方面具有的强大竞争优势,以及多年的传媒经营市场经验和深入人心的优势品牌,通过已建立的国内最优秀、最强大完整的内容制作与通信应用平台,为广大用户提供以面向 3G 的手机电视业务(各种视音频内容服务)为主体,包括短信、彩信、WAP、KJAVA 等数据增值业务在内的移动数据增值服务。上海东方龙新媒体有限公司 CEO 吴春雷曾说:"严格意义上讲,'第5 媒体'只是东方龙手机电视业务的一个个性化频道。但它的运作方式却更像一个小小的电视台。"东方龙不管下行还是上行,采用的都是上海移动公司的GPRS 移动通信网络,实际上是流媒体技术。

2004 年 6 月,SMG 成立了专门运营手机电视的公司——上海东方龙移动信息有限公司,负责手机电视的内容集成和节目编辑制作及相关的增值业务运营、市场推广等具体工作。2005 年 3 月 22 日,SMG 获得国家广电总局颁发的手机电视全国集成运营许可。2005 年 5 月 13 日,SMG 与中国移动集团达成战略合作,SMG 作为中国移动集团的手机电视内容的唯一合作伙伴,共同发展手机电视业务。2005 年 9 月 28 日,东方龙公司与中国移动集团合作开通手机电视"梦视界",提供下载点播和直播等形式的手机电视节目。2005 年 11 月,SMG 又与上海东方明珠集团投资 2 亿元成立合资公司运营 DMB 手机电视。2006 年 5月,SMG 获得了国家信息产业部颁发的《跨地区增值电信业务经营许可证》既国内首家网络电视(IPTV)牌照,这是全国唯一具备移动手机电视运营牌照的业务。2006 年德国世界杯,中国移动集团与 SMG 合作开播了世界杯手机电视节目。2008 年 8 月北京奥运会期间,SMG 东方龙获得了中央电视台的新媒体奥运版权授权,联合上海移动公司推出了奥运手机电视优惠营销活动。

3. 商业模式概述

下面具体分析产业链各个环节的商业模式。

商业模式:上海文广集团主导的手机电视商业模式核心是文广和移动运营商联盟,其次辅以终端准备。其中,SMG 负责内容方面,移动则提供平台、收费途径和业务运营模式,而上游的 SP/CP 和终端制造商均要服务这两个单位的管理,其模式类似于"双寡头"格局。

业务资费:手机电视的业务资费包含 GPRS 通信费和信息费两部分:通信费统一按照当地 GPRS 资费标准收取,信息费资费根据不同的业务内容收取。东方手机电视业务目前提供两种信息费资费:①包月方式,10 元/月;②按次方式,1 元/次。

盈利方式:2005 年 9 月到年底,SMG 和移动推出的手机电视试用业务节目内容上暂时免费。上海移动用户只需每月付 20 元的 WAP 包月套餐,便可免费享用该业务。另外,在上海,移动用户可以通过上海移动公司"动感上海"下面的另一个内容平台收看手机电视节目。如果 SMG 现在建立的手机电视商业模式如果能一直持续下去,其费用由 WAP 费和业务费两部分组成,考虑到用户的承受能力,业务费采取包月的可能性大于按流量计费。

内容方面:东方手机电视可以向手机用户发送的节目有东方卫视、新闻综合频道、体育频道、文艺频道、第一财经和生活时尚等多个频道等节目,包含影视、动漫、体育、时尚、音乐、娱乐综艺等分类。除了传统节目的播放之外,SMG 东方龙还注重原创,如 2005 年 2 月初,东方龙制作播出了手机电视第一部短剧《新年新事》;2005 年 6 月,与星美传媒合作,获得其投资的电影《青红》的改编权,并将其改编为手机版。此外,还与多家制作公司合作,甚至引进了迪斯尼的动画节目等。

合作媒体:SMG 第一财经、SMG 纪实频道、SMG 电视剧频道、SMG 外语频道、上海人民广播电台、东广新闻台、东方广播电台、上海交通台、五星体育等。

运营商伙伴:中国移动集团、中国联通集团、中国电信集团。上海文广集团(SMG)是国内拓展新媒体的先锋,在手机电视上的进展也是最激进的。东方龙公司的商业模式是中国手机电视发展初级阶段一种成功的商业模式。目前,由于广电系占据行业政策优势,形成了以广电系统为主导的商业模式。随着广电系统和电信系统不断的博弈,最终会形成以“东方龙 + 中 移动”为双寡头的产业链。

然而东方龙公司在发展过程中也面临一些问题,如技术标准上,应该充分利用行业优势,下行网络应采用国家广电总局公布的 CMMB 标准,上行仍采用移动通信网络进行回传;业务资费方面,采取资费形式多样化,针对不同的受众,实行差异化服务,同时与上下游合作,降低业务成本,实现资费合理化等。

【案例四】 上海第一财经的多媒体融合

上海第一财经是目前国内唯一的多媒体融合的专业财经传媒机构,它集广播、电视、报纸、杂志、网站、数字媒体中心为一体,以财经资讯产品为内容核心,以第一财经作为同一品牌,整合经营,通过协同传播的整体效应,迅速获得市场的影响力。作为小众化的专业广播,财经广播的发展更难。但这些年来,第一财经广播在多媒体融合的平台上,不仅获得了良好的发展,而且还成为国内强势财经广播媒体之一。

一是获得强大的讯源平台。第一财经广播频率在多媒体整合之前是一个以股市信息发布为重心的小众广播,整合之后转为财经资讯电台,能否达到这一目标,是否拥有强大的国内外财经资讯是关键。而第一财经旗下的电视、报纸等拥有丰富海量的全球财经资讯,大量第一财经记者自采的财经新闻,通过内部建立的文稿系统,广播频率就将这些具有垄断性的财经信息组合成有特色、有深度的专业化节目播出,在国内的广播中独树一帜,迅速做大影响,在上海的广播市场上独具优势,在全部的 11 套广播频率中稳居第三位。白天的财经资讯收听率超过同时段的 990 新闻台和东广新闻台。不仅如此,第一财经广播在国内经济广播中独领风骚,第一财经原创的《中国财经60分》节目,全国有19家电台同步联播,还落地香港、澳门。这在全国地方广播中独一无二。如果没有多媒体融合,第一财经广播很难做到这样的程度。

二是多媒体的融合使节目的实现手段更为丰富。第一财经广播频率除了资讯节目外,还有大量的证券市场节目。过去就是简单的看盘、解盘、报盘,现在依托第一财经的各个媒体平台就有了更多、更专业的呈现。例如,第一财经广播中的"机构晨会"栏目就是依托了第一财经数据中心获得大量专业市场研究机构当天早间对市场的判断资料而设置的;"编播对话"栏目就是和第一财经日报携手,将当天刊在第一财经日报上的独家新闻,按广播的特点做二度落地解读,介绍更多的新闻背景;重大的国内外金融峰会,第一财经的特派记者可以给广播节目做大量的现场连线和高端访谈⋯⋯这样,第一财经广播节目的呈现完全站在高起点上。

三是多媒体的平台给广播以更多的动力。还以第一财经为例,第一财经各个媒体在各个阶段都有各自的节目或活动的策划,营运机构也会有许多经营上的活动要求,这些给财经广播的运作带来许多动力。每一个媒体的策划,各家都可以共同参与,共创影响力;一个媒体有一项特别策划,所有媒体一起来宣传,共同营造声势。例如,纪念改革开放30年的宣传中,电视制作的大型专题片"激荡"就有广播版,报纸专版做精彩解说词连载,网站视频播出。新中国60周年的成就宣传,第一财经广播策划了"新中国经济地理坐标巡访",最后报纸、电视、网站选题共享,影响很大。这就是媒体融合所形成的"乘数效应",广播媒体在融合中获得了新动力和新能量。窥一斑而见全豹,应该说在媒介的融合中,第一财经的成功就在于实现了内容和生产方法及传播手段的融合。而纵观整个广播媒体这几年来和各媒体的融合所形成的新跨越,归纳起来就是,通过媒介融合带来的新技术运用来改变传统广播的生产、表现方式,而且多种媒体在一个平台上进行资源整合,最终实现各媒体间内容资源的相互推销和资源共享。从而扩大了市场,节省了成本,取得了多赢的集聚效应。

【案例五】 三屏互动下的 IPTV 融合

IPTV(Internet Protocol TV or Interactive Personal TV,网路协议电视或交互式网络电视)是利用宽带网的基础设施,以家用电视机或计算机作为主要终端设备,集互联网、多媒体、通信等多种技术于一体,通过互联网络协议(IP)向家庭用户提供包括数字电视在内的多种交互式数字媒体服务的崭新技术。大多数传播行为在模式上可以简化为:信源→信道→信宿,电视的传播也不例外。传统电视的信源,由各个专门制作电视节目的部门提供,信道应用得较广泛的是卫星广播电视网,而信宿则是从模拟技术的电视机到数字技术的电视机。对于今天出现的 IPTV,其信源主要由广电部门授权的电视制作部门,随着今后的发展网络游戏制作商也会成为 IPTV 的内容提供者,此外一旦政策条件允许,将会有一批电视内容制作公司也会加盟这一行业。信道是基于宽带网络技术,从全球 IPTV 发展分析,宽带发展比较好的地区,IPTV 业务开展得也不错。

信宿则有两种方式:一种是计算机;另一种是电视机加机顶盒。随着 3G 技术的完善,手机也有可能成为 IPTV 的接收终端。传统电视用户的接受方式为实时接收,而 IPTV 用户则既可以实时接收,又可以进行点播,点播接收具有个性化,接收的内容和时间取决于用户喜好,具有实时交互特点;实时接收与传统电视一样,用户对内容选择的余地只限于所提供的频道,是非交互型的。

1. IPTV 在国内外的发展状况

在市场竞争程度较高的北美和一些欧洲国家,政府逐渐放松了对有线电视业和电信运营业的管制,开始允许它们之间彼此渗透,为有线电视运营商进入电信业提供了机遇。

自 1999 年英国 Video Networks 公司推出 IPTV 业务以来,国外的许多电信运营商相继进入了 IPTV 市场,成为开展 IPTV 业务的主力。到 2003 年上半年,全球有 30 多家电信运营商推出了 IPTV 业务。在随后的 1 年多时间里,各个地区的主要电信运营商开始加速部署 IPTV 业务。部署 IPTV 业务的运营商主要集中在欧美地区、亚太部分国家和地区。电信运营商通常采用高速 DSL 或 FTTP 技术为用户提供 IPTV 业务。到 2004 年底,全球 IPTV 用户数最多的两大运营商分别是意大利的 Fast Web 公司和中国香港的电讯盈科公司,这两家公司的 IPTV 用户占据了全球近 70% 的市场份额。自 2004 年以来,全球已有几十家电信运营商进入了 IPTV 市场,到 2004 年底,全球 IPTV 用户数已超过 100 万户。2005 年,IPTV 在全球掀起商用部署的热潮。此后的时间里,IPTV 业务将进入规模发展阶段,用户数持续增长。

在国内,早在 2001 年中国电信就与新华社联手,成立了"上海新华电信网络电视公司",但由于政策技术等多种原因,并未有很大影响力。直到 2004 年,中国网络电视才真正快速发展起来。2004 年 5 月,网通旗下的天天在线拿到国内的第一个经营网络视频播放的业务许可证。同月,央视网络电视在北京开播,北京通信的宽带用户通过互联网络,就可以点播央视网络电视的节目。开播当天点击率高达 68 万人次,最高同时在线人数为 3000 人。开播后不久,日访问量接近 80 万人次。

此后,网络电视又分别在上海和江苏"落地"。2004 年 12 月 28 日,上海文广集团创办的东方网络电视宣布正式开播。此外,大连网通、宜春网通、四川电信、上海电信以及上海移动等运营商都开始小规模试验性质地与上海贝尔阿尔卡特公司进行合作。这些试点已经能够开始提供广播电视(BTV)、付费频道(PPV)、视频点播(VOD)和准视频点播(NVOD)业务,而且这些业务每月都能吸引数千新增用户。在国内,网络电视的发展实际上已初具规模。

2008年,中国IPTV市场实现了用户数的飞速增长,同比增长率达到100%,同时也拉动了IPTV设备市场的增长。在免费和捆绑套餐的营销推动下,上海、浙江、福建、广东等地区IPTV用户数已初具规模,然而,电信运营商在IPTV方面仍然盈利艰难。全球经济环境恶化、金融危机来袭的2009年,IPTV推广方面的资金与资源的持续投入迎接了考验。

中国电信在IPTV方面的发力,引领了整个IPTV市场的成长。上海电信公司在"IPTV欢乐体验"的免费促销推动下,用户数一路飙升,到2008年底,用户数达到70万。浙江、福建、江苏、广东等地区的推广方式与上海电信公司基本一致。随着用户规模的形成,电信运营商的推广将不仅仅停留在免费和低价促销阶段。对于用户消费行为、使用习惯等细节的研究,将有助于电信运营商进一步了解用户需求与期望,从而面向不同细分用户群体有针对性地进行营销,IPTV将进入精细化营销时代。北京奥运会为IPTV的发展提供了展示平台,用户对IPTV业务的认知度不断提高,IPTV的回放、点播等差异化功能的美誉度不断提高。2009年,用户数量的不断增长将吸引更多的内容与服务提供商进入IPTV领域,开发更具特色的音乐、影视、游戏、公共服务等节目内容。IPTV与数字电视的竞争将着重强调产品内容与功能的差异化,从而在市场竞争中处于优势地位。

中国IPTV市场在短期内难以实现用户数的井喷增长,以UT斯达康、中兴通讯、华为等公司为代表的设备商在IPTV系统设备方面的研发不断深入,基于IPTV的业务功能,不断开发出面向行业用户的应用内容。UT斯达康公司将注意力转向视频监控市场,辽宁本溪平安城市视频监控项目揭开了UT斯达康公司的转型序幕。中兴通讯公司推出"网络视讯"系统,融合了视频监控、会议电视直播、可视通信、广告投放等多种业务形式,向家庭用户、中小企业、行业客户提供丰富多彩的业务,在江苏为企业用户提供视频监控、在湖北支持党员教育、在重庆提供包括全球眼、IPTV在内的统一视讯的综合应用。

2. 全业务时代呼唤三屏互动

2008年,对于中国的电信业而言是具有里程碑意义的一年,全业务运营与网络融合的崭新时代已经到来。在全业务运营时代,电信运营商要想在竞争中取胜,关键是能提供有别于其他运营商的融合差异化业务,特别是要以提升客户体验为中心,融合多种业务模式、网络和终端,实现综合信息服务,应对全方位竞争。

对于从固网经营过渡到全业务经营的电信运营商,其最大的优势在于宽带网络的规模优势以及客户资源的渠道优势,这类全业务运营商提供融合差异化业务的关键,是以占优势的家庭客户、政企客户为切入点,开发各类聚焦客户需求的、融合了移动元素的、集传统话音、数据、增值业务、信息化服务为一体,并延伸到用户各类终端的产品。以客户为导向,为用户提供各类在 PC、TV、手机终端上无缝切换的满足用户工作、生活、娱乐需求的综合信息服务。例如,为企业用户提供可在 PC 和手机终端上互动的综合办公业务,为家庭用户提供可在 PC、TV、手机终端上互动的邮箱、视频互动等业务。

在固网运营时代,IPTV 是运营商基于宽带网络面向家庭用户推出的视音频娱乐业务,主要面向 TV 终端,为家庭用户提供在客厅时的娱乐视听享受。随着全业务时代的到来,IPTV 将向着融合的方向发展,以 IPTV 现有的视音频内容为主,除了向用户提供在客厅中的娱乐节目外,还将通过宽带网络与移动网络的互动,向用户提供在移动状态、办公状态时的视音频内容,打造真正的三屏融合业务战略。

全业务运营商将 IPTV 逐步向三屏融合方向发展的策略,已经在香港电讯盈科公司(简称 PCCW)得到了很好的实现。PCCW 于 2003 年 9 月正式开始 now TV 业务的商用,通过对竞争对手有线电视业务的深入研究,PCCW 找准了差异,引入了丰富的、差异化的直播频道,至今已发展了超过 100 万的用户。在发展初期,主要采取了丰富基础频道内容、定价便宜灵活的策略来快速切入市场;当用户规模发展超过 50 万以后,PCCW 主要采取了丰富增值业务、签订更多独家内容的策略迅速扩大用户规模;当成功收购移动运营商 SUNDAY 后,PCCW 真正成为了全业务运营商,此时 PCCW 采取了"四网合一"战略,即固话网、宽带网、付费电视网(IPTV)、移动通信网的合一,实现以统一的综合服务平台服务于"电视内容 + ISP 内容 + 移动内容"的战略目标,以丰富的客户体验、多样化的交互业务以及高清电视服务,将全业务运营商的优势融合在一起,把电视屏、PC 屏、手机屏结合起来开展业务,从而在竞争激烈的香港市场获得了稳步增长。对于从固网经营过渡到全业务经营的电信运营商,全业务运营的关键是提供融合的差异化业务,而三屏战略可以说是此类运营商在竞争中取得领先的法宝。

何谓三屏?三屏顾名思义就是指计算机屏、电视屏和手机屏,也就是每一个人作为个体、家庭成员、社会成员时在工作、生活、学习中所接触到的主要的通信、信息、娱乐终端。(图 11-7)三屏中,计算机屏是每一个人在学习、工作中最常用到的信息终端设备,它的主要特点是内容信息量极其丰富,可以为用户提供海量的信息、高效的处理能力。PC 可以说是用户定位在 1 米距离内、提供高智能的信息体验的终端,用户通过 PC 获取信息的核心诉求在于门户型、综合的信息体验。三屏中,电视屏是每一个人在娱乐时最常用到的信息终端设备,它的主要特点是遥控器操作简便、高画面质量的视听享受,可以为用户提供丰富的视听节目。TV可以说是用户定位在3.3米距离内、提供高质量的视听体验的终端，用户通过TV获取信息的核心诉求在于高质量、与家人共享的娱乐体验。三屏中，手机屏是每一个人进行通信、学习、娱乐的信息终端设备，它的主要特点是个性化、屏幕聚焦时间短，可以为用户提供个性化的信息、娱乐内容。手机可以说是用户定位在33cm距离内、提供个性化的信息体验的终端，用户通过手机获取信息的核心诉求在于个性化、短时间、有趣、猎奇的信息娱乐体验。

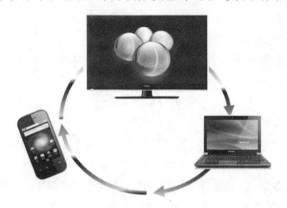

图11-7　三屏之间的互动

　　每一位电信运营商的用户，作为个人、家庭成员、社会成员在工作、生活、学习中许多业务场景都涉及到TV、PC、手机之间三屏的互动，具体来说可以概括为以下三类应用。

　　1）面向三屏的推送类业务

　　该类业务主要实现同一信息内容在不同屏上的共享，具体而言，可以为用户提供以下的内容。

　　（1）信息报业务：针对手机屏，提供移动手机报业务，内容以精、短的新闻和娱乐内容为主，表现形式以文本为主。针对电视屏，提供电视富媒体报，以滚动信息播出新闻标题，在IPTV信息服务定制栏目中，则以图、文、视频混合的富媒体形式在IPTV屏幕上播出详细的关联新闻。

　　（2）视频共享业务：通过与广电行业的合作，将精选的电影和电视剧等娱乐内容统一接入后，根据三屏的特点，分别向TV、手机和PC进行推送，实现内容的共享。通过与精品SP/CP的合作，将互联网上丰富的播客、Flash、UGC等内容统一接入后，根据三屏的特点进行内容的适配和转换，实现视频内容在三屏的共享。

　　（3）多屏广告业务：通过政企渠道，向用户销售多屏广告业务，通过富媒体形式广告的统一接入，将内容适配后向用户的TV、PC、手机三屏进行推送，提升广告的价值。

2）三屏之间的实时通信类业务

该类业务主要实现不同用户、不同屏之间的实时通信业务,具体而言,可以为用户提供以下的内容。

（1）手机、PC、TV 上视频通信业务的互通。

（2）互动投票业务:通过手机向 IPTV 节目进行实时投票。

（3）位移电视:TV 内容与手机之间的实时切换,使用户实现无缝观看。

（4）互动游戏:三屏之间游戏的互动、互通。

3）三屏之间的存储转发类业务

该类业务主要实现不同用户、不同屏之间基于存储转发技术实现的各类应用,具体而言,可以为用户提供以下的内容。

（1）消息互通业务:实现手机与 TV 之间的彩信互通,手机、PC、TV 之间即时通信和呈现业务的互通。

（2）三屏影像空间:通过手机、PC 上传个人内容(图片、DV 等),通过 TV、PC 进行观看,实现家人朋友之间的内容共享。

（3）手机业务订购:通过手机订购 IPTV 新片,提供 IPTV 的客户体验。

综上所述,三屏之间的互动为全业务运营商开启了新的业务想象空间,全业务运营商要想在竞争中获取,就是要不断挖掘客户的各类需求,不断开发融合的差异化产品,最终让用户可以随时随地通过 TV、PC、手机三种屏幕,自由、平滑、灵活地切换和共享全功能的数字体验,享受信息化所带来的各种便利。

在全业务运营时代,IPTV 基于三屏可以拓展出多种多样的融合业务,从而不断丰富 IPTV 的应用方式和提升 IPTV 的用户体验,为客户提供无缝的视听新享受。具体而言,三屏互动下,IPTV 可提供的融合业务功能包括以下几种。

第一,影片推荐业务功能。实现 IPTV 与移动终端之间彩信、短信、E - mail 等消息接口的互通,就可以实现影片推荐业务功能。当用户通过 IPTV 欣赏完一部最新的大片或者看完一部缠绵的连续剧后,用户不仅只是退出观看,还可以将影片节目推荐给他的好友。在 IPTV 的 EPG 上会弹出一个提示框:"是否将推荐此片给您的好友?"如果用户选择推荐,则会要求用户输入好友的手机号码,然后 IPTV 系统会自动将影片的简介、影片片花、影片评价等信息重新编辑后通过彩信发送到用户好友的手机终端上。这样用户好友也可以直接通过手机终端欣赏影片片花,进行影片的订购、收藏和观看,非常方便地实现了好友间的互动和内容分享。通过 IPTV 的影片推荐功能,可以将 IPTV 上的精彩节目内容推送到更多用户群中,同时用户也可以在手机、PC 等其他终端上欣赏 IPTV 丰富的视音频节目内容。

第二,视频及照片分享功能。用户可以将手机或 PC 终端上保存的照片、视频内容直接上传到 IPTV 上的个人空间,从而形成用户个性化的相册和视频博

客,并可以直接在电视终端上与家人和朋友一起分享照片和视频。

第三,视频通信业务功能。在 IPTV 机顶盒上外接摄像头,并利用家中电视机显示屏实现与 PC、手机的视频通信,这就是三屏互动下的视频通信业务功能。IPTV 视频通信能力的实现,IPTV 业务平台不再单独实现视频通信能力。通过在 IPTV 终端中集成视频通信客户端,IPTV 实现与 PC、手机终端之间的视频通信。IPTV 业务账号需要和视频通信账号进行绑定,从而实现灵活的业务计费。三屏互动下的视频通信业务功能为用户提供了随时随地视听一体化的通信业务感受。

第四,位移业务。位移业务是一项 IPTV 与移动手机相结合的融合业务体验,类似 IPTV 时移业务实现了视音频节目内容在时间轴上的平移,位移业务实现了视音频业务在空间轴上的平移。用户在单位通过 PC 终端欣赏一部最新大片,在离开单位的路上可以通过手机终端继续欣赏大片,到了家里又可通过 IPTV 继续欣赏精彩的大片。在不同的地点通过不同的终端,用户可以无缝地衔接观看的节目内容,可以自动切换到上次观看的断点,这就是位移业务。位移业务实现了三屏之间用户信息和业务信息的统一,真正给用户带来了三屏之间协同一体化的业务体验。

在中国全业务运营环境下,IPTV 业务将不再仅仅局限于面向电视终端用户的宽带流媒体业务,其未来的发展方向必然是综合流媒体业务平台。这就要求 IPTV 业务平台加强与其他业务平台的互通能力,并面向不同应用终端提供相适配的流媒体能力。通过 IPTV 融合业务的开发,IPTV 将为用户提供三屏互动的业务体验,从而不断扩大 IPTV 的潜在用户群,使 IPTV 的投资利用最大化,并为运营商创造新的盈利增长点。

思考题

1. 论述广播电视数字化发展的概况。

2. 数字广播电视的概念、特点和类别是什么?

3. 什么是网络电视? 网络电视节目是如何制作和传播的?

4. 从广播电视与新媒体融合发展的现状,提出广播电视媒体与网络新媒体融合发展的策略。

5. 通过国内外广播电视与新媒介融合的案例,展望广播电视与新媒介融合的趋势。

推荐阅读书目

[1] [美]施拉姆,波特. 传播学概论:[M]. 北京:北京大学出版社,2007.

[2] 黄旦. 传者图像:新闻专业主义的建构与消解[M]. 耿昇,译,上海:复

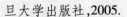
旦大学出版社,2005.

[3]［美］波斯特.第二媒介时代［M］.南京:南京大学出版社,2005.

[4]［美国］尼葛洛庞蒂.数字化生存［M］.胡泳,等译,海南:海南出版社,1997.

[5]王菲.媒介大融合［M］.广州:南方日报出版社,2007.

[6] Fengshu Liu, Urban Youth in China: Modernity, the Internet and the Self, Routledge, 2010.

[7]国家广播电影电视总局.http://www.sarft.gov.cn/.

[8] BBC 中文网 http://www.bbc.co.uk/chinese.

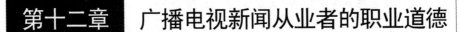

第十二章　广播电视新闻从业者的职业道德

媒体有自由报道权,但是媒体自由是伴随着责任的,自由和责任是同一现象的两个方面。同时媒体自由也是有限度的,自由的范围以对别人造成伤害为界。"伤害"理论由穆勒在《论自由》的文章中提出:"无论何种行为,如果一旦被不适宜的情感所控制,在没有被证明有正当的理由而对别人造成伤害时(在较为重要的情况下,这种证明是绝对需要时),那么如果有必要,人们应该对这些行为加以积极的干涉。"①任何行为只有在不损害他人利益时才应当被允许。任何媒体的自由并不是无条件地被认为是一件好事,如果新闻报道导致了伤害就应加以限制以防止滥用。"公众的知情权"并不是绝对的,而是取决于一定条件的,特别是以报道不对他人造成不公正的伤害为限度。如果报道会引发生死攸关的问题,这表明媒体自由不再具有绝对的价值。如果媒体自由促使了死亡和破坏,那么就很难再捍卫它,任何媒体的自由在伤害可能被确认时就不是什么绝对的权利。因此,在广播电视队伍中加强与思想建设密切关联的职业道德建设显得尤为重要。

第一节　我国新闻职业道德的界定和发展

职业道德对于职业本身来讲,既是目的,又是手段。作为目的,它从善的层面上涵养、生成职业的价值目标,并与职业其它价值目标一起,构成职业的价值目标体系。作为手段,它能发挥其特有的功能,协调各种利益关系,维护行业的秩序,促进行业的发展。这种目的与手段相统一的特点,使得职业道德的价值和作用充分凸显出来,引起了古今中外人们对职业道德建设的极大关注和重视。舆论工作是党和国家的前途和命运所系的工作,它的任务就是"以科学的理论武装人,以正确的舆论引导人,以高尚的精神塑造人,以优秀的作品鼓舞人"。新闻事业的这样一种地位和任务,就规定了社会主义新闻职业道德的极其重要性。

1. 新闻职业道德的界定

像任何职业道德一样,新闻职业道德无疑是新闻党性原则的反映,是新闻事

---

① ［英］约翰·穆勒. 论自由. 孟凡礼,译. 南宁:广西师范大学出版社,2011:32。

业发展的必然要求。但需要指出的是,新闻职业道德的价值和作用也恰好体现在这种"反映"和"要求"之中。弄清这一点,对于唤起人们的道德自觉,更好地遵守职业道德准则、履行道德义务十分重要。从历史上看,大凡有行业产生,就必有相应行业道德相伴随。那么,这种行业道德是怎样形成的呢?到目前为止,我们仍处在阶级社会之中,各种行业不可能超越一定社会的经济关系而独立,由此就决定了各种行业道德必然是特定社会经济关系的反映,即有什么样的社会经济关系,就必然要求有什么样的行业道德相适应。但又必须明确,这种"决定",是从归根结底的意义上说的,也即从行业道德的根本规定性上来说的,它表征着行业道德的阶级属性或党性原则,但不包容行业道德的全部规定。除此之外,行业道德还必须反映行业本身的特性及其要求。大千世界,行业繁多,不同行业之间既相互关系,又因社会分工的不同而相互区别。各个行业为协调各种利益关系,维护自身的生存和发展,就必然会加强道德调控,制定道德准则,实施道德教育,以此来规范人们的行为,提升人的境界,实现既定的目标。由此可见,行业道德与行业本身内在关联,它直接反映着行业的特性和要求,是行业生存和发展的必然产物。综上所述,行业道德既受社会经济关系的制约,又受行业自身特性和要求的规定,二者共同作用,生成着各个行业特有的道德规范。新闻职业道德也是一样,它的生成同样具有社会经济关系和新闻职业关系的双重规定性,是从事新闻职业的人们在其特定的职业活动中所必须遵循的行为规范的总和。它一经生成,就以其特有的方式对行业产生着不可或缺的重要作用。必须更加注重社会主义新闻职业道德建设,充分发挥其协调、教育、激励等功能,真正做好"武装人""引导人""塑造人""鼓舞人"的工作,为党的新闻事业的发展提供强有力的思想保证和实践动力。

一般而言,新闻职业道德有两类:一类是个人提出的;另一类是由某一新闻单位、某一新闻组织或团体提出的。大体上记者的职业道德作为其自身对新闻专业主义的一种维护和保障,实际也可分为两种:一种是存在于新闻从业者心中,即为自身所认同的内在职业道德,但是职业道德并不仅是新闻从业者自身的自我监督,在自我监督之外还有新闻专业机构等部门对记者在职业道德方面进行监督和评定;另一种是外部的职业道德,这种外部的职业道德是在权利体系和意识形态框架下,媒体机构或统治阶层对新闻从业者的外在要求。新闻从业者内在的职业道德由三部分共同组成:一是职业职责,即新闻职业包含着一定的社会责任,记者必须承担一定的社会任务,为社会做出应有的贡献,如记者要能够及时、准确的报道关注人民根本利益的新闻事件等;二是职业权利,即每一名新闻从业者都有一定的职业业务权利,如采访权,只有从事记者职业的人才有这种权利、而在此职业之外的人不享有这种权利;三是职业利益,即新闻从业人员都能从职业工作中取得工资、奖金、荣誉等各项物质和精神利益。由于每个新闻从业者对这三个构成元素的认识不同、理解不同、追求的力度不同,新闻从业者就会形成一种与众不同的内在新闻职业道德。可以说,每个记者自身所认同的内在新闻职业道德都不完全相同。而国家机构或统治阶级所要求新闻从业者遵守的外部职业道德是一种规约。在这种外部的职业道德中,阶级道德的要求被放到首位。新闻从业者的职业道德虽然是在特定的新闻职业生活中形成的,但它决不是离开阶级道德而独立存在的道德类型。在阶级社会里,职业道德始终是在阶级道德的制约和影响下存在和发展的。新闻从业者的外部职业道德,在很大程度上体现着阶级道德的要求。

2. 我国新闻职业道德的发展

我国的新闻职业道德建设起步较晚,在20世纪70年代末80年代初,新闻界反思了"文革"十年错误的指导思想所造成的理论上的谬误和实践中的危害,重新思考与讨论新闻事业的性质等基本理论问题,终于认定新闻事业是一门社会职业,提出了职业道德要求。新闻职业道德作为一个新概念提出后不久,新闻职业道德的建设也随之起步。由于当时"假大空""高大全"等"文革"中形成的新闻遗风犹存,因而新闻职业道德建设的重心,理所当然地落在维护新闻真实性原则、反对新闻失实这一当时新闻界最为关注的问题上。1981年,根据中共中央有关领导的指示,中共中央宣传部新闻局和首都各新闻单位共同研究制定了《记者守则》(试行草案)。"试行草案"的颁行,标志着我国新闻职业道德建设的起步。这一"试行草案"共10条,其内容基本上涵盖了社会主义新闻从业人员所应遵循的职业道德要求。解读这10条新闻职业道德要求,其中与新闻真实性原则相关的就达6条之多。可见,"试行草案"的重点,是维护新闻真实性原则,反对新闻失实现象。

1982年后,在中央和地方的报刊等各类传媒上,出现了一大批从新闻职业道德视角讨论新闻真实性问题的文章,成了当时新闻职业道德建设的一大亮点。新闻职业道德建设重点的转向在1985年前后起了变化。由于新闻媒介在实行"事业单位、企业化管理"方针后出现了各种利益的冲突,特别是社会效益与经济效益的失衡,因而新闻职业道德建设的重点也开始转向反对经济上的行业不正之风。1985年6月,中国记协在南京召开全国新闻业务经验交流会,一致认定搞"新闻广告"和名目繁多的赞助有损于新闻工作的声誉和新闻真实性原则,建议中国记协尽快制订《记者守则》,为新闻从业人员制定职业行为规范。1987年9月,中共中央宣传部、新闻出版署和中国记协等有关部门颁布《中国新闻工作者职业道德准则》(草案),提出社会责任、真实全面、客观公正、遵纪守法、坚持真理、廉洁奉公、增进友好和团结协作8条行为规范。1991年1月19日,中国记协第四届理事会第一次全会一致通过了《中国新闻工作者职业道德准则》(以下简称《准则》)。《准则》是建国后出台的第一个全国性的新闻职业道德行为规范，是我国新闻职业道德建设的一项具有里程碑意义的举措。《准则》将我国新闻从业人员的职业道德行为规范概括为全心全意为人民服务、以社会效益为最高准则、遵守法律和纪律、维护新闻的真实性、坚持客观公正的原则、保持廉洁奉公的作风、提倡团结协作精神、促进国际友好和合作8条，明确了全心全意为人民服务是社会主义新闻工作的根本宗旨和职业道德的基本原则，要求新闻媒介及其从业人员必须基于这一基本原则，处理好社会效益与经济效益的关系，把社会效益放在第一位，自觉遵守宪法、法律及宣传纪律，坚持真实、客观、公正的原则，反对新闻商品化的倾向。

1993年后，由于"有偿新闻"为主的新闻行业不正之风愈演愈烈，因而新闻界在党和政府的领导下，开始以整体的名义向"有偿新闻"宣战。新闻职业道德建设，也由此而进入高潮时期。1993年5月上旬，中共中央宣传部发出通知，明确规定各新闻单位和记者个人均不得接受被报道地区或单位的金钱（或实物）奖励，被报道地区或单位不得直接给予新闻单位和记者以各种类型的奖励。6月9日，中共中央宣传部在北京召开新闻工作座谈会，强调要进一步加强职业道德教育，杜绝"有偿新闻"；要加强内部管理，接受群众监督。7～8月间，一场大规模的、自上而下的反对"有偿新闻"的斗争在全国范围内展开，将我国新闻职业道德建设推向高潮。7月31日，中共中央宣传部、新闻出版署联合发出《关于加强新闻队伍职业道德建设、禁止"有偿新闻"的通知》，提出了5项具体要求。8月4日，中共中央宣传部在北京中南海召开加强新闻职业道德建设座谈会，讨论与研究"七·三一通知"的贯彻，人民日报社、新华社、中央电视台等新闻单位负责人在会上介绍了本单位禁止"有偿新闻"所采取的自律措施和体会，并郑重表态要从本单位做起，坚决纠正有偿新闻。

经过1993年同"有偿新闻"的决战，新闻行业的风气有所好转。1994年，党和政府的新闻主管部门又进一步要求各新闻媒介将抓新闻职业道德建设列为一项重要的日常工作，继续重拳打击"有偿新闻"。1994年4月15日，中共中央宣传部为此召开专题座谈会，接着又发出《关于坚持不懈地抓好新闻队伍职业道德建设的通知》。4月30日，中国记协第四届理事会第二次全体会议在北京召开，原则上通过了《中国新闻工作者职业道德准则》，并由新华社于6月9日公之于众。1995年6月29日，新闻出版署发出《关于转发上海市新闻出版局＜关于禁止用新闻形式进行企业形象广告宣传的通知＞的通知》。1997年1月23日，中共中央宣传部、广播电影电视部、新闻出版署、中国记协在北京联合召开全国新闻系统电视电话会议，要求全国新闻界加强职业道德建设，禁止"有偿新闻"，开展创建文明单位、树立行业新风的活动。会议宣读了经第二次修订的《中国新闻工作者职业道德准则》，并于1月26日由新华社向全国发布。

自1998年起，新闻职业道德建设出现了战略性的变化，建设正面形象、加强正面教育,成为新闻职业道德建设的主要方式与手段。20世纪90年代末的最后几年,随着新闻改革向纵深发展,新闻媒介市场化程度日益加深,新闻媒介与市民大众的距离日益接近。但是,不少新闻媒介,特别是报刊的周末版或星期刊、电台电视台的娱乐综艺节目以及90年代末兴盛起来的都市报等市民报纸,对怎样为市民服务这一问题却不甚了然,为追求发行量或收视率,新闻界刮起了炒作与媚俗之风。1999年1月21日,中共中央总书记江泽民在与出席全国宣传会议的同志座谈时,公开批评新闻炒作现象,严肃要求"不能把错误的东西炒热""绝不要猎奇,不要追求所谓的'轰动效应'"。

针对新闻职业道德问题日趋复杂化这一新情况,党和政府除了继续强调坚持不懈地反对"有偿新闻"等行业不正之风外,还及时调整了新闻职业道德建设的战略,要求新闻界开展树立正面形象、加强正面教育的活动。早在20世纪90年代初,新闻界在重拳出击"有偿新闻"等新闻界不正之风的同时,已开始展开树立正面形象、加强正面教育的活动,宣传、树立了一些先进榜样,以弘扬行业正气。

此外,新闻教育改革也与新闻职业道德建设紧密联系,高校新闻传播学专业的新闻职业道德教育也得到了进一步的强化。1998年7月,教育部颁布实施经修订的《普通高等学校本科专业目录》以及与之配套的《普通高等学校本科专业介绍》。在《普通高等学校本科专业介绍》中,"新闻法规与新闻职业道德""广播电视法规与广电职业道德""中外广告法规与广告职业道德"三门20世90年代后才开设的新课程,分别被列为新闻传播学类的新闻学、广播电视新闻学、广告学三个专业的主要课程。各出版社也将新闻伦理学著作与教材列为重要出版选题,自1995年第一本新闻伦理学专著出版以来,至少已有10本有关专著或教材先后问世。新闻职业道德行为规范,作为改革开放后新闻职业道德建设的重要举措之一,也顺应正面教育与行业自律的新闻职业道德建设战略而不断完善。1997年经第二次修订后的《中国新闻工作者职业道德准则》公布后,2009年又进行了新一轮的修订。从中央到地方,大多行业主管部门和单位,还根据本行业、本单位的实际情况制定本部门或单位的自律信条。1999年4月16日,我国23家上网新闻媒体首次聚集北京,通过了《中国新闻界网络媒体公约》。12月,中国报协针对报社经营管理工作中存在的问题,根据广大会员单位的要求,制定了《中国报业自律公约》。

纵览改革开放后我国新闻职业道德建设的历史轨迹,不难发现其有着如下鲜明的中国特色:一是党和政府在新闻职业道德建设中发挥着积极的领导作用;二是新闻职业道德建设以行政治理为主要手段;三是新闻职业道德行为规范的政治性过强,职业特点不够鲜明。这三个特点,都是由当时新闻媒介的纯机关报性质及其资产属性的国有独资性质所决定。随着社会主义市场经济的发展,我国新闻业的市场化、产业化程度日益加深,都市报等非机关报的出现与发展改变了党的机关报一统天下的局面。中国入世后,境外传媒对我国传媒业发起了一定的冲击,其影响力也将日益增强,我国传媒业理应随着在国际传媒舞台上参与度的加大而发挥自己更大的作用。因特网上的新闻信息传播,在技术手段上将我们带入了新闻传播的新时代。这一切,无疑将成为21世纪我国新闻职业道德建设发展与变化的契机与动力。

第二节　我国广播电视从业者的新闻职业道德存在的问题

随着市场经济的发展,人们的价值观念、分配观念发生了深刻的变化。在广播电视系统,面临着社会效益与经济效益相互关系的抉择,每一个广播电视工作者也同样要经受各方面的考验。受社会上不正之风的影响,少数广播电视工作者以稿谋私、贪污受贿,严重影响了广播电视部门的形象,败坏了党的新闻事业的声誉。虽然经过这几年的治理整顿,广播电视业的职业道德建设得到较大改观,但仍然存在很大的问题。这些问题,从根本上背离了社会主义广电事业为人民服务、为社会主义服务的根本宗旨,违背了广播电视职业道德,严重损害了广播电视工作者的职业声誉和行业形象,在社会上产生了非常恶劣的影响。

1. 假新闻频发

由于有违新闻职业道德的新闻造假事件不断出现,学界就此对虚假新闻的成因进行了思考。童兵认为,进入中国新闻传媒机构的职业门槛太低,新闻生态恶化,假新闻事件要求我们严肃地考察和反思近年来新闻改革思路与举措的失当。郑保卫认为,假新闻事件的发生,说明我们在制度、管理和对从业人员的道德素质教育上还存在很多漏洞。有人认为假新闻生成的主要原因在于传者本身没有把好新闻真实关。有人认为事件反映出新闻事业发展与人事制度的失衡。有人认为,"纸馅包子"暴露出来的媒体经营管理链条中重要的经济效益环节,是促使失实、造假新闻出台的重要原因。有研究认为假新闻屡禁不止,直接原因在于传媒记者职业道德弱化,以及新闻制作与管理体制的缺陷,深层原因在于市场化背景下传媒的生存焦虑。

2. 有偿新闻屡禁不止

有偿行为,即新闻机构为解决经费不足或赚钱,以及其他目的,按占用版面大小(报纸)、播出时间长短和录制费用(广播、电视),向要求刊播新闻者收费。① 媒体或记者的腐败行为主要是通过有偿新闻的形式表现出来的,这些以有偿新闻为外在特征的媒体或记者的腐败行为,其危害性早已有目共睹,不仅玷

---

① 甘惜分. 新闻学大辞典. 郑州:河南人民出版社,1993:162。

污了记者这一神圣的职业,对民主社会里民众需求木然,恣意践踏受众的"知晓权",人为地割断了与外界社会联系的纽带,阻碍信息的自由交换,而且对媒体而言,数十载辛苦培育起来的在受众心中的公信力和品牌效应也受到极大的挑战。

有偿新闻实质乃"话语权寻租"。对于掌握话语权绝对优势的传媒人来说,其首要职责正如施拉姆所言,行使"守门人功能"——一旦发现什么情况就立刻报告,真实记录社会历史事件,而不是利用拥有的话语权作为一种社会资本来寻租以求谋私、易钱、易物、易色。1954 年颁行的《联合国国际新闻道德公约》(第一个全球性的新闻职业道德公约)第一条也规定了媒体职责:不歪曲或隐瞒事实,对公众忠实。而《自由与负责的新闻业》在 1947 年就曾指出,"一种最重要的工具变得只对少数人有用时,当它为极少数人所役使,并无法满足人们的需要时,把持这种工具的少数人的自由就是危险的"。① 显然,这里所言的"危险"在某种程度上也暗含了话语权寻租行为所带来的不良后果。媒体或记者所具有的强势话语权并非其组织或其成员自动生成的,而是社会与民众给予的,这中间显然存在着一种非正式契约关系。对此,霍奇斯指出,虽然这种契约没有标明具体的义务,但其义务是隐含的,具有传播者同其服务的媒介与公众利益相一致的双重契约式责任(con2tracted responsibility),即社会有权要求新闻工作者起到沟通信息或意见的作用。② 由此可见,当代话语权寻租行为又是单方毁约行为,完全背离了民主社会的契约精神。

3. 节目内容低俗化

20 世纪 60 年代,尤其是 80 年代以后,随着市场力量的增强,政府管制的逐渐放宽,一种"市场驱动的新闻业"正在使新闻和娱乐之间的界限不那么鲜明,导致一种新型的"信息娱乐"(infortainment)的出现。③ 这成为当时大众传媒最显著的特征。新闻本来应该提供给人们关于周围环境重要变动的真实、可靠的信息,使得人们能够了解并且应对这些重要的变化。但是,新闻业者发现,很多重要的新闻启示很难引起人们的关注,如严肃的政治讨论、经济分析、国际报道等,反倒是那些鸡毛蒜皮的趣闻轶事更容易赢得大众的欢迎。于是,新闻媒介开始把目光投向这些事件上,结果是使得大众传播内容开始从严肃的信息内容变得具有了娱乐色彩,最终可能转移了人们对重要事件的重视。媒体改革以来,新闻节目低俗化一直是我国传媒主管部门和绝大部分媒体所头疼的事情,尤其当新闻业成为巨型化、股份化媒介企业的一部分时,媒介的赢利需求超过了其宣传

---

① 喻国明. 记者之患在体制. 新浪传媒观察. 2003(10):17。
② 徐耀魁. 西方新闻理论评析. 北京:新华出版社,1998:237。
③ 吴飞,沈荟. 现代传媒、后现代生活与新闻娱乐化. 浙江大学学报 2002(5):65 - 66。

功能,市场驱动的新闻业成为新的现实。在以市场经济为运营环境的新闻传媒内部,由于经济利益的驱使,导致维护新闻的客观性、公正性、独立性,成为当下新闻业必须解决的重大课题。市场经济条件下,一些大众传媒主体为了自己生存的需要,为了追求经济效益最大化,一味地迎合和满足受众的兴趣和爱好,放弃了自己的道德责任和社会责任,最终不能实现社会效益的最优化。看中国电视相亲类节目,之所以出现泛滥堕落现象,甚至直接挑战社会伦理和价值底线,并最终引发全社会的声讨,媒体的选择和责任缺失,成为其最主要的根源。同时不可否认的是,大众传媒管理和监督机制的缺失、基本职业道德规范的不明确,也是造成我国当今传媒业混乱的原因之一。

新闻节目低俗化问题的本质:

1) 媒体追求利润的动机

美国的菲利普·伽特(Philip Gaunt)认为新闻内容形成受到机率原则的影响,影响因素包括新闻专业的惯例、组织规范、新闻工作者特质或更宽广的社会因素,但是传播科技的出现更加速了媒体(特别是报纸)的商业化;所有权的转移也更强化新闻媒体追求利润的动机。[①] 另有学者认为,当前国内媒体所有权变更为独立法人企业,利润压力接踵而来,电视收视率下跌,新科技的出现,都促使媒体管理者转向运用市场策略,找出受众兴趣,以维持媒体的竞争优势。然而正是由于利润压力的无限扩张,使得低俗化新闻理直气壮地宣称:"读者要,我们就卖!"更加重要的是,利润对于媒体的生存特别是其承担起"第四阶层"或"第四权力"角色意义重大。在法国学者布尔迪厄看来,自身难以自主、牢牢受制于商业逻辑的新闻节目直接受到了需求的支配,譬如节目收视率、广告份额等已然成为了衡量媒体实力的主要指标,经济资本的数量将直接决定媒体在新闻场会计毕业论文中占据象征资本的总数,而媒体一旦掌控了相当的象征资本,则意味着该媒体的符号权力/资本能够在大众文化生产过程中拥有强大的话语号召力,即所谓的符号霸权,基于此,媒体就能更好地吸引广告客户,从而获得丰厚的经济资本。

2) 媒体追求收视效果的动机

清华大学李希光教授认为,在高度商业化的媒介社会里,人们的注意力在大大缩短。过去观众可以坐在电视前,把一栏新闻节目从头看到尾。今天不是这样,人们手握遥控器,一个个频道换,直到出现一个名人的画面、暴力的场面、搞笑的谈话、色情的图像等。结果广告商为经常会看播出这样内容的媒体节目提供大量的赞助或特约播出。这样的画面泛滥使人们的注意力缩短,人们只关注

---

① Gaunt,P. Choosing The News: The Profit Factor in News Selection. New York: Greenwood Press, 1990:4.

能抓住眼球的血腥、色情、搞笑、丑闻的画面和内容,对他们身边应该关心的自身问题并不特别关注。李希光认为:"媒体的日趋商业化和争抢第一时间报道新闻,促使大量偏离新闻理念和基本原则的坏新闻涌现——新闻不核实、不准确、不公正、猜测、低级趣味。"①

3）媒体忽视新闻专业理念

美国学者麦克马那斯指出,媒体视读者为消费者,对读者和新闻本身都不利,而这主要体现在如下几方面:①消费者无法从新闻中学到太多东西。因为垃圾新闻就像垃圾食物一样,不重要但有趣,最后变成报道内容不能增进任何学习。②消费者被误导。食用太多垃圾食物,久而久之反而取代有营养的食物,长此以往,片面信息取代全貌,社会也牺牲了有用的信息,造成公众对真相的误导。③新闻容易被消息来源操纵。正常的新闻会从议题的所有来源建立效度,但市场新闻会追求最不昂贵的内容来取悦最多读者,市场导向对能提供更多"卖点"的新闻来源有利,无形中"处罚"了不会"促销"的新闻来源,但这些新闻来源可能比较诚实,也更真诚地想把复杂的新闻说清楚。

4. 隐性采访引争议

新闻暗访又称隐性采访,它是一种在伦理道德和操作尺度上备受争议的采访方式。在隐性采访目的与手段的正当性上,陈力丹指出,国际公认的职业规范是不得进行介入式隐性采访和偷拍偷录,不能因为目的正当,就可以不考虑手段是否合理合法。② 正因为在新闻实践和司法实践中,隐性采访存在可行性,所以可以在确认隐性采访合法性的同时对它进行严格的规范和限制,使之能够朝着我们期望的方向发挥其作用,伴随着秘密采访的增加,新闻纠纷与新闻诉讼增多,其中有不少记者因为运用秘密采访不当而被告上法庭。

隐性采访毕竟只是显性采访的一种辅助手段和工具,新闻工作者在应用时就应该遵循其"度",要遵守国家的相关法律法规,同时尽量追求社会责任和职业道德的统一,不能不择手段。隐性采访具有非公开性的特征,因其通常适用于收集显性采访所无法获得的新闻事实,所以其采访效果具有较大的争议性。关于隐性采访的是非争论源于目前中国法律没有对新闻采访的权利作出明确规定,因此,隐性采访是否可行、是否合法,学术界一直有不同的看法。肯定者认为,隐性采访是合法可行的。如学者杨立新认为,"按照隐性采访是采访权利的内容,而这种权利又是以言论和出版自由作为其权利的渊源这一理论基础,法律上没有禁止性的规定,并且受到公众的欢迎和认可,不应当认为新闻媒体不能使

---

① 李希光. 转型中的新闻学. 广州:南方日报出版社,2005:18.

② 陈力丹. 目的正当可以不择手段——歪理. 新闻与写作. 2007(6):6-8.

用隐性采访的手段进行采访"。①反对者认为,不应该提倡隐性采访。因为《中国新闻工作者职业道德准则》规定:"要通过合法的正当的手段获取新闻,尊重被采访者的声明和要求。"学者徐讯把该规定理解为"我国政府及新闻界自身对秘密采访方式均未予提倡"。②魏永征认为:"隐性采访的法律依据只能解释为采访对象由于实施了违背道德或违法犯罪的行为,他的自主权利发生退缩。因此,这种手段是有严格限制的。"③有些学者围绕暗访,对其性质、使用条件、记者选择、行业规范等展开了研究:暗访是一类性质模糊的做法,介于"合法"与"不合法"之间,需要伦理和法规来引导和制约。

在使用暗访的条件上,只有那些各界反映强烈的、迫切需要解决、不影响社会稳定和国家安全的事,才是暗访的首选,而且只有在正常采访无法进行或达不到预期目标、别无他法的情况下,才能考虑使用。记者在选择暗访时,为规避和化解道德风险,要从公众利益出发,在道义上选择利益最大而损失最小的合理行为。另外,业界不能滥用和盲目崇拜隐性采访,因为隐性采访在使采访变得容易和简便的同时,其本身"胎带"的欺骗性质会大大增加整个记者队伍采访活动的难度。④

5. 媒介越权审判

媒体越权有多种表现,如媒体审判、媒体逼视、舆论绑架、策划新闻、侵犯隐私等。媒体报道失当则表现为新闻炒作、媒体歧视等。媒体审判指新闻媒体超越司法程序抢先对案件做出判断,对涉案人员做出定性、定罪、定罪量刑及胜诉或败诉的结论。许多国家都通过法律或新闻职业道德自律来禁止和防范这类行为。陈力丹、刘宁洁认为:"我国媒体在案件报道时应该遵循国际公认的新闻职业规范,客观报道,谨慎评论,尊重独立的司法权,推动司法公正的发展。"⑤媒体逼视指由于新闻媒体的过度报道,使得处于媒体创造的新信息情境下的被曝光者只能接受社会舆论无形压迫式的关注和期待。有学者认为媒体对杨丽娟追星事件的连续性介入性报道形成了对刘德华的"媒介逼视"。⑥舆论绑架意味着通

① 杨立新. 人身权法论. 北京:人民法院出版社,2002:333。
② 徐迅. 偷拍偷录问题的法律研究. 中国广播电视学刊,1997(12):22-27。
③ 展江. 中国社会转型的守望者——新世纪新闻舆论监督的语境与实践. 北京:中国海关出版社,2002:34。
④ 郭镇之. 假暗访引出的真教训——简析"纸馅包子"案. 新闻战线. 2007(10):49-50;杨军. 隐性采访应遵守新闻职业道德. 新闻实践. 2007(5):22-23;邹军. 新闻暗访:道德困境中的两难选择——"茶水发炎"事件引发的思考. 新闻记者. 2007(6):36-38;杜志红. 论"隐性采访崇拜"——关于"纸箱馅包子"事件的一个考察视角. 中国广播电视学刊. 2007(9):20-21。
⑤ 陈力丹,等. 规范传媒的庭审报道. 当代传播. 2007(2):29-31。
⑥ 杜永利. "迷路"的媒体——介入式报道的负面效应和正确使用方法. 声屏世界. 2007(9):14-16。

过媒体公开报道后的舆论压力,对被点名者进行道德胁迫。针对2006年媒体点名向公众人物募捐一事,有研究认为该事件反映了媒体社会角色的错位和对权力的滥用,媒体公开名人姓名和收入的报道甚至侵犯了公众人物的财产自由处分权、隐私权、名誉权。①媒体歧视指媒体“不能够平等地对待分布于不同社会地位维度上的人群,歧视弱势群体即处于阶层低端和社会边缘位置的人群。”针对新闻报道中农民工的社会形象错位问题,有文章认为媒介的城市视角是使得农民工的社会形象发生错位的重要原因。②在如何消除媒体歧视方面,有研究指出要破除传统观念的束缚,要处理好媒体伦理和社会伦理的关系,要加强记者的职业操守和人文关怀意识,并且增强记者的法制观念。导致新闻伦理问题的原因很复杂,学者看法比较集中的是商业利益驱动、制度缺失、社会及个人道德弱化。有研究指出,市场经济带有道德上的“原罪”,这种“原罪”会随着该经济形式推进的程度和波及的范围越来越明显地暴露出来,这是中国媒体走向市场后出现空前问题的原因。③有学者指出,新闻道德失范源于传媒之间的恶性竞争对新闻职业道德的侵蚀,良好制度的缺失和体制重构的滞后导致新闻职业道德陷入困境,而意志薄弱的新闻工作者会背离新闻职业道德。④

第三节 广播电视从业者职业道德建设

解决伦理问题,需要多方面的努力,多数研究都指出要从以下方面入手。

1. 行政治理与行业自律并重

在21世纪我国新闻职业道德建设中,党和政府仍将发挥十分重要的引导、指导与领导作用,行政治理仍将是新闻职业道德建设的一个重要手段。但是,今后亟待加强的是行业自律,要把行业自律机制的建立作为新闻职业道德建设的重点。近20年来的建设实践,着重关注的是新闻从业人员的道德行为及其规范上,因而在具体措施上始终停留在新闻职业道德准则的制订与修改上,停留在要求新闻界内外睁大眼睛监督新闻从业人员的道德行为上。诚然,新闻职业道德建设的第一步,往往是制定与颁行新闻职业道德准则。但是,新闻职业道德准则是制定给新闻从业人员看的,使新闻从业人员有个规范可以作为自律的依据,不能把新闻职业道德规范等同于新闻纪律。加强行业自律,目前比较切合实际的

① 唐远清.“慈善”名义下的“舆论绑架”——2006年媒体点名向公众人物募捐报道的反思.新闻记者.2007(3):58-59。
② 谭诚训.农民工社会形象错位与媒介的城市视角问题.新闻爱好者.2007(3):19。
③ 芮必峰.媒体,究竟该如何面对市场?.新闻记者.2007(8):5-7。
④ 李新丽.中国新闻道德自律现状与前瞻.新闻知识.2007(6):47-49。

做法,一是借鉴外国新闻职业道德建设的经验,建立新闻评议机制。各级记协、报协等现有新闻社团,应发挥新闻评议功能,根据新闻职业道德的基本观念与规范,对新闻实践活动中出现的有道德争议的事件进行评议与裁决,并公之于众,既教育了当事人,也为他人提供借鉴与帮助。在条件成熟时,应建立专门的新闻评议组织。各新闻媒介内部也应设立专职或兼职的职业道德顾问或纠察员,将自查、自评活动日常化、制度化。二是创建公开讨论新闻职业道德问题的论坛。现有新闻理论研究或业务指导刊物,要开辟讨论与研究新闻职业道德及其建设问题的固定栏目,在可能的情况下创办新闻职业道德的专门刊物,或将现有的刊物改版为专门刊物,通过舆论努力营造一个良好的职业道德环境,从而影响和强化人们的职业道德信念。

在传媒自律方面,做得比较好的是日本。日本是世界传媒业发展较为发达的国家之一,其较为成熟的行业自律体系对抵制广播电视低俗化的蔓延起到了很好的作用。首先,日本的行业自律受到法律的保障。日本对广播电视媒体和行业具有严格的立法规制,《广播电视法》(日文称《放送法》)、《电波法》《电波监管委员会法》等一系列专门法构成了广播电视的法律体系,对公共广播电视和民营广播电视具有较强的约束力。其次,制定了明确的电视伦理基本纲领。1996年,为进一步加强行业自律,日本广播电视协会与商业广播电视联盟携手合作,制定了适用于公共和商业广播电视的《广播电视伦理基本纲领》。该纲领首先明确了各广播电视播出机构制定本公司节目基准时的根本性理念,重申了完成大众所期待的广播电视使命的决心。纲领主要对广播电视使命、公共性、良好社会环境营造、报道客观公正、语言和图像、广告经营等方面作出的宏观性的指导。再次,日本建立了专门的自律机构。例如广播电视伦理·节目提升机构(Broadcasting Ethics & Program Improvement Organization, BPO),该组织的性质是:"鉴于广播电视事业的公共性和社会影响力的重大性,本机构致力于确保言论及表达的自由,拥护受众的基本人权,以第三方的立场迅速、准确地应对有关广播电视的投诉及广播电视伦理上的问题,为提升广播伦理水平做出贡献。"

2. 加强新闻职业道德的理性教育

多年来,我国新闻教育中职业道德教育是一个很大的缺失,其中最突出的表现是新闻从业人员角色意识差,职业道德严重缺失。有研究强调,我们必须强化职业道德教育,除了在课程体系中切实加入新闻道德和新闻伦理的课程,还要要求各专业课老师把职业道德教育贯穿在讲课当中,进行潜移默化的影响。[1]新闻教育创办的动因和宗旨,一开始就包括了要对受教育者进行新闻伦理和职业

---

① 李蓓. 加强职业道德教育,塑造完整人格——媒体商业化形势下新闻人才培养目标的探讨. 新闻知识. 2007(1):66-68。

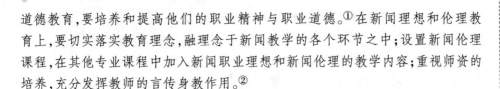

道德教育,要培养和提高他们的职业精神与职业道德。①在新闻理想和伦理教育上,要切实落实教育理念,融理念于新闻教学的各个环节之中;设置新闻伦理课程,在其他专业课程中加入新闻职业理想和新闻伦理的教学内容;重视师资的培养,充分发挥教师的言传身教作用。②

所谓"自律意识",主要是指自我约束的内在道德要求。根据哲学和伦理学原理,人的自律意识属于道德范畴,是指不受外在环境的约束,不为快乐、喜怒和欲望等情感所驱使,是根据自己的"良心"为追求道德本身的目的而行动的伦理原则。自律意识是由客观的、外在的道德要求转化为主观的、内在的道德要求,它使人们具有强烈的道德责任感和自我评价能力,并由此能自觉地调整自己的行为。从这个意义上讲,媒体人的自律意识不是天生就有的,而是在社会实践的过程中通过不断地学习与完善才能形成的一种内化性的自觉行为。新闻自律的基础是对新闻职业道德观念与规范的理性认识,而对新闻职业道德的理性认识,离不开新闻职业道德的理性教育。教育可以缩短认识过程。特别是一些超前性的认识,只能依靠教育这一手段。列宁认为,共产主义意识形态不可能在无产阶级中自发产生,必须从外面灌输进去。根据这一观点,作为共产主义意识形态之一的无产阶级新闻职业道德观念,也只能通过新闻职业道德教育这一方式从外部进行灌输。因此,无论是高校新闻传播专业教育,还是新闻媒介在职继续教育,都要进一步加强新闻职业道德教育。新闻职业道德作为新闻体制改革后出现的一个新概念,目前已为人们所普遍接受,但在认识上有严重偏差,新闻职业道德不是被视作一种自律力量,而是被视作一种他律手段,因而即使是采用教育的形式,也仅仅是向新闻从业人员灌输应该做什么、不该做什么,而不注重分析为什么该做或不该做,甚至简单地用政治说教乃至行政训导代替理性分析。

有研究强调媒介伦理自觉的作用,认为媒介伦理自觉指对媒体活动的道德判断与道德困惑的适度把握,是媒体用自律塑造公信度、美誉度与社会公众形象的明确意识,是媒体对其社会活动所应当遵从的伦理取向与道德要求的认知,是媒体责任中不可或缺的重要内涵,是媒体在回应各种现实道德追问中的责任担当。③有研究对建立完善的新闻自律监督机制提出了具体意见:一是建立个人职业道德自律档案;二是建立和完善新闻事业社会联合征信系统;三是设立新闻道德自律评价制度;四是实行奖惩制度,加大奖惩力度;五是成立专门监督机构;六是建立新闻从业人员淘汰机制。④

① 郑保卫. 新闻实践呼唤新闻伦理规范和职业道德教育. 当代传播. 2007(4):10-12。
② 罗自文. 重塑我国新闻教育的三块基石. 现代传播. 2007(1):155-157。
③ 王丹彦. 和谐文化与媒体责任. 中国广播电视学刊. 2007(1):27-28。
④ 柳妮,等. 新闻媒体的社会责任与自律. 青年记者. 2007(7):164.

3. 建立与国际接轨的中国新闻职业道德规范体系

我国现行的新闻职业道德准则,说教性内容较多,操作性较差。因此,借鉴国外新闻职业道德行为规范,汲取其合理成分,可以开拓视野,发现乃至预见新闻实践中的新问题、新现象,有助于将现行准则修改得更实用、更具体。李良荣认为,单纯的政治教育、道德规劝不足以扭转传媒业忽视公众利益的取向,必须制定一系列具体举措,迫使传媒业服务公众利益。①监督机制不完善,广播电视从业人员的职业行为得不到有效监督。尽管近年来国家广电总局陆续颁布一些总局令,对违反职业道德行为的处罚做出了规定,各级广电主管部门也纷纷制定了职业道德规范,但由于缺乏相应的监督机制,这些规章制度的执行往往流于形式,常常出现"梗阻"无效的现象,导致一些违反职业道德的行为得不到有效制止和纠正。

广电总局出台了一系列"禁播令",却难禁低俗节目,有研究分析认为,一是广电总局对广电媒体没有垂直管理权,却动用了"垂直打击"的整治手法,明显缺乏问责的效力支撑;二是行政处罚的力度太小,没有足够的威慑力。为什么低俗化会越反越变本加厉? 时统宇认为,必须反思中国广电过分商业化进而淡化社会责任的深刻教训。有文章认为,媒体低俗之风屡禁不止,既有媒体和从业人员的问题,也有受社会庸俗化思潮不良影响,受众文化消费亟待引导等方面的问题。在如何抵制广播电视低俗之风的问题上,业界和学界的研究者提出了多方面的建议,如要结合选题管理制度、播出管理制度、收听收看制度、分级审查制度、责任追究制度和奖励惩罚制度等各种行之有效的规章制度,形成综合的抵制低俗之风的长效机制;改变节目收听率调查机制现状,加强对电话、短信、嘉宾的管理,完善强化节目审稿机制与听评机制;加强管理和教育,建立一套科学管理体系;借鉴国际经验,各级广播电视管理机构成立不同层级的广播电视节目审议委员会等。陈力丹指出,面对传媒职业道德问题,需要传媒的有效自律机制,需要传媒自身配置一套实施细则和监督措施。现在少数传媒在内部已经有专门的部门负责按内部自律检查工作,但多数传媒还没有健全这样的机制。②

各媒体组织制定细则的时候,在兼顾政治要求的前提下,要突出专业规范,增强它对新闻业务的针对性,以更好地指导新闻实践。同时,细则应该注重可操作性,将具体行为的细节落到实处,让从业者可照章操作。例如,《准则》规定:不接受采访对象的财物。那么媒体内部制定的细则就要进一步规定清楚,收到的礼品价值多少元以上就必须退还;不方便退还的,应该经过何种程序上交;记者为采访所获取的门票、产生的共同进餐费用应该如何处理等。这样,记者就有

---

① 李良荣.公共利益是中国传媒业立足之本.新闻记者.2007(8):3-5。
② 陈力丹.目的正当可以不择手段——歪理.新闻与写作.2007(6):6-8。

了一个明确可执行的标准,而不是一个模糊的原则。实际上,西方媒体的采编人员在入职培训之初,都会拿到厚厚的媒体内容规章条例,这些条例对他们的职业行为作了具体的规定。将《准则》中的要求落实到具体的操作步骤,是职业道德规范走出"纸面上的规则"和"口号式的建设"的第一步。有研究者认为,新闻道德的弱化,仅靠传媒界的自律效果并不理想,在媒介的道德拯救中政府和社团组织大有可为。首先,政府可将媒介产品生产中的道德共识上升为法律法规,同时,政府应资助研究与传媒道德有关的课题,并以研究结论为依据完善相关立法;其次,针对市场化以后传媒业的"注意力经济"的特点,政府应扶持在民间成立各种社团组织,对媒介活动进行舆论监督和"注意"施压,以最大限度地保障能有合乎道德的媒介活动。① 在政府的具体措施上,传媒的健康发展,取决于政府的规则、社会对媒体的评价体系和标准,以及各种评估监督机制的建立等。② 在法律和制度约束上,有学者指出,新闻道德的法律化也是解决自律规则局限性、遏制低俗化现象的一条出路。③ 另外,有研究指出,通过制定措施提高"造假成本",如建立假新闻举报制度,建立新闻造假者"黑名单",建立利益倒追机制,都可以遏制虚假新闻。④

4. 继续推进媒体领域的市场化改革

"一元体制,二元运作"下的新闻媒体,用国家所有制赋予的政治优势在市场上获取经济收入,又用市场上赚取的经济收入来保证宣传任务的完成,使得这种制度设计在初始期就埋下了媒体寻租的隐患。另外,新闻传播领域实质上是"特许式"的垄断。在多数地区,新闻传播的资源由一两家传媒机构垄断,且媒体兼具行政权力外延的性质,造就了传媒及其从业者的特权地位,形成了巨大的寻租空间。而且,传媒退出机制付之阙如,使新闻媒体只生不死,即便有部分媒体退出,大多也不是市场原因,而是行政集中整治的结果。没有市场竞争力的媒体为了生存和获利,会采取各种办法,利用手中的传播资源来"设租"或"寻租"。采编与经营合一,向记者下达创收任务等做法,一般都出现在此类媒体。许多违规行为,甚至直接以媒体组织的名义实施。这部分媒体的不当行为,败坏了新闻界的道德风气。根本的解决之道,还是要推进传媒领域资源的市场化分配,由市场竞争来制约媒体及其从业者的行为,防止现在这种"半市场化"状态导致的权钱交易。媒体如果以市场化的方式生存,就会更加依赖客观、公正、专业的报道能力,也会更注重自身的公信力建设,从而也就更加注重职业道德规范的建设。

---

① 张殿元. 中国传媒伦理道德问题的历史考察. 当代传播. 2007(2):24-27。
② 芮必峰. 媒体,究竟该如何面对市场?. 新闻记者. 2007(8):5-7。
③ 光纬. 低俗新闻:游走在道德和法律边缘. 新闻与写作. 2007(9):38-40。
④ 刘飞锋. 提高"造假成本"遏制虚假新闻. 新闻战线. 2007(4):14。

新闻从业者常常帮助其他弱势群体维权,但对他们自身合法权利的保障却不尽人意。一项关于媒介从业人员社会保障状况调查报告显示,一多半的媒体从业人员是户籍所在地与就业地点不一致的"外来工",60.3%的人未与所在单位签订劳动合同;61.4%的人没有在单位办理社会保险关系。清华大学教授李希光在谈到这些"新闻民工"时,认为他们"生活工作的窘境不比那些在北京打工的民工好多少"。一份拥有近乎垄断性的权力的工作,却伴随着朝不保夕的生存焦虑。那么,从业者最理性的选择,就是在最短时间内获取最大的经济收益,而不是坚持长久的职业守望。在这种博弈中,职业道德的溃败几乎是可以预见的。

第四节　广播电视新闻从业者职业道德案例分析

【案例】　陈永洲事件

2013 年 10 月 22 日晚,长沙市公安局通过官方微博"长沙警事"证实,《新快报》记者陈永洲因涉嫌损害商业信誉罪,已于 10 月 19 日被长沙警方依法刑事拘留。2013 年 10 月 23 日上午,长沙市公安局表示,之所以刑拘《新快报》记者陈永洲是因为,经调查从 2012 年 9 月 26 日至 2013 年 6 月 1 日,该报及其记者陈永洲等人在未到中联重科进行实地调查和核实的情况下,捏造虚假事实,通过其媒体平台发表关于中联重科的负面文章共 18 篇,其中陈永洲署名的文章 14 篇。2013 年 6 月,中联重科曾就此事专门派人前往新快报社进行沟通,要求其到中联重科进行实地调查和了解真实情况。停止捏造、污蔑和诋毁行为。但新快报社及陈永洲不顾中联重科的要求,仍然继续发表关于中联重科的负面文章。2013 年 10 月 23 日,就长沙警方刑拘《新快报》记者陈永洲一案,中联重科表示,中纪委中宣部已介入关注案件。

2013 年 10 月 24 日,《新快报》再度在头版显著位置登出《再请放人》。《新快报》相关负责人表示,陈永洲的报道属于正常职务行为,报社核查过陈永洲对中联重科所发的所有报道,没发现陈永洲有违背职业道德和法律的事情。

此前中联重科董事长助理高辉在个人实名微博上曾公开指名道姓指责《新快报》及陈永洲"诋毁中联重科"。《新快报》已向法院起诉高辉侵害了《新快报》和陈永洲的名誉权。长沙市公安局认定,陈永洲捏造的涉及中联重科的主要事实有三项:一是捏造中联重科的管理层收购旗下优质资产进行利益输送,造成国资流失,私有化。二是捏造中联重科一年花掉广告费 5.13 亿,搞"畸形营销"。三是捏造和污蔑中联重科销售和财务造假。在报道过程中,陈永洲没有具体依据,也未向相关监管、审计部门和会计师事务所进行咨询,只是凭自己的主观臆断。长沙市公安局称,2013 年 9 月 17 日,长沙市公安局聘请湖南苗扬司法鉴定所对中联重科因广东新快报社及其记者陈永洲等人发表的 18 篇文章所造成的损失情况进行鉴定。经市公安局执法监督支队审核，认定嫌疑人陈永洲捏造并散布虚伪事实，损害中联重科的商业信誉，给中联重科造成重大损失，其行为触犯《中华人民共和国刑法》第二百二十一条之规定，涉嫌损害商业信誉罪，于10月19日批准对犯罪嫌疑人陈永洲采取刑事拘留的强制措施。

随后，身处湖南长沙第一看守所的犯罪嫌疑人、新快报记者陈永洲向办案民警坦承，为显示自己有能耐、获取更多名利，其受人指使，在未经核实的情况下连续发表针对中联重科的大量失实报道，致使中联重科声誉严重受损，导致广大股民损失惨重。陈永洲承认他所发表的有关中联重科财务造假的报道并不是他写的，而是第三方提供给他的，他只修改了一些词。他没有明确指出这个第三方的身份。同时表示，"如果我还有机会重新从事新闻工作的话，一定会遵守新闻工作的基本操守，公正、真实、客观、全面去报道新闻，不受利益的诱惑。"陈永洲对自己的涉嫌犯罪事实供认不讳并深刻悔罪，向中联重科、广大股民和自己的家人道歉，告诫同行"要以我为诫"。

2013年10月30日，长沙市岳麓区人民检察院对新快报记者陈永洲以涉嫌损害商业信誉罪批准逮捕。《新快报》2013年10月27日宣布收回对陈永洲的辩护，并表示该报对稿件的审核把关不严，在陈永洲被长沙警方带走后采取了不当做法，严重损害了媒体的公信力，教训深刻，特此向社会各界致以深深的歉意。10月31日，广东省新闻出版广电局做出查处决定，给予新快报记者陈永洲吊销新闻记者证的行政处罚。2014年10月17日，长沙市岳麓区人民法院以损害商业信誉罪、非国家工作人员受贿罪，一审判决原广州《新快报》记者陈永洲有期徒刑1年10个月。

【案例分析】

陈永洲称，在不到一年时间内先后发表的10余篇中联重科负面报道中，只有一篇半是自己在他人安排采访下完成的，其余都是由他人提供现成文稿，自己只在此基础上进行修改加工，有的甚至看都没看，就在《新快报》等媒体上刊发。哪怕没有受过丝毫职业训练的人，也不会这样写新闻稿件吧？如果都这样炮制新闻，就不可能抵达新闻的真实性。而真实是新闻的生命，求证是记者的天职，胡适说过"有几分证据，说几分话"，记者更应该靠证据说话、靠事实说话，不能有一点造假，也不能道听途说就成文，由别人提供现成文稿，自己简单修改加工就发表，同样不允许，而陈永洲居然有的现成文稿连看都没看就能发表，何其恐怖？

坚持新闻真实性原则，不搞有偿新闻、新闻敲诈、虚假报道，这是记者的从业底线。如果一个记者突破底线、放弃良知，就不配做记者，也辱没了记者这个称号。诚如中国记协所称，陈永洲的行为严重违反了《中国新闻工作者职业道德准则》，严重违背了新闻真实性原则，严重损害了新闻媒体公信力。

陈永洲应该为他的行为付出代价。但是,陈永洲显然不是一个人在战斗。一般来说,记者发表在供职媒体的稿件属于职务写作,稿件能不能发,怎么发,往往并不取决于记者,记者写好稿件之后到报纸正式发出,还有诸多程序要走,必须要过编辑关、主任关,乃至值班老总关,等等。在此想请问《新快报》管理层,陈永洲在不到一年时间内先后发表10余篇中联重科的负面报道,多数他都没有采访,怎么就能够轻易见报?任何一家有操守、有管理制度的报纸都不敢这样,而《新快报》居然能够轻易将问题稿件发表出来,值得人们深思。换言之,陈永洲应该承担责任,《新快报》也难辞其咎。对此,中国记协表态:《新快报》在长达一年的时间中连续发表多篇该记者署名的捏造事实的报道,严重失职,也应承担相应的责任。

除了《新快报》承担责任,还有必要深挖这起事件的幕后。相关证据显示,在发表针对中联重科的失实报道期间,陈永洲多次收受他人提供的数千元至数万元人民币不等的"酬劳"。而陈永洲也表示,"主要是贪图钱财和为了出名才这样做的,我被利用了"。都是谁在利用陈永洲?又是谁向陈永洲提供现成文稿,其目的如何?在这起黑色利益链条上,陈永洲只是个小卒子。

透视这起公共事件,还有两点必须厘清。一是,记者的合法权益必须受到保护。此前,中国记协维权处负责人已经就陈永洲事件表态,"记者正常的新闻采访受法律保护,记协也坚决维护记者的合法采访权不受侵害。"而记者的违规乃至违法行为,当然不能纵容,除了行业内处理,如果违法就应该受到法律处理。二是,对记者队伍中的害群之马应坚决清理,但害群之马毕竟是少数,代表不了整个记者队伍。就目前而言,绝大多数记者能够坚守底线,不能以偏概全,因为有少数败类就否定记者整体的坚守和责任。

对于新闻从业者来说,陈永洲事件是一个严重的教训。每个新闻从业者都必须坚守法治底线、道德底线,否则不仅没有职业尊严,还可能锒铛入狱,而报社更应该管好自己的团队,并且带头遵守法律法规,任何的冒险之举都会搬起石头砸自己的脚,后果不堪设想。

思考题

1. 你认为目前广播电视媒体的伦理面临的最大挑战是什么?

2. 作为广播电视媒体从业者,应该怎样处理受众的需求和相关管理部门的规定之间的冲突?

推荐阅读书目

[1] [美]新闻自由委员会. 一个自由而负责任的新闻界. 展江,等译. 北京:中国人民大学出版社,2004。

后　记

从广播电视的节目体系来看,新闻节目是整个节目体系的基础和骨干。在传媒业竞争日趋激烈的当今,新闻节目的质量更是广播电视台核心竞争力的体现。相对传统新闻而言,广播电视传播新闻具有其自身特点,在传播手段、工作要求、业务原则、技术基础与运作策略上呈现出新维度;随着现代化传播技术的发展,有线电视、卫星电视与网络传播的风生水起,广播电视新闻又有一系列学理与实践问题需要重新探讨,其研究成果也亟待更新。为了给普通高等学校广播电视学专业的学生提供符合新时代要求的实用教材,普及现代新闻传播知识,南京晓庄学院新闻传播学院负责组织编写了本书。

本书由一支年轻且充满朝气的高校青年教师为主体的团队编写,分工如下:于松明教授负责全书框架设计与统稿,王雪芹负责绪论部分,潘洁编写第一章,段丽编写第二章,李翚编写第三章,朱剑虹编写第四、第十二章,郭海燕编写第五章,陈一雷编写第六章,赵彦彪编写第七章,孙宜君、吴竞韡编写第八章,丁柳编写第九章,梅潇编写第十章,饶黎编写第十一章。

本书作者们长期工作在广播电视学专业第一线从事专业课程的教学、科研及实践,具有丰富的教学经验、研究成果和实战体验。各位老师都充分发挥专业所长,在一遍遍地书稿修改过程中,付出了大量心血,努力使教材向以下目标靠拢:

适应广播电视学专业高素质应用型人才的培养目标,满足当下课程建设和教学改革的需要,贯彻理论联系实际的原则,正确阐述本门学科的理论和概念,反映最新业界发展态势与学界研究成果。取材合适,内容精炼,叙述清楚,体系完整,循序渐进,富有启发,并配有思考题与推荐阅读书目,有利于学生的研习与拓展。

在此,谨向诸位参编人员致以崇高的敬意!

在本书策划、立项与实施过程中,国防工业出版社的责任编辑丁福志老师与我们反复沟通,付出了大量心血,提出了许多宝贵的修改建议。南京理工大学设计艺术与传媒学院孙宜君教授承担了第三章、第八章的统稿,并对书稿提出一些建设性意见。南京晓庄学院新闻传播学院王万尧老师参加了书稿的校对工作。本教材还入选了2015年江苏省高校重点教材建设立项。对于相关部门和人员的提携与帮助,在此一并致谢!

由于我们的学术视野与学识所囿,在对本书的思考和编写中,难免存在着不足与局限。所以,衷心期待诸位读者不吝指教,以帮助我们不断充实与更新教材内容,最终使其臻于完善。

于松明

2016 年 5 月